ARMEENS

WOORDENSCHAT

THEMATISCHE WOORDENLIJST

NEDERLANDS
ARMEENS

De meest bruikbare woorden
Om uw woordenschat uit te breiden en
uw taalvaardigheid aan te scherpen

9000 woorden

Thematische woordenschat Nederlands-Armeens - 9000 woorden

Door Andrey Taranov

Woordenlijsten van T&P Books zijn bedoeld om u woorden van een vreemde taal te helpen leren, onthouden, en bestudering. Dit woordenboek is ingedeeld in thema's en behandelt alle belangrijk terreinen van het dagelijkse leven, bedrijven, wetenschap, cultuur, etc.

Het proces van het leren van woorden met behulp van de op thema's gebaseerde aanpak van T&P Books biedt u de volgende voordelen:

- Correct gegroepeerde informatie is bepalend voor succes bij opeenvolgende stadia van het leren van woorden
- De beschikbaarheid van woorden die van dezelfde stam zijn maakt het mogelijk om woordgroepen te onthouden (in plaats van losse woorden)
- Kleine groepen van woorden faciliteren het proces van het aanmaken van associatieve verbindingen, die nodig zijn bij het consolideren van de woordenschat
- Het niveau van talenkennis kan worden ingeschat door het aantal geleerde woorden

T&P Books Publishing
www.tpbooks.com

ISBN: 978-1-78492-266-5

Dit boek is ook beschikbaar in e-boek formaat.
Gelieve www.tpbooks.com te bezoeken of de belangrijkste online boekwinkels.

ARMEENSE WOORDENSCHAT
nieuwe woorden leren

T&P Books woordenlijsten zijn bedoeld om u te helpen vreemce woorden te leren, te onthouden, en te bestuderen. De woordenschat bevat meer dan 9000 veel gebruikte woorden die thematisch geordend zijn.

- De woordenlijst bevat de meest gebruikte woorden
- Aanbevolen als aanvulling bij welke taalcursus dan ook
- Voldoet aan de behoeften van de beginnende en gevorderde student in vreemde talen
- Geschikt voor dagelijks gebruik, bestudering en zelftestactiviteiten
- Maakt het mogelijk om uw woordenschat te evalueren

Bijzondere kenmerken van de woordenschat

- De woorden zijn gerangschikt naar hun betekenis, niet volgens alfabet
- De woorden worden weergegeven in drie kolommen om bestudering en zelftesten te vergemakkelijken
- Woorden in groepen worden verdeeld in kleine blokken om het eerproces te vergemakkelijken
- De woordenschat biedt een handige en eenvoudige beschrijving van elk buitenlands woord

De woordenschat bevat 256 onderwerpen zoals:

Basisconcepten, getallen, kleuren, maanden, seizoenen, meeteenheden, kleding en accessoires, eten & voeding, restaurant, familieleden, verwanten, karakter, gevoelens, emoties, ziekten, stad, dorp, bezienswaardigheden, winkelen, geld, huis, thuis, kantoor, werken op kantoor, import & export, marketing, werk zoeken, sport, onderwijs, computer, internet, gereedschap, natuur, landen, nationaliteiten en meer ...

INHOUDSOPGAVE

UITSPRAAKGIDS

T&P fonetisch alfabet	Armeens voorbeeld	Nederlands voorbeeld
[a]	ճանաչել [čanačél]	acht
[ə]	փութալ [pʰəspʰəsál]	formule, wachten
[e]	հեկտար [hektár]	delen, spreken
[ē]	էկրան [ēkrán]	elf, zwembad
[i]	ֆիզիկոս [fizikós]	bidden, tint
[o]	շոկոլադ [šokolád]	overeenkomst
[u]	հույնուհի [hujnuhí]	hoed, doe
[b]	բամբակ [bambák]	hebben
[d]	դադար [dadár]	Dank u, honderd
[f]	ֆաբրիկա [fábrika]	feestdag, informeren
[g]	գանգ [gang]	goal, tango
[j]	ջյույմ [djujm]	New York, januari
[h]	հայուհի [hajuhí]	het, herhalen
[x]	խախտել [xaxtél]	licht, school
[k]	կոճակ [kočák]	kennen, kleur
[l]	փլվել [pʰlvel]	delen, luchter
[m]	մտածել [mtatsél]	morgen, etmaal
[t]	տաքսի [taksí]	tomaat, taart
[n]	նրանք [nrankʰ]	nemen, zoncer
[r]	լար [lar]	roepen, breken
[p]	պոմպ [pomp]	parallel, koper
[ġ]	տղամարդ [tġamárd]	gutturale R
[s]	սուս [soús]	spreken, kosten
[ts]	ծանոթ [tsanótʰ]	niets, plaats
[v]	ոստիկան [vostikán]	beloven, schrijven
[z]	զանգ [zang]	zeven, zesde
[kʰ]	երեք [erékʰ]	deukhoed, Stockholm
[pʰ]	փրկել [pʰrkel]	ophouden, ophangen
[tʰ]	թատրոն [tʰatrón]	luchthaven, stadhuis
[tsʰ]	ակնոց [aknótsʰ]	handschoeren
[ʒ]	ժամանակ [ʒamanák]	journalist, rouge
[dz]	օձիկ [odzíkʰ]	zeldzaam
[dʒ]	հաջող [hadʒóġ]	jeans, jungle
[č]	վիճել [vičél]	Tsjechië, cello
[š]	շահույթ [šahújtʰ]	shampoo, machine
[ˈ]	բաժակ [baʒák]	hoofdklemtoon

AFKORTINGEN
gebruikt in de woordenschat

Nederlandse afkortingen

abn	-	als bijvoeglijk naamwoord
bijv.	-	bijvoorbeeld
bn	-	bijvoeglijk naamwoord
bw	-	bijwoord
enk.	-	enkelvoud
enz.	-	enzovoort
form.	-	formele taal
inform.	-	informele taal
mann.	-	mannelijk
mil.	-	militair
mv.	-	meervoud
on.ww.	-	onovergankelijk werkwoord
ontelb.	-	ontelbaar
ov.	-	over
ov.ww.	-	overgankelijk werkwoord
telb.	-	telbaar
vn	-	voornaamwoord
vrouw.	-	vrouwelijk
vw	-	voegwoord
vz	-	voorzetsel
wisk.	-	wiskunde
ww	-	werkwoord

Nederlandse artikelen

de	-	gemeenschappelijk geslacht
de/het	-	gemeenschappelijk geslacht, onzijdig
het	-	onzijdig

Armeense interpunctie

՜	-	Uitroepteken
՞	-	Vraagteken
,	-	Komma

BASISBEGRIPPEN

Basisbegrippen Deel 1

1. Voornaamwoorden

ik	Ես	[es]
jij, je	դու	[du]
hij, zij, het	նա	[na]
wij, we	մենք	[menkʳ]
jullie	դուք	[dukʰ]
zij, ze	նրանք	[nrankˢ]

2. Begroetingen. Begroetingen. Afscheid

Hallo! Dag!	Բարև́	[barév]
Hallo!	Բարև́ ձեզ	[barév dzéz!]
Goedemorgen!	Բարի լոյս	[barí lújs!]
Goedemiddag!	Բարի օ́ր	[barí ór!]
Goedenavond!	Բարի երեկո́	[barí jərekó!]
gedag zeggen (groeten)	բարևել	[barevél]
Hoi!	Ողջոյն	[voġdʒújn!]
groeten (het)	ողջոյն	[voġdʒújn]
verwelkomen (ww)	ողջունել	[voġdʒunél]
Hoe gaat het?	Ո ́նց են գործերը	[vontɛʰ en gortsérd?]
Is er nog nieuws?	Ի ́նչ նորություն	[inč norutʰjún?]
Dag! Tot ziens!	Ցտեսություն	[tsʰtesutʰjún!]
Tot snel! Tot ziens!	Մինչ նոր հանդիպում	[mínč nór handipúm!]
Vaarwel! (inform.)	Մնաս բարով	[mnas baróv!]
Vaarwel! (form.)	Մնաք բարով	[mnakʰ baróv!]
afscheid nemen (ww)	հրաժեշտ տալ	[hraʒéšt tál]
Tot kijk!	Առայժմ	[arájʒm!]
Dank u!	Շնորհակալություն	[šnorhakalutʰjún!]
Dank u wel!	Շատ շնորհակալ լ եմ	[šat šnorhakál em!]
Graag gedaan	Խնդրեմ	[χndrem]
Geen dank!	Հոգ չէ	[hog čē]
Geen moeite.	Չարժե	[čarʒé]
Excuseer me, ... (inform.)	Ներողություն	[neroġutʰjún!]
Excuseer me, ... (form.)	Ներեցե ́ք	[neretsʰékʰ!]
excuseren (verontschuldigen)	ներել	[nerél]
zich verontschuldigen	ներողություն խնդրել	[neroġutʰjún χndrél]
Mijn excuses.	Ներեցեք	[neretsʰékʰ]

13

Het spijt me!	Ներեցե՛ք	[neretsʰékʰ!]
vergeven (ww)	ներել	[nerél]
alsjeblieft	խնդրում եմ	[χndrúm em]

Vergeet het niet!	Չմոռանա՛ք	[čmoranákʰ!]
Natuurlijk!	Իհա՛րկե	[ihárke!]
Natuurlijk niet!	Իհարկե ո՛չ	[ihárke voč!]
Akkoord!	Համաձայն եմ	[hamadzájn em!]
Zo is het genoeg!	Բավական է	[bavakán ē!]

3. Hoe aan te spreken

meneer	Պարո՛ն	[parón]
mevrouw	Տիկի՛ն	[tikín]
juffrouw	Օրիո՛րդ	[oriórd]
jongeman	Երիտասա՛րդ	[eritasárd]
jongen	Տղա՛	[tɡa]
meisje	Աղջի՛կ	[aɡʤík]

4. Kardinale getallen. Deel 1

nul	զրո	[zro]
een	մեկ	[mek]
twee	երկու	[erkú]
drie	երեք	[erékʰ]
vier	չորս	[čors]

vijf	հինգ	[hing]
zes	վեց	[vetsʰ]
zeven	յոթ	[jotʰ]
acht	ութ	[utʰ]
negen	ինը	[ínə]

tien	տաս	[tas]
elf	տասնմեկ	[tasnmék]
twaalf	տասներկու	[tasnerkú]
dertien	տասներեք	[tasnerékʰ]
veertien	տասնչորս	[tasnčórs]

vijftien	տասնհինգ	[tasnhíng]
zestien	տասնվեց	[tasnvétsʰ]
zeventien	տասնյոթ	[tasnjótʰ]
achttien	տասնութ	[tasnútʰ]
negentien	տասնինը	[tasnínə]

twintig	քսան	[kʰsan]
eenentwintig	քսանմեկ	[kʰsanmék]
tweeëntwintig	քսաներկու	[kʰsanerkú]
drieëntwintig	քսաներեք	[ksanerékʰ]

| dertig | երեսուն | [eresún] |
| eenendertig | երեսունմեկ | [eresunmék] |

| tweeëndertig | երեսուներկու | [eresunɘrkú] |
| drieëndertig | երեսուներեք | [eresunɘrékʰ] |

veertig	քառասուն	[kʰarasún]
eenenveertig	քառասունմեկ	[kʰarasunmék]
tweeënveertig	քառասուներկու	[kʰarasunerkú]
drieënveertig	քառասուներեք	[karasuʌerékʰ]

vijftig	հիսուն	[hisún]
eenenvijftig	հիսունմեկ	[hisunmék]
tweeënvijftig	հիսուներկու	[hisunerkú]
drieënvijftig	հիսուներեք	[hisunerékʰ]

zestig	վաթսուն	[vatʰsún]
eenenzestig	վաթսունմեկ	[vatʰsuʌmék]
tweeënzestig	վաթսուներկու	[vatʰsuʌerkú]
drieënzestig	վաթսուներեք	[vatʰsuʌerékʰ]

zeventig	յոթանասուն	[jotʰanasún]
eenenzeventig	յոթանասունմեկ	[jotʰanasunmék]
tweeënzeventig	յոթանասուներկու	[jotʰanasunerkú]
drieënzeventig	յոթանասուներեք	[jotʰanasunerékʰ]

tachtig	ութսուն	[utʰsúr]
eenentachtig	ութսունմեկ	[utʰsurmék]
tweeëntachtig	ութսուներկու	[utʰsurerkú]
drieëntachtig	ութսուներեք	[utʰsurɪerékʰ]

negentig	իննսուն	[innsúʌ]
eenennegentig	իննսունմեկ	[innsuʌmék]
tweeënnegentig	իննսուներկու	[innsuʌerkú]
drieënnegentig	իննսուներեք	[innsuʌerékʰ]

5. Kardinale getallen. Deel 2

honderd	հարյուր	[harjúʌ]
tweehonderd	երկու հարյուր	[erkú ʌarjúr]
driehonderd	երեք հարյուր	[erékʰ harjúr]
vierhonderd	չորս հարյուր	[čórs ʌarjúr]
vijfhonderd	հինգ հարյուր	[hing ʌarjúr]

| zeshonderd | վեց հարյուր | [vetsʰ harjúr] |
| zevenhonderd | յոթ հարյուր | [jotʰ ⱶarjúr] |

| achthonderd | ութ հարյուր | [utʰ hɘrjúr] |
| negenhonderd | ինը հարյուր | [ínɘ ⱶarjúr] |

duizend	հազար	[hazér]
tweeduizend	երկու հազար	[erkú hazár]
drieduizend	երեք հազար	[erékʰ hazár]
tienduizend	տաս հազար	[tas hazár]
honderdduizend	հարյուր հազար	[harjúr hazár]
miljoen (het)	միլիոն	[milión]
miljard (het)	միլիարդ	[miliard]

15

6. Ordinale getallen

eerste (bn)	առաջին	[aradʒín]
tweede (bn)	երկրորդ	[erkrórd]
derde (bn)	երրորդ	[errórd]
vierde (bn)	չորրորդ	[čorrórd]
vijfde (bn)	հինգերորդ	[híngerord]
zesde (bn)	վեցերորդ	[vétsʰerord]
zevende (bn)	յոթերորդ	[jótʰerord]
achtste (bn)	ութերորդ	[útʰerord]
negende (bn)	իններորդ	[ínnerord]
tiende (bn)	տասներորդ	[tásnerord]

7. Getallen. Breuken

breukgetal (het)	կոտորակ	[kotorák]
half	մեկ երկրորդ	[mek erkrórd]
een derde	մեկ երրորդ	[mek errórd]
kwart	մեկ չորրորդ	[mek čorrórd]
een achtste	մեկ ութերորդ	[mek útʰerord]
een tiende	մեկ տասներորդ	[mek tásnerord]
twee derde	երկու երրորդ	[erkú errórd]
driekwart	երեք չորրորդ	[erékʰ čorrórd]

8. Getallen. Eenvoudige berekeningen

aftrekking (de)	հանում	[hanúm]
aftrekken (ww)	հանել	[hanél]
deling (de)	բաժանում	[baʒanúm]
delen (ww)	բաժանել	[baʒanél]
optelling (de)	գումարում	[gumarúm]
erbij optellen	գումարել	[gumarél]
(bij elkaar voegen)		
optellen (ww)	գումարել	[gumarél]
vermenigvuldiging (de)	բազմապատկում	[bazmapatkúm]
vermenigvuldigen (ww)	բազմապատկել	[bazmapatkél]

9. Getallen. Diversen

cijfer (het)	թիվ	[tʰiv]
nummer (het)	թիվ	[tʰiv]
telwoord (het)	համարիշ	[hamaríč]
minteken (het)	մինուս	[mínus]
plusteken (het)	պլյուս	[pljus]
formule (de)	բանաձև	[banadzév]
berekening (de)	հաշվարկ	[hašvárk]

tellen (ww)	հաշվել	[hašvél]
bijrekenen (ww)	հաշվարկ անել	[hašvárk anél]
vergelijken (ww)	համեմատել	[hamematél]

Hoeveel?	քանի՞	[kʰaní?]
som (de), totaal (het)	գումար	[gumár]
uitkomst (de)	արդյունք	[ardjúnkʰ]
rest (de)	մնացորդ	[mnatsʰórd]

enkele (bijv. ~ minuten)	մի քանի	[mi kʰaní]
weinig (telb.)	մի փոքր ...	[mi pʰokʰr ...]
een beetje (ontelb.)	մի քիչ ...	[mi kʰič ...]
restant (het)	մնացած	[mnatsʰátsə]
anderhalf	մեկ ու կես	[mek u kes]
dozijn (het)	դյուժին	[djuʒín]

middendoor (bw)	կես	[kes]
even (bw)	հավասար	[havasár]
helft (de)	կես	[kes]
keer (de)	անգամ	[angám]

10. De belangrijkste werkwoorden. Deel 1

aanbevelen (ww)	երաշխավորել	[erašχavorél]
aandringen (ww)	պնդել	[pndel]
aankomen (per auto, enz.)	ժամանել	[ʒamanél]
aanraken (ww)	ձեռք տալ	[dzérkʰ tal]
adviseren (ww)	խորհուրդ տալ	[χorhúrd tal]

afdalen (on.ww.)	իջնել	[idʒnél]
afslaan (naar rechts ~)	թեքվել	[tʰekʰvél]
antwoorden (ww)	պատասխանել	[patasχanél]
bang zijn (ww)	վախենալ	[vaχenál]
bedreigen (bijv. met een pistool)	սպառնալ	[sparrál]

bedriegen (ww)	խաբել	[χabé]
beëindigen (ww)	ավարտել	[avartél]
beginnen (ww)	սկսել	[sksel]
begrijpen (ww)	հասկանալ	[haskanál]
beheren (managen)	ղեկավարել	[gekavarél]

beledigen (met scheldwoorden)	վիրավորել	[viravorél]
beloven (ww)	խոստանալ	[χostanál]
bereiden (koken)	պատրաստել	[patrastél]
bespreken (spreken over)	քննարկել	[kʰnnarkél]

bestellen (eten ~)	պատվիրել	[patvirél]
bestraffen (een stout kind ~)	պատժել	[patʒél]
betalen (ww)	վճարել	[včarél]
betekenen (beduiden)	նշանակել	[nšanakél]
betreuren (ww)	ափսոսալ	[apʰsosál]
bevallen (prettig vinden)	դուր գալ	[dur gal]

17

bevelen (mil.)	հրամայել	[hramajél]
bevrijden (stad, enz.)	ազատագրել	[azatagrél]
bewaren (ww)	պահպանել	[pahpanél]
bezitten (ww)	ունենալ	[unenál]
bidden (praten met God)	աղոթել	[aġotʰél]
binnengaan (een kamer ~)	մտնել	[mtnel]
breken (ww)	կոտրել	[kotrél]
controleren (ww)	վերահսկել	[verahskél]
creëren (ww)	ստեղծել	[steġtsél]
deelnemen (ww)	մասնակցել	[masnaktsʰél]
denken (ww)	մտածել	[mtatsél]
doden (ww)	սպանել	[spanél]
doen (ww)	անել	[anél]
dorst hebben (ww)	ուզենալ խմել	[uzenál χmel]

11. De belangrijkste werkwoorden. Deel 2

een hint geven	ակնարկել	[aknarkél]
eisen (met klem vragen)	պահանջել	[pahandʒél]
existeren (bestaan)	գոյություն ունենալ	[gojutʰjún unenál]
gaan (te voet)	գնալ	[gnal]
gaan zitten (ww)	նստել	[nstel]
gaan zwemmen	լողալ	[loġál]
geven (ww)	տալ	[tal]
glimlachen (ww)	ժպտալ	[ʒptal]
goed raden (ww)	գուշակել	[gušakél]
grappen maken (ww)	կատակել	[katakél]
graven (ww)	փորել	[pʰorél]
hebben (ww)	ունենալ	[unenál]
helpen (ww)	օգնել	[ognél]
herhalen (opnieuw zeggen)	կրկնել	[krknel]
honger hebben (ww)	ուզենալ ուտել	[uzenál utél]
hopen (ww)	հուսալ	[husál]
horen	լսել	[lsel]
(waarnemen met het oor)		
huilen (wenen)	լացել	[latsʰél]
huren (huis, kamer)	վարձել	[vardzél]
informeren (informatie geven)	տեղեկացնել	[teġekatsʰnél]
instemmen (akkoord gaan)	համաձայնվել	[hamadzajnvél]
jagen (ww)	որս անել	[vors anél]
kennen (kennis hebben van iemand)	ճանաչել	[čanačél]
kiezen (ww)	ընտրել	[əntrél]
klagen (ww)	գանգատվել	[gangatvél]
kosten (ww)	արժենալ	[arʒenál]
kunnen (ww)	կարողանալ	[karoġanál]

lachen (ww)	ծիծաղել	[tsitsaġél]
laten vallen (ww)	վայր գցել	[vájr gtsʰel]
lezen (ww)	կարդալ	[kardál]

liefhebben (ww)	սիրել	[sirél]
lunchen (ww)	ճաշել	[čašél]
nemen (ww)	վերցնել	[vertsʰnél]
nodig zijn (ww)	պետք լինել	[pétkʰ linél]

12. De belangrijkste werkwoorden. Deel 3

onderschatten (ww)	թերագնահատել	[tʰeragnahatél]
ondertekenen (ww)	ստորագրել	[storag·él]
ontbijten (ww)	նախաճաշել	[naχačašél]
openen (ww)	բացել	[batsʰé]
ophouden (ww)	դադարեցնել	[dadaretsʰnél]
opmerken (zien)	նկատել	[nkatél]

opscheppen (ww)	պարծենալ	[partsenál]
opschrijven (ww)	գրառել	[grarél]
plannen (ww)	պլանավորել	[planavorél]
prefereren (verkiezen)	նախընտրել	[naχərtrél]
proberen (trachten)	փորձել	[pʰordzél]
redden (ww)	փրկել	[pʰrkel]

rekenen op ...	հույս դնել ... վրա	[hujs dnel ... vra]
rennen (ww)	վազել	[vazél]
reserveren (een hotelkamer ~)	ամրագրել	[amragrél]

roepen (om hulp)	կանչել	[kančél]
schieten (ww)	կրակել	[krakél]
schreeuwen (ww)	բղավել	[bġavel]

schrijven (ww)	գրել	[grel]
souperen (ww)	ընթրել	[əntʰrél]
spelen (kinderen)	խաղալ	[χaġál]
spreken (ww)	խոսել	[χosél]

stelen (ww)	գողանալ	[goġanál]
stoppen (pauzeren)	կանգ առնել	[káng arnél]

studeren (Nederlands ~)	ուսումնասիրել	[usumnasirél]
sturen (zenden)	ուղարկել	[uġarkél]
tellen (optellen)	հաշվել	[hašvél]
toebehoren aan ...	պատկանել	[patkanél]

toestaan (ww)	թույլատրել	[tʰujlatrél]
tonen (ww)	ցույց տալ	[tsʰújtsʰ tal]

twijfelen (onzeker zijn)	կասկածել	[kaskatsél]
uitgaan (ww)	դուրս գալ	[durs gal]
uitnodigen (ww)	հրավիրել	[hrav rél]
uitspreken (ww)	արտասանել	[artasanél]
uitvaren tegen (ww)	կշտամբել	[kštambél]

13. De belangrijkste werkwoorden. Deel 4

vallen (ww)	ընկնել	[ənknél]
vangen (ww)	բռնել	[brnel]
veranderen (anders maken)	փոխել	[pʰoχél]
verbaasd zijn (ww)	զարմանալ	[zarmanál]
verbergen (ww)	թաքցնել	[tʰakʰtsʰnél]

verdedigen (je land ~)	պաշտպանել	[paštpanél]
verenigen (ww)	միավորել	[miavorél]
vergelijken (ww)	համեմատել	[hamematél]
vergeten (ww)	մոռանալ	[moranál]
vergeven (ww)	ներել	[nerél]

verklaren (uitleggen)	բացատրել	[batsʰatrél]
verkopen (per stuk ~)	վաճառել	[vačarél]
vermelden (praten over)	հիշատակել	[hišatakél]
versieren (decoreren)	զարդարել	[zardarél]
vertalen (ww)	թարգմանել	[tʰargmanél]

vertrouwen (ww)	վստահել	[vstahél]
vervolgen (ww)	շարունակել	[šarunakél]
verwarren (met elkaar ~)	շփոթել	[špʰotʰél]
verzoeken (ww)	խնդրել	[χndrel]
verzuimen (school, enz.)	բաց թողնել	[batsʰ tʰoǵnél]

vinden (ww)	գտնել	[gtnel]
vliegen (ww)	թռչել	[tʰrčel]
volgen (ww)	գնալ ... հետևից	[gnal ... hetevítsʰ]
voorstellen (ww)	առաջարկել	[aradʒarkél]
voorzien (verwachten)	կանխատեսել	[kanχatesél]
vragen (ww)	հարցնել	[hartsʰnél]

waarnemen (ww)	հետևել	[hetevél]
waarschuwen (ww)	զգուշացնել	[zgušatsʰnél]
wachten (ww)	սպասել	[spasél]
weerspreken (ww)	հակաճառել	[hakačarél]
weigeren (ww)	հրաժարվել	[hraʒarvél]

werken (ww)	աշխատել	[ašχatél]
weten (ww)	իմանալ	[imanál]
willen (verlangen)	ուզենal	[uzenál]
zeggen (ww)	ասել	[asél]
zich haasten (ww)	շտապել	[štapél]

zich interesseren voor ...	հետաքրքրվել	[hetakʰrkʰrvél]
zich vergissen (ww)	սխալվել	[sχalvél]

zich verontschuldigen	ներողություն խնդրել	[neroǵutʰjún χndrél]
zien (ww)	տեսնel	[tesnél]

zijn (ww)	լինel	[linél]
zoeken (ww)	փնտրel	[pʰntrel]
zwemmen (ww)	լողal	[loǵál]
zwijgen (ww)	լռel	[lrel]

14. Kleuren

kleur (de)	գույն	[gujn]
tint (de)	երանգ	[eráng]
kleurnuance (de)	գունետանգ	[guneráng]
regenboog (de)	ծիածան	[tsiatsár]

wit (bn)	սպիտակ	[spiták]
zwart (bn)	սև	[sev]
grijs (bn)	մոխրագույն	[moχragújn]

groen (bn)	կանաչ	[kanáč]
geel (bn)	դեղին	[deǵín]
rood (bn)	կարմիր	[karmír]

blauw (bn)	կապույտ	[kapújt]
lichtblauw (bn)	երկնագույն	[erknaçújn]
roze (bn)	վարդագույն	[vardaçújn]
oranje (bn)	նարնջագույն	[narndʒagújn]
violet (bn)	մանուշակագույն	[manušakagújn]
bruin (bn)	շագանակագույն	[šaganakagújn]

goud (bn)	ոսկե	[voské]
zilverkleurig (bn)	արծաթագույն	[artsatʰagújn]

beige (bn)	բեժ	[beʒ]
roomkleurig (bn)	կրեմագույն	[kreməgújn]
turkoois (bn)	փիրուզագույն	[pʰiruzagújn]
kersrood (bn)	բալագույն	[balagújn]
lila (bn)	բաց մանուշակագույն	[batsʰ manušakagújn]
karmijnrood (bn)	մորեգույն	[moregújn]

licht (bn)	բաց	[batsʰ]
donker (bn)	մուգ	[mug]
fel (bn)	վառ	[var]

kleur-, kleurig (bn)	գունավոր	[gunavór]
kleuren- (abn)	գունավոր	[gunavór]
zwart-wit (bn)	սև ու սպիտակ	[sev u spiták]
eenkleurig (bn)	միագույն	[miagujn]
veelkleurig (bn)	գույնզգույն	[gujnzgújn]

15. Vragen

Wie?	Ո՞վ	[ov?]
Wat?	Ի՞նչ	[inč?]
Waar?	Որտե՞ղ	[vortéǵ?]
Waarheen?	Ո՞ւր	[ur?]
Waarvandaan?	Որտեղի՞ց	[vorteǵítsʰ?]
Wanneer?	Ե՞րբ	[erb?]
Waarom?	Ինչո՞ւ	[inčú?]
Waarom?	Ինչո՞ւ	[inčú?]
Waarvoor dan ook?	Ինչի՞ համար	[inčí hamár?]

Hoe?	Ինչպե՞ս	[inčpés?]
Wat voor ...?	Ինչպիսի՞	[inčpisí?]
Welk?	Ո՞րը	[voré?]

Aan wie?	Ո՞ւմ	[um?]
Over wie?	Ո՞ւմ մասին	[úm masín?]
Waarover?	Ինչի՞ մասին	[inčí masín?]
Met wie?	Ո՞ւմ հետ	[úm het?]

| Hoeveel? | քանի՞ | [kʰaní?] |
| Van wie? (mann.) | Ո՞ւմ | [um?] |

16. Voorzetsels

met (bijv. ~ beleg)	... հետ	[... het]
zonder (~ accent)	առանց	[arántsʰ]
naar (in de richting van)	մեջ	[medʒ]
over (praten ~)	մասին	[masín]
voor (in tijd)	առաջ	[arádʒ]
voor (aan de voorkant)	առաջ	[arádʒ]

onder (lager dan)	տակ	[tak]
boven (hoger dan)	վերևում	[verevúm]
op (bovenop)	վրա	[vra]
van (uit, afkomstig van)	... ից	[... itsʰ]
van (gemaakt van)	... ից	[... itsʰ]

| over (bijv. ~ een uur) | ... անց | [... antsʰ] |
| over (over de bovenkant) | միջով | [midʒóv] |

17. Functiewoorden. Bijwoorden. Deel 1

Waar?	Որտե՞ղ	[vortéġ?]
hier (bw)	այստեղ	[ajstéġ]
daar (bw)	այնտեղ	[ajntéġ]

| ergens (bw) | որևէ տեղ | [vorevē teġ] |
| nergens (bw) | ոչ մի տեղ | [voč mi teġ] |

| bij ... (in de buurt) | ... մոտ | [... mot] |
| bij het raam | պատուհանի մոտ | [patuhaní mót] |

Waarheen?	Ո՞ւր	[ur?]
hierheen (bw)	այստեղ	[ajstéġ]
daarheen (bw)	այնտեղ	[ajntéġ]
hiervandaan (bw)	այստեղից	[ajusteġítsʰ]
daarvandaan (bw)	այնտեղից	[ajnteġítsʰ]

dichtbij (bw)	մոտ	[mot]
ver (bw)	հեռու	[herú]
in de buurt (van ...)	մոտ	[mot]
dichtbij (bw)	մոտակայքում	[motakajkʰúm]

niet ver (bw)	մոտիկ	[motík]
linker (bn)	ձախ	[dzaχ]
links (bw)	ձախ կողմից	[dzaχ koġmíts^h]
linksaf, naar links (bw)	դեպի ձախ	[depí dzaχ]

rechter (bn)	աջ	[adʒ]
rechts (bw)	աջ կողմից	[adʒ ko ͻmíts^h]
rechtsaf, naar rechts (bw)	դեպի աջ	[depí adʒ]

vooraan (bw)	առջևից	[ardʒevíts^h]
voorste (bn)	առջևի	[ardʒeví]
vooruit (bw)	առաջ	[arádʒ]

achter (bw)	հետևում	[hetevúm]
van achteren (bw)	հետևից	[heteví s^h]
achteruit (naar achteren)	հետ	[het]

midden (het)	մեջտեղ	[medʒtə́ġ]
in het midden (bw)	մեջտեղում	[medʒtəġúm]

opzij (bw)	կողքից	[koġk^híts^h]
overal (bw)	ամենուր	[amenúr]
omheen (bw)	շուրջը	[šúrdʒə]

binnenuit (bw)	միջից	[midʒíts^h]
naar ergens (bw)	որևէ տեղ	[vorevə́ teġ]
rechtdoor (bw)	ուղիղ	[uġíġ]
terug (bijv. ~ komen)	ետ	[et]

ergens vandaan (bw)	որևէ տեղից	[vorevə́ teġíts^h]
ergens vandaan (en dit geld moet ~ komen)	ինչ-որ տեղից	[inč vcr teġíts^h]

ten eerste (bw)	առաջին	[aradʒínə]
ten tweede (bw)	երկրորդը	[erkró·də]
ten derde (bw)	երրորդը	[errórdə]

plotseling (bw)	հանկարծակի	[hankartsáki]
in het begin (bw)	սկզբում	[skzbum]
voor de eerste keer (bw)	առաջին անգամ	[aradzín angám]
lang voor ... (bw)	... շատ առաջ	[... šat arádʒ]
opnieuw (bw)	կրկին	[krkin ̄]
voor eeuwig (bw)	ընդմիշտ	[əndmíšt]

nooit (bw)	երբեք	[erbék^h]
weer (bw)	նորից	[noríts^h]
nu (bw)	այժմ	[ajʒm]
vaak (bw)	հաճախ	[hačáχ]
toen (bw)	այն ժամանակ	[ajn ʒamanák]
urgent (bw)	շտապ	[štap]
meestal (bw)	սովորաբար	[sovcrabár]

trouwens, ... (tussen haakjes)	ի դեպ, ...	[i deբ ...]
mogelijk (bw)	հնարավոր է	[hnaravór ē]
waarschijnlijk (bw)	հավանաբար	[havɛnabár]

misschien (bw)	միգուցե	[migutsʰé]
trouwens (bw)	բացի այդ, ...	[batsʰí ájd ...]
daarom ...	այդ պատճառով	[ajd patčaróv]
in weerwil van ...	չնայած ...	[čnajáts ...]
dankzij ...	շնորհիվ ...	[šnorhív ...]

wat (vn)	ինչ	[inč]
dat (vw)	որ	[vor]
iets (vn)	ինչ-որ բան	[inč vor bán]
iets	որևէ բան	[vórevē ban]
niets (vn)	ոչ մի բան	[voč mi ban]

wie (~ is daar?)	ով	[ov]
iemand (een onbekende)	ինչ-որ մեկը	[inč vor mékə]
iemand	որևէ մեկը	[vórevē mékə]
(een bepaald persoon)		

niemand (vn)	ոչ մեկ	[voč mek]
nergens (bw)	ոչ մի տեղ	[voč mi teġ]
niemands (bn)	ոչ մեկինը	[voč mekínə]
iemands (bn)	որևէ մեկինը	[vórevē mekínə]

zo (Ik ben ~ blij)	այնպես	[ajnpés]
ook (evenals)	նմանապես	[nmanapés]
alsook (eveneens)	նույնպես	[nújnpes]

18. Functiewoorden. Bijwoorden. Deel 2

Waarom?	ինչու՞	[inčú?]
om een bepaalde reden	չգիտես ինչու	[čgités inčú]
omdat ...	որովհետև, ...	[vorovhetév ...]
voor een bepaald doel	ինչ-որ նպատակով	[inč vor npatakóv]

en (vw)	և	[ev]
of (vw)	կամ	[kam]
maar (vw)	բայց	[bajtsʰ]
voor (vz)	համար	[hamár]

te (~ veel mensen)	չափազանց	[čapʰazántsʰ]
alleen (bw)	միայն	[miájn]
precies (bw)	ճիշտ	[čišt]
ongeveer (~ 10 kg)	մոտ	[mot]

omstreeks (bw)	մոտավորապես	[motavorapés]
bij benadering (bn)	մոտավոր	[motavór]
bijna (bw)	գրեթե	[grétʰe]
rest (de)	մնացածը	[mnatsʰátsə]

elk (bn)	յուրաքանչյուր	[jurakʰančjúr]
om het even welk	ցանկացած	[tsankatsʰáts]
veel (grote hoeveelheid)	շատ	[šat]
veel mensen	շատերը	[šatérə]
iedereen (alle personen)	բոլորը	[bolórə]
in ruil voor ...	ի փոխարեն ...	[i pʰoxarén ...]

in ruil (bw)	փոխարեն	[pʰoχarén]
met de hand (bw)	ձեռքով	[dzerkʰov]
onwaarschijnlijk (bw)	հազիվ թե	[hazív tʰe]

waarschijnlijk (bw)	երևի	[erreví]
met opzet (bw)	դիտմամբ	[ditmámb]
toevallig (bw)	պատահաբար	[patahabár]

zeer (bw)	շատ	[šat]
bijvoorbeeld (bw)	օրինակ	[orinák]
tussen (~ twee steden)	միջև	[midʒév]
tussen (te midden van)	միջավայրում	[midʒavajrúm]
zoveel (bw)	այնքան	[ajnkʰán]
vooral (bw)	հատկապես	[hatkapés]

Basisbegrippen Deel 2

19. Tegenovergestelden

rijk (bn)	հարուստ	[harúst]
arm (bn)	աղքատ	[aġkʰát]
ziek (bn)	հիվանդ	[hivánd]
gezond (bn)	առողջ	[aróġdʒ]
groot (bn)	մեծ	[mets]
klein (bn)	փոքր	[pʰokʰr]
snel (bw)	արագ	[arág]
langzaam (bw)	դանդաղ	[dandáġ]
snel (bn)	արագ	[arág]
langzaam (bn)	դանդաղ	[dandáġ]
vrolijk (bn)	ուրախ	[uráχ]
treurig (bn)	տխուր	[tχur]
samen (bw)	միասին	[miasín]
apart (bw)	առանձին	[arandzín]
hardop (~ lezen)	բարձրաձայն	[bardzradzájn]
stil (~ lezen)	մտքում	[mtkʰum]
hoog (bn)	բարձր	[bardzr]
laag (bn)	ցածրահասակ	[tsʰatsrahasák]
diep (bn)	խորը	[χórə]
ondiep (bn)	ծանծաղ	[tsantsáġ]
ja	այո	[ajó]
nee	ոչ	[voč]
ver (bn)	հեռու	[herú]
dicht (bn)	մոտիկ	[motík]
ver (bw)	հեռու	[herú]
dichtbij (bw)	մոտ	[mot]
lang (bn)	երկար	[erkár]
kort (bn)	կարճ	[karč]
vriendelijk (goedhartig)	բարի	[barí]
kwaad (bn)	չար	[čar]
gehuwd (mann.)	ամուսնացած	[amusnatsʰáts]

ongehuwd (mann.)	ամուրի	[amurí]
verbieden (ww)	արգելել	[argelél]
toestaan (ww)	թույլատրել	[tʰujlatrel]
einde (het)	վերջ	[verdʒ]
begin (het)	սկիզբ	[skizb]
linker (bn)	ձախ	[dzaχ]
rechter (bn)	աջ	[adʒ]
eerste (bn)	առաջին	[aradʒín]
laatste (bn)	վերջին	[verdʒín]
misdaad (de)	հանցագործություն	[hantsʰagortsutʰjún]
bestraffing (de)	պատիժ	[patíʒ]
bevelen (ww)	հրամայել	[hrama él]
gehoorzamen (ww)	ենթարկվել	[entʰarkvél]
recht (bn)	ուղիղ	[uġíġ]
krom (bn)	ծուռ	[tsur]
paradijs (het)	դրախտ	[draχt]
hel (de)	դժոխք	[dʒoχkʰ]
geboren worden (ww)	ծնվել	[tsnvel]
sterven (ww)	մահանալ	[mahanál]
sterk (bn)	ուժեղ	[uʒéġ]
zwak (bn)	թույլ	[tʰujl]
oud (bn)	ծեր	[tser]
jong (bn)	երիտասարդ	[eritasárd]
oud (bn)	հին	[hin]
nieuw (bn)	նոր	[nor]
hard (bn)	կոշտ	[košt]
zacht (bn)	փափուկ	[pʰapúk]
warm (bn)	տաք	[takʰ]
koud (bn)	սառը	[sárə]
dik (bn)	գեր	[ger]
dun (bn)	նիհար	[nihár]
smal (bn)	նեղ	[neġ]
breed (bn)	լայն	[lajn]
goed (bn)	լավ	[lav]
slecht (bn)	վատ	[vat]
moedig (bn)	քաջ	[kʰadʒ]
laf (bn)	վախկոտ	[vaχkót]

20. Dagen van de week

maandag (de)	երկուշաբթի	[erkušabtʰí]
dinsdag (de)	երեքշաբթի	[erekʰšabtʰí]
woensdag (de)	չորեքշաբթի	[čorekʰšabtʰí]
donderdag (de)	հինգշաբթի	[hingšabtʰí]
vrijdag (de)	ուրբաթ	[urbátʰ]
zaterdag (de)	շաբաթ	[šabátʰ]
zondag (de)	կիրակի	[kirakí]

vandaag (bw)	այսոր	[ajsór]
morgen (bw)	վաղը	[vágə]
overmorgen (bw)	վաղը չէ մյուս օրը	[vágə čē mjus órə]
gisteren (bw)	երեկ	[erék]
eergisteren (bw)	նախանցյալ օրը	[naχantsʰjál órə]

dag (de)	օր	[or]
werkdag (de)	աշխատանքային օր	[ašχatankʰajín or]
feestdag (de)	տոնական օր	[tonakán or]
verlofdag (de)	հանգստյան օր	[hangstján ór]
weekend (het)	շաբաթ, կիրակի	[šabátʰ, kirakí]

de hele dag (bw)	ամբողջ օր	[ambóǵʒ ór]
de volgende dag (bw)	մյուս օրը	[mjus órə]
twee dagen geleden	երկու օր առաջ	[erkú or aráʤ]
aan de vooravond (bw)	նախորդ օրը	[naχórd órə]
dag-, dagelijks (bn)	ամենօրյա	[amenorjá]
elke dag (bw)	ամեն օր	[amén or]

week (de)	շաբաթ	[šabátʰ]
vorige week (bw)	անցյալ շաբաթ	[antsʰjál šabátʰ]
volgende week (bw)	հաջորդ շաբաթ	[haǵórt shabát]
wekelijks (bn)	շաբաթական	[šabatʰakán]
elke week (bw)	շաբաթական	[šabatʰakán]
twee keer per week	շաբաթը երկու անգամ	[šabátʰə erkú angám]
elke dinsdag	ամեն երեքշաբթի	[amén erekʰšabtʰí]

21. Uren. Dag en nacht

morgen (de)	առավոտ	[aravót]
's morgens (bw)	առավոտյան	[aravotján]
middag (de)	կեսor	[kesór]
's middags (bw)	ճաշից հետո	[čašítsʰ hetó]

avond (de)	երեկո	[erekó]
's avonds (bw)	երեկոյան	[erekoján]
nacht (de)	գիշեր	[gišér]
's nachts (bw)	գիշերը	[gišérə]
middernacht (de)	կեսգիշեր	[kesgišér]

seconde (de)	վայրկյան	[vajrkján]
minuut (de)	րոպե	[ropé]
uur (het)	ժամ	[ʒam]

halfuur (het)	կես ժամ	[kes ʒaꞁ]
kwartier (het)	քառորդ ժամ	[kʰarórc ʒam]
vijftien minuten	տասնհինգ րոպե	[tasnhíꞁg ropé]
etmaal (het)	օր	[or]

zonsopgang (de)	արևածագ	[arevatság]
dageraad (de)	արևածագ	[arevatság]
vroege morgen (de)	վաղ առավոտ	[vaǵ aravót]
zonsondergang (de)	մայրամուտ	[majraꞁút]

's morgens vroeg (bw)	վաղ առավոտյան	[vág araꞁvotján]
vanmorgen (bw)	այսօր առավոտյան	[ajsór ɛravotján]
morgenochtend (bw)	վաղը առավոտյան	[vágə ɛravotján]

vanmiddag (bw)	այսօր ցերեկը	[ajsór tsʰérékə]
's middags (bw)	ճաշից հետո	[čašítsʰ hetó]
morgenmiddag (bw)	վաղը ճաշից հետո	[vágə čašítsʰ hetó]

| vanavond (bw) | այսօր երեկոյան | [ajsór erekoján] |
| morgenavond (bw) | վաղը երեկոյան | [vágə erekoján] |

klokslag drie uur	ուղիղ ժամը երեքին	[uǵíǵ ʒámə erekʰín]
ongeveer vier uur	մոտ ժամը չորսին	[mot ʒámə čorsín]
tegen twaalf uur	մոտ ժամը տասներկուսին	[mot ʒämə tasnerkusín]

over twintig minuten	քսան րոպեից	[kʰsán ropeítsʰ]
over een uur	մեկ ժամից	[mek ʒamítsʰ]
op tijd (bw)	ժամանակին	[ʒamaꞁakín]

kwart voor …	տասնհինգ պակաս	[tasnh ꞁg pakás]
binnen een uur	մեկ ժամվա ընթացքում	[mek ʒamvá əntʰatsʰkʰúm]
elk kwartier	տասնհինգ րոպեն մեկ	[tasnh ꞁg ropén mek]
de klok rond	ողջ օրը	[voǵdʒ órə]

22. Maanden. Seizoenen

januari (de)	հունվար	[hunvar]
februari (de)	փետրվար	[pʰetrˏár]
maart (de)	մարտ	[mart]
april (de)	ապրիլ	[apríl]
mei (de)	մայիս	[majísꞁ]
juni (de)	հունիս	[hunísꞁ]

juli (de)	հուլիս	[hulísꞁ]
augustus (de)	օգոստոս	[ogosꞏós]
september (de)	սեպտեմբեր	[septɛmbér]
oktober (de)	հոկտեմբեր	[hoktɛmbér]
november (de)	նոյեմբեր	[noembér]
december (de)	դեկտեմբեր	[dektɛmbér]

lente (de)	գարուն	[garúꞁ]
in de lente (bw)	գարնանը	[garnánə]
lente- (abn)	գարնանային	[garnanajín]
zomer (de)	ամառ	[amáꞁ]

29

in de zomer (bw)	ամռանը	[amránə]
zomer-, zomers (bn)	ամառային	[amarajín]

herfst (de)	աշուն	[ašún]
in de herfst (bw)	աշնանը	[ašnánə]
herfst- (abn)	աշնանային	[ašnanajín]

winter (de)	ձմեռ	[dzmer]
in de winter (bw)	ձմռանը	[dzmránə]
winter- (abn)	ձմեռային	[dzmerajín]
maand (de)	ամիս	[amís]
deze maand (bw)	այս ամիս	[ajs amís]
volgende maand (bw)	մյուս ամիս	[mjús amís]
vorige maand (bw)	անցյալ ամիս	[antsʰjál amís]

een maand geleden (bw)	մեկ ամիս առաջ	[mek amís arádʒ]
over een maand (bw)	մեկ ամիս հետո	[mek amís hetó]
over twee maanden (bw)	երկու ամիս հետո	[erkú amís hetó]
de hele maand (bw)	ամբողջ ամիս	[ambódʒ amís]
een volle maand (bw)	ողջ ամիս	[vodʒ amís]

maand-, maandelijks (bn)	ամսական	[amsakán]
maandelijks (bw)	ամեն ամիս	[amén amís]
elke maand (bw)	ամեն ամիս	[amén amís]
twee keer per maand	ամսական երկու անգամ	[amsakán erkú angám]

jaar (het)	տարի	[tarí]
dit jaar (bw)	այս տարի	[ajs tarí]
volgend jaar (bw)	մյուս տարի	[mjus tarí]
vorig jaar (bw)	անցյալ տարի	[antsʰjál tarí]
een jaar geleden (bw)	մեկ տարի առաջ	[mek tarí arádʒ]
over een jaar	մեկ տարի անց	[mek tarí ántsʰ]
over twee jaar	երկու տարի անց	[erkú tarí antsʰ]
het hele jaar	ամբողջ տարի	[ambódʒ tarí]
een vol jaar	ողջ տարի	[vodʒ tarí]

elk jaar	ամեն տարի	[amén tarí]
jaar-, jaarlijks (bn)	տարեկան	[tarekán]
jaarlijks (bw)	ամեն տարի	[amén tarí]
4 keer per jaar	տարեկան չորս անգամ	[tarekán čórs angám]

datum (de)	ամսաթիվ	[amsatʰív]
datum (de)	ամսաթիվ	[amsatʰív]
kalender (de)	օրացույց	[oratsʰújtsʰ]

een half jaar	կես տարի	[kes tarí]
zes maanden	կիսամյակ	[kisamják]
seizoen (bijv. lente, zomer)	սեզոն	[sezón]
eeuw (de)	դար	[dar]

23. Tijd. Diversen

tijd (de)	ժամանակ	[ʒamanák]
ogenblik (het)	ակնթարթ	[akntʰártʰ]

moment (het)	ակնթարթ	[aknthárth]
ogenblikkelijk (bn)	ակնթարթային	[akntharthajín]
tijdsbestek (het)	ժամանակահատված	[ʒamanakahatváts]
leven (het)	կյանք	[kjankh]
eeuwigheid (de)	հավերժություն	[haverʒuthjún]

epoche (de), tijdperk (het)	դարաշրջան	[darašr̩dʒán]
era (de), tijdperk (het)	դարաշրջան	[darašr̩dʒán]
cyclus (de)	ցիկլ	[tshikl]
periode (de)	ժամանակահատված	[ʒamanakahatváts]
termijn (vastgestelde periode)	ժամկետ	[ʒamket]

toekomst (de)	ապագա	[apagé]
toekomstig (bn)	ապագա	[apagé]
de volgende keer	հաջորդ անգամ	[hadʒórd angám]
verleden (het)	անցյալ	[antshjal]
vorig (bn)	անցյալ	[antshjal]
de vorige keer	անցյալ անգամ	[antshjal angám]
later (bw)	քիչ անց	[khič antsh]
na (~ het diner)	հետո	[hetó]
tegenwoordig (bw)	այժմ	[ajʒm]
nu (bw)	հիմա	[himá]
onmiddellijk (bw)	անմիջապես	[anmiʒapés]
snel (bw)	շուտով	[šutóv]
bij voorbaat (bw)	նախորոք	[naχorók h]

lang geleden (bw)	վաղուց	[vaġútsh]
kort geleden (bw)	վերջերս	[verdʒérs]
noodlot (het)	ճակատագիր	[čakataɡír]
herinneringen (mv.)	հիշողություններ	[hišoh utʰjúnnér]
archief (het)	արխիվ	[arχív]
tijdens ... (ten tijde van)	... ժամանակ	[... ʒamanák]
lang (bw)	երկար ժամանակ	[erkár ʒamanák]
niet lang (bw)	կարճ ժամանակ	[karč ʒamanák]
vroeg (bijv. ~ in de ochtend)	շուտ	[šut]
laat (bw)	ուշ	[uš]

voor altijd (bw)	ընդմիշտ	[ǝndmíšt]
beginnen (ww)	սկսել	[sksel]
uitstellen (ww)	տեղափոխել	[teġaphoχél]

tegelijkertijd (bw)	միաժամանակ	[miaʒamanák]
voortdurend (bw)	անընդհատ	[anǝnd̩hát]
voortdurend	անընդմեջ	[anǝnd̩médʒ]
tijdelijk (bn)	ժամանակավոր	[ʒamɛnakavór]

soms (bw)	երբեմն	[erbémn]
zelden (bw)	հազվադեպ	[hazvɑdép]
vaak (bw)	հաճախ	[hačáχ]

24. Lijnen en vormen

| vierkant (het) | քառակուսի | [khɑrɛkusí] |
| vierkant (bn) | քառակուսի | [khɑrɛkusí] |

cirkel (de)	շրջան	[šrdʒan]
rond (bn)	կլոր	[klor]
driehoek (de)	եռանկյունի	[erankjuní]
driehoekig (bn)	եռանկյունաձև	[erankjunadzév]

ovaal (het)	օվալ	[овál]
ovaal (bn)	օվալաձև	[ovaladzév]
rechthoek (de)	ուղղանկյուն	[uģģankjún]
rechthoekig (bn)	ուղղանկյունաձև	[uģģankjúnadzév]

piramide (de)	բուրգ	[burg]
ruit (de)	շեղանկյուն	[šeģankjún]
trapezium (het)	սեղանակերպ	[seģanakérp]
kubus (de)	խորանարդ	[xoranárd]
prisma (het)	հատվածակողմ	[hatvatsakóģm]

omtrek (de)	շրջագիծ	[šrdʒagíts]
bol, sfeer (de)	գունդ	[gund]
bal (de)	գունդ	[gund]
diameter (de)	տրամագիծ	[tramagíts]
straal (de)	շառավիղ	[šaravíģ]
omtrek (~ van een cirkel)	պարագիծ	[paragíts]
middelpunt (het)	կենտրոն	[kentrón]

horizontaal (bn)	հորիզոնական	[horizonakán]
verticaal (bn)	ուղղաձիգ	[uģģagíts]
parallel (de)	զուգահեռ	[zugahér]
parallel (bn)	զուգահեռ	[zugahér]

lijn (de)	գիծ	[gits]
streep (de)	գիծ	[gits]
rechte lijn (de)	ուղիղ	[uģíģ]
kromme (de)	կոր	[kor]
dun (bn)	բարակ	[barák]
omlijning (de)	ուրվագիծ	[urvagíts]

snijpunt (het)	հատում	[hatúm]
rechte hoek (de)	ուղիղ անկյուն	[uģíģ ankjún]
segment (het)	հատված	[hatváts]
sector (de)	հատված	[hatváts]
zijde (de)	կողմ	[koģm]
hoek (de)	անկյուն	[ankjún]

25. Meeteenheden

gewicht (het)	քաշ	[kʰaš]
lengte (de)	երկարություն	[erkarutʰjún]
breedte (de)	լայնություն	[lajnutʰjún]
hoogte (de)	բարձրություն	[bardzrutʰjún]
diepte (de)	խորություն	[xorutʰjún]
volume (het)	ծավալ	[tsavál]
oppervlakte (de)	մակերես	[makerés]
gram (het)	գրամ	[gram]
milligram (het)	միլիգրամ	[miligrám]

kilogram (het)	կիլոգրամ	[kilográm]
ton (duizend kilo)	տոննա	[tónna]
pond (het)	ֆունտ	[funt]
ons (het)	ունցիա	[úntsʰia]

meter (de)	մետր	[metr]
millimeter (de)	միլիմետր	[milimétr]
centimeter (de)	սանտիմետր	[santimétr]
kilometer (de)	կիլոմետր	[kilométr]
mijl (de)	մղոն	[mġon]

duim (de)	դյույմ	[djujm]
voet (de)	ֆուտ	[futʰ]
yard (de)	յարդ	[jard]

| vierkante meter (de) | քառակուսի մետր | [kʰarakusí métr] |
| hectare (de) | հեկտար | [hektár] |

liter (de)	լիտր	[litr]
graad (de)	աստիճան	[astičán]
volt (de)	վոլտ	[volt]
ampère (de)	ամպեր	[ampér]
paardenkracht (de)	ձիաուժ	[dziaúʒ]

hoeveelheid (de)	քանակ	[kʰanák]
een beetje ...	մի փոքր ...	[mi pʰckʰr ...]
helft (de)	կես	[kes]
dozijn (het)	դյուժին	[djuʒír]
stuk (het)	հատ	[hat]

| afmeting (de) | չափս | [čapʰs] |
| schaal (bijv. ~ van 1 op 50) | մասշտաբ | [masštáb] |

minimaal (bn)	նվազագույն	[nvazεgújn]
minste (bn)	փոքրագույն	[pʰokʰragújn]
medium (bn)	միջին	[midʒín]
maximaal (bn)	առավելագույն	[aravelagújn]
grootste (bn)	մեծագույն	[metsεgújn]

26. Containers

glazen pot (de)	բանկա	[banka]
blik (conserven~)	տարա	[tará]
emmer (de)	դույլ	[dujl]
ton (bijv. regenton)	տակառ	[takár]

ronde waterbak (de)	թաս	[tʰas]
tank (bijv. watertank-70-ltr)	բաք	[bakʰ]
heupfles (de)	տափակաշիշ	[tapʰakašíš]
jerrycan (de)	թիթեղ	[tʰitʰéġ]
tank (bijv. ketelwagen)	ցիստեռն	[tsʰistern]

| beker (de) | գավաթ | [gaváʰ] |
| kopje (het) | բաժակ | [baʒák] |

schoteltje (het)	պնակ	[pnak]
glas (het)	բաժակ	[baʒák]
wijnglas (het)	գավաթ	[gaváth]
pan (de)	կաթսա	[kathsá]

| fles (de) | շիշ | [šiš] |
| flessenhals (de) | բերան | [berán] |

karaf (de)	գրաֆին	[grafín]
kruik (de)	սափոր	[saphór]
vat (het)	անոթ	[anóth]
pot (de)	կճուճ	[kčuč]
vaas (de)	վազա	[váza]

flacon (de)	սրվակ	[srvak]
flesje (het)	սրվակիկ	[srvakík]
tube (bijv. ~ tandpasta)	պարկուճ	[parkúč]

zak (bijv. ~ aardappelen)	պարկ	[park]
tasje (het)	տոպրակ	[toprák]
pakje (~ sigaretten, enz.)	տուփ	[tuph]

doos (de)	տուփ	[tuph]
kist (de)	արկղ	[darák]
mand (de)	զամբյուղ	[zambjúġ]

27. Materialen

materiaal (het)	նյութ	[njuth]
hout (het)	փայտ	[phajt]
houten (bn)	փայտյա	[phajtjá]

| glas (het) | ապակի | [apakí] |
| glazen (bn) | ապակյա | [apakjá] |

| steen (de) | քար | [khar] |
| stenen (bn) | քարե | [kharé] |

| plastic (het) | պլաստիկ | [plastík] |
| plastic (bn) | պլաստմասե | [plastmasé] |

| rubber (het) | ռետին | [retín] |
| rubber-, rubberen (bn) | ռետինե | [retiné] |

| stof (de) | գործվածք | [gortsvátskh] |
| van stof (bn) | գործվածքից | [gortsvátskhíts h] |

| papier (het) | թուղթ | [thuġth] |
| papieren (bn) | թղթե | [thġthe] |

karton (het)	ստվարաթուղթ	[stvarathúġth]
kartonnen (bn)	ստվարաթղթե	[stvarathġthé]
polyethyleen (het)	պոլիէթիլեն	[poliĕthilén]
cellofaan (het)	ցելոֆան	[tsh elofán]

multiplex (het)	ֆաներա	[fanéra]
porselein (het)	ճենապակի	[čenapakí]
porseleinen (bn)	ճենապակե	[čenapaké]
klei (de)	կավ	[kav]
klei-, van klei (bn)	կավե	[kavé]
keramiek (de)	կերամիկա	[kerámika]
keramieken (bn)	կերամիկական	[keramikakán]

28. Metalen

metaal (het)	մետաղ	[metáġ]
metalen (bn)	մետաղյա	[metaġjá]
legering (de)	ձուլվածք	[dzulvétskʰ]

goud (het)	ոսկի	[voskí]
gouden (bn)	ոսկյա	[voskjá]
zilver (het)	արծաթ	[artsátʼ]
zilveren (bn)	արծաթյա	[artsatʼjá]

ijzer (het)	երկաթ	[erkátʼ]
ijzeren	երկաթյա	[erkatʼjá]
staal (het)	պողպատ	[poġpát]
stalen (bn)	պողպատյա	[poġpatjá]
koper (het)	պղինձ	[pġindz]
koperen (bn)	պղնձե	[pġndze]

aluminium (het)	ալյումին	[aljumˈn]
aluminium (bn)	ալյումինե	[aljum né]
brons (het)	բրոնզ	[bronz]
bronzen (bn)	բրոնզե	[bronzé]

messing (het)	արույր	[arújr]
nikkel (het)	նիկել	[nikél]
platina (het)	պլատին	[platín]
kwik (het)	սնդիկ	[sndik]
tin (het)	անագ	[anágˈ]
lood (het)	կապար	[kapár]
zink (het)	ցինկ	[tsʰink]

MENS

Mens. Het lichaam

29. Mensen. Basisbegrippen

mens (de)	մարդ	[mard]
man (de)	տղամարդ	[tġamárd]
vrouw (de)	կին	[kin]
kind (het)	երեխա	[ereχá]

meisje (het)	աղջիկ	[aġdʒík]
jongen (de)	տղա	[tġa]
tiener, adolescent (de)	դեռահաս	[derahás]
oude man (de)	ծերունի	[tseruní]
oude vrouw (de)	պառավ	[paráv]

30. Menselijke anatomie

organisme (het)	օրգանիզմ	[organízm]
hart (het)	սիրտ	[sirt]
bloed (het)	արյուն	[arjún]
slagader (de)	զարկերակ	[zarkerák]
ader (de)	երակ	[erák]

hersenen (mv.)	ուղեղ	[uġéġ]
zenuw (de)	ներվ	[nerv]
zenuwen (mv.)	ներվեր	[nervér]
wervel (de)	ող	[voġ]
ruggengraat (de)	ողնաշար	[voġnašár]

maag (de)	ստամոքս	[stamókʰs]
darmen (mv.)	աղիքներ	[aġikʰnér]
darm (de)	աղիք	[aġíkʰ]
lever (de)	լյարդ	[ljard]
nier (de)	երիկամ	[erikám]

been (deel van het skelet)	ոսկոր	[voskór]
skelet (het)	կմախք	[kmaχkʰ]
rib (de)	կողոսկր	[koġóskr]
schedel (de)	գանգ	[gang]

spier (de)	մկան	[mkan]
biceps (de)	բիցեպս	[bítsʰeps]
triceps (de)	տրիցեպս	[trítsʰeps]
pees (de)	ջիլ	[dʒil]
gewricht (het)	հոդ	[hod]

longen (mv.)	թոքեր	[tʰokʰér]
geslachtsorganen (mv.)	սեռական օրգաններ	[serakén organnér]
huid (de)	մաշկ	[mašk]

31. Hoofd

hoofd (het)	գլուխ	[gluχ]
gezicht (het)	երես	[erés]
neus (de)	քիթ	[kʰitʰ]
mond (de)	բերան	[berán]

oog (het)	աչք	[ačkʰ]
ogen (mv.)	աչքեր	[ačkʰér]
pupil (de)	բիբ	[bib]
wenkbrauw (de)	ունք	[unkʰ]
wimper (de)	թարթիչ	[tʰartʰíč]
ooglid (het)	կոպ	[kap]

tong (de)	լեզու	[lezú]
tand (de)	ատամ	[atám]
lippen (mv.)	շրթունքներ	[šrtʰun‹ʰnér]
jukbeenderen (mv.)	այտոսկրեր	[ajtoskrér]
tandvlees (het)	լինդ	[lind]
gehemelte (het)	քիմք	[kimkʰ]

neusgaten (mv.)	քթածակեր	[kʰtʰatsakér]
kin (de)	կզակ	[kzak]
kaak (de)	ծնոտ	[tsnot]
wang (de)	այտ	[ajt]

voorhoofd (het)	ճակատ	[čakát]
slaap (de)	քներակ	[kʰnerák]
oor (het)	ականջ	[akándʒ]
achterhoofd (het)	ծոծրակ	[tsotsrák]
hals (de)	պարանոց	[pararóts̄ʰ]
keel (de)	կոկորդ	[kokórd]

haren (mv.)	մազեր	[mazér]
kapsel (het)	սանրվածք	[sanrvátskʰ]
haarsnit (de)	սանրվածք	[sanrvátskʰ]
pruik (de)	կեղծամ	[keġtsám]

snor (de)	բեղեր	[beġé]
baard (de)	մորուք	[morú‹ʰ]
dragen (een baard, enz.)	կրել	[krel]
vlecht (de)	հյուս	[hjus]
bakkebaarden (mv.)	այտամորուք	[ajtamorúkʰ]

ros (roodachtig, rossig)	շիկահեր	[šikahér]
grijs (~ haar)	ալեհեր	[alehér]
kaal (bn)	ճաղատ	[čaġá:]
kale plek (de)	ճաղատ	[čaġá:]
paardenstaart (de)	պոչ	[poč]
pony (de)	մազափունջ	[mazapʰúndʒ]

32. Menselijk lichaam

hand (de)	ձեռք	[dasták]
arm (de)	թև	[tʰev]

vinger (de)	մատ	[mat]
duim (de)	բութ մատ	[butʰ mát]
pink (de)	ճկույթ	[čkujtʰ]
nagel (de)	եղունգ	[egúng]

vuist (de)	բռունցք	[bruntsʰkʰ]
handpalm (de)	ափ	[apʰ]
pols (de)	ձեռք	[dasták]
voorarm (de)	նախաբազուկ	[naχabazúk]
elleboog (de)	արմունկ	[armúnk]
schouder (de)	ուս	[us]

been (rechter ~)	ոտք	[votkʰ]
voet (de)	ոտնաթաթ	[votnatʰátʰ]
knie (de)	ծունկ	[tsunk]
kuit (de)	սրունք	[srunkʰ]
heup (de)	ազդր	[azdr]
hiel (de)	կրունկ	[krunk]

lichaam (het)	մարմին	[marmín]
buik (de)	փոր	[pʰor]
borst (de)	կրծքավանդակ	[krtskʰavandák]
borst (de)	կուրծք	[kurtskʰ]
zijde (de)	կող	[koǵ]
rug (de)	մեջք	[medʒkʰ]
lage rug (de)	գոտկատեղ	[gotkatéǵ]
taille (de)	գոտկատեղ	[gotkatéǵ]

navel (de)	պորտ	[port]
billen (mv.)	նստատեղ	[nstatéǵ]
achterwerk (het)	հետույք	[hetújkʰ]

huidvlek (de)	խալ	[χal]
tatoeage (de)	դաջվածք	[dadʒvátskʰ]
litteken (het)	սպի	[spi]

Kleding en accessoires

33. Bovenkleding. Jassen

kleren (mv.)	հագուստ	[hagús·]
bovenkleding (de)	վերնազգեստ	[vernazgést]
winterkleding (de)	ձմեռային հագուստ	[dzmerajín hagúst]
jas (de)	վերարկու	[verarkú]
bontjas (de)	մուշտակ	[muštá‹]
bontjasje (het)	կիսամուշտակ	[kisamušták]
donzen jas (de)	բմբուլե բաճկոն	[bmbulé bačkón]
jasje (bijv. een leren ~)	բաճկոն	[bačkó ʔ]
regenjas (de)	թիկնոց	[tʰiknótsʰ]
waterdicht (bn)	անջրանցիկ	[andʒrantsʰík]

34. Heren & dames kleding

overhemd (het)	վերնաշապիկ	[vernašapík]
broek (de)	տաբատ	[tabát]
jeans (de)	ջինսեր	[dʒinsér]
colbert (de)	պիջակ	[pidʒák]
kostuum (het)	կոստյում	[kostjúm]
jurk (de)	զգեստ	[zgest]
rok (de)	շրջազգեստ	[šrdʒazgést]
blouse (de)	բլուզ	[bluz]
wollen vest (de)	կոֆտա	[koftá]
blazer (kort jasje)	ժակետ	[ʒakét]
T-shirt (het)	մարզաշապիկ	[marzašapík]
shorts (mv.)	կարճ տաբատ	[karč tabát]
trainingspak (het)	մարզազգեստ	[marzazgést]
badjas (de)	խալաթ	[xalátʰ]
pyjama (de)	ննջազգեստ	[nndʒazgést]
sweater (de)	սվիտեր	[svitér]
pullover (de)	պուլովեր	[pulóvər]
gilet (het)	բաճկոնակ	[bačkonák]
rokkostuum (het)	ֆրակ	[frak]
smoking (de)	սմոկինգ	[smókɩng]
uniform (het)	համազգեստ	[hamɛzgést]
werkkleding (de)	աշխատանքային համազգեստ	[ašxatankʰajín hamazgést]
overall (de)	կոմբինեզոն	[kombinezón]
doktersjas (de)	խալաթ	[xalátʰ]

35. Kleding. Ondergoed

ondergoed (het)	ներքնազգեստ	[nerkʰnazgést]
onderhemd (het)	ներքնաշապիկ	[nerkʰnašapík]
sokken (mv.)	կիսագուլպա	[kisagulpá]
nachthemd (het)	գիշերանոց	[gišeranótsʰ]
beha (de)	կրծքակալ	[krĭskʰákal]
kniekousen (mv.)	կարճ գուլպաներ	[karč gulpanér]
panty (de)	զուգագուլպա	[zugagulpá]
nylonkousen (mv.)	գուլպաներ	[gulpanér]
badpak (het)	լողազգեստ	[loġazgést]

36. Hoofddeksels

hoed (de)	գլխարկ	[glχark]
deukhoed (de)	եզրավոր գլխարկ	[ezravór glχárk]
honkbalpet (de)	մարզագլխարկ	[marzaglχárk]
kleppet (de)	կեպի	[képi]
baret (de)	բերետ	[berét]
kap (de)	գլխանոց	[glχanótsʰ]
panamahoed (de)	պանամա	[panáma]
gebreide muts (de)	գործած գլխարկ	[gortsáts glχárk]
hoofddoek (de)	գլխաշոր	[glχašór]
dameshoed (de)	գլխարկիկ	[glχarkík]
veiligheidshelm (de)	սաղավարտ	[saġavárt]
veldmuts (de)	պիլոտկա	[pilótka]
helm, valhelm (de)	սաղավարտ	[saġavárt]
bolhoed (de)	կոտելոկ	[kotelók]
hoge hoed (de)	գլանագլխարկ	[glanaglχárk]

37. Schoeisel

schoeisel (het)	կոշիկ	[košík]
schoenen (mv.)	ձախավոր կոշիկներ	[čtkʰavór košiknér]
vrouwenschoenen (mv.)	կոշիկներ	[košiknér]
laarzen (mv.)	երկարաճիտ կոշիկներ	[erkaračít košiknér]
pantoffels (mv.)	հողաթափեր	[hoġatʰapʰér]
sportschoenen (mv.)	բոթասներ	[botʰasnér]
sneakers (mv.)	մարզական կոշիկներ	[marzakán košiknér]
sandalen (mv.)	սանդալներ	[sandalnér]
schoenlapper (de)	կոշկակար	[koškakár]
hiel (de)	կրունկ	[krunk]
paar (een ~ schoenen)	զույգ	[zujg]
veter (de)	կոշկակապ	[koškakáp]

rijgen (schoenen ~)	կոշկակապել	[koškakapél]
schoenlepel (de)	թիակ	[t'iak]
schoensmeer (de/het)	կոշիկի քսուք	[košikí ksúkʰ]

38. Textiel. Weefsel

katoen (de/het)	բամբակ	[bambak]
katoenen (bn)	բամբակից	[bambakítsʰ]
vlas (het)	կտավատ	[ktavát]
vlas-, van vlas (bn)	կտավատից	[ktavat ́tsʰ]

zijde (de)	մետաքս	[meták's]
zijden (bn)	մետաքսյա	[metak'sjá]
wol (de)	բուրդ	[burd]
wollen (bn)	բրդյա	[brdja]

fluweel (het)	թավիշ	[t'avíš]
suède (de)	թավշակաշի	[t'avšakaší]
ribfluweel (het)	վելվետ	[velvét]

nylon (de/het)	նեյլոն	[nejlón]
nylon-, van nylon (bn)	նեյլոնից	[nejlonítsʰ]
polyester (het)	պոլիէստեր	[poliēstér]
polyester- (abn)	պոլիէստերից	[poliēsterítsʰ]

leer (het)	կաշի	[kaší]
leren (van leer gemaak)	կաշվից	[kašvítsʰ]
bont (het)	մորթի	[mortʰí]
bont- (abn)	մորթյա	[mortʰjá]

39. Persoonlijke accessoires

handschoenen (mv.)	ձեռնոցներ	[dzernɔtsʰnér]
wanten (mv.)	ձեռնոց	[dzernɔ́tsʰ]
sjaal (fleece ~)	շարֆ	[šarf]

bril (de)	ակնոց	[aknótsʰ]
brilmontuur (het)	շրջանակ	[šrdʒanák]
paraplu (de)	հովանոց	[hovanótsʰ]
wandelstok (de)	ձեռնափայտ	[dzernapʰájt]
haarborstel (de)	մազերի խոզանակ	[mazerí χozanák]
waaier (de)	հովհար	[hovhár]

das (de)	փողկապ	[pʰoǵkáp]
strikje (het)	փողկապ-թիթեռնիկ	[pʰoǵkáp tʰitʰerník]
bretels (mv.)	տաբատակալ	[tabatakál]
zakdoek (de)	թաշկինակ	[tʰaškinák]

kam (de)	սանր	[sanr]
haarspeldje (het)	մազակալ	[mazakál]
schuifspeldje (het)	ծամկալ	[tsamkál]
gesp (de)	ճարմանդ	[čarmánd]

| broekriem (de) | գոտի | [gotí] |
| draagriem (de) | փոկ | [phok] |

handtas (de)	պայուսակ	[pajusák]
damestas (de)	կանացի պայուսակ	[kanatshí pajusák]
rugzak (de)	ուսապարկ	[uǵepárk]

40. Kleding. Diversen

mode (de)	նորաձևություն	[noraʒevuthjún]
de mode (bn)	նորաձև	[noraʒév]
kledingstilist (de)	մոդելեր	[modelér]

kraag (de)	օձիք	[odzíkh]
zak (de)	գրպան	[grpan]
zak- (abn)	գրպանի	[grpaní]
mouw (de)	թևք	[thevkh]
lusje (het)	կախիչ	[kaχíč]
gulp (de)	լայնույթ	[lajnújth]

rits (de)	կայծակաճարմանդ	[kajtsaka čarmánd]
sluiting (de)	ճարմանդ	[čarmánd]
knoop (de)	կոճակ	[kočák]
knoopsgat (het)	հանգույց	[hangújtsh]
losraken (bijv. knopen)	պոկվել	[pokvél]

naaien (kleren, enz.)	կարել	[karél]
borduren (ww)	ասեղնագործել	[aseǵnagortsél]
borduursel (het)	ասեղնագործություն	[aseǵnagortsuthjún]
naald (de)	ասեղ	[aséǵ]
draad (de)	թել	[thel]
naad (de)	կար	[kar]

vies worden (ww)	կեղտոտվել	[keǵtotvél]
vlek (de)	բիծ	[bits]
gekreukt raken (ov. kleren)	ճմրթվել	[čmrthel]
scheuren (ov.ww.)	ճղվել	[čǵvel]
mot (de)	ցեց	[tshetsh]

41. Persoonlijke verzorging. Schoonheidsmiddelen

tandpasta (de)	ատամի մածուկ	[atamí matsúk]
tandenborstel (de)	ատամի խոզանակ	[atamí χozanák]
tanden poetsen (ww)	ատամները մաքրել	[atamnérə makhrél]

scheermes (het)	ածելի	[atselí]
scheerschuim (het)	սափրվելու կրեմ	[saphrvelú krem]
zich scheren (ww)	սափրվել	[saphrvél]

zeep (de)	օճառ	[očár]
shampoo (de)	շամպուն	[šampún]
schaar (de)	մկրատ	[mkrat]

nagelvijl (de)	խարտոց	[xartótsʰ]
nagelknipper (de)	ունելիք	[unelíkʲ]
pincet (het)	ունելի	[unelí]

cosmetica (mv.)	կոսմետիկա	[kosmétika]
masker (het)	դիմակ	[dimák]
manicure (de)	մանիկյուր	[manikjúr]
manicure doen	մատնահարդարում	[matnahardarúm]
pedicure (de)	պեդիկյուր	[pedikjúr]

cosmetica tasje (het)	կոսմետիկայի պայուսակ	[kosmetikají pajusák]
poeder (de/het)	դիմափոշի	[dimapʼoší]
poederdoos (de)	դիմափոշու աման	[dimapʼošú amán]
rouge (de)	կարմրաներկ	[karmranérk]

parfum (de/het)	օծանելիք	[otsanelíkʰ]
eau de toilet (de)	անուշահոտ ջուր	[anušahót dʒur]
lotion (de)	լոսյոն	[losjón]
eau de cologne (de)	օդեկոլոն	[odekolón]

oogschaduw (de)	կոպերի ներկ	[koperi nérk]
oogpotlood (het)	աչքի մատիտ	[ačkʰí matít]
mascara (de)	տուշ	[tuš]

lippenstift (de)	շրթներկ	[šrtʰnerk]
nagellak (de)	եղունգների լաք	[eǵunçnerí lákʰ]
haarlak (de)	մազերի լաք	[mazerí lakʰ]
deodorant (de)	դեզոդորանտ	[dezodoránt]

crème (de)	կրեմ	[krem]
gezichtscrème (de)	դեմքի կրեմ	[demkʰí krem]
handcrème (de)	ձեռքի կրեմ	[dzerkʰí krem]
antirimpelcrème (de)	կնճիռների դեմ կրեմ	[knčirrerí dém krém]
dag- (abn)	ցերեկային	[tsʰerekajín]
nacht- (abn)	գիշերային	[gišerajín]

tampon (de)	տամպոն	[tampón]
toiletpapier (het)	զուգարանի թուղթ	[zugaraní tʰúgtʰ]
föhn (de)	ֆեն	[fen]

42. Juwelen

sieraden (mv.)	ոսկերչական զարդեր	[voskerčakán zarder]
edel (bijv. ~ stenen)	թանկարժեք	[tʰankarʒékʰ]
keurmerk (het)	հարգ	[harg]

ring (de)	մատանի	[mataní]
trouwring (de)	նշանի մատանի	[nšan mataní]
armband (de)	ապարանջան	[aparandʒán]

oorringen (mv.)	ականջողեր	[akandʒoǵér]
halssnoer (het)	մանյակ	[manják]
kroon (de)	թագ	[tʰag]
kralen snoer (het)	ուլունքներ	[ulunkʰnér]

diamant (de)	ադամանդ	[adamánd]
smaragd (de)	զմրուխտ	[zmruχt]
robijn (de)	սուտակ	[suták]
saffier (de)	շափյուղա	[šapʰjuġá]
parel (de)	մարգարիտ	[margarít]
barnsteen (de)	սաթ	[satʰ]

43. Horloges. Klokken

polshorloge (het)	ձեռքի ժամացույց	[dzerkʰí ʒamatsʰújtsʰ]
wijzerplaat (de)	թվահարթակ	[tʰvahartʰák]
wijzer (de)	սլաք	[slakʰ]
metalen horlogeband (de)	շղթա	[šġtʰa]
horlogebandje (het)	փոկ	[pʰok]

batterij (de)	մարտկոց	[martkótsʰ]
leeg zijn (ww)	նստել	[nstel]
batterij vervangen	մարտկոցը փոխել	[martkótsʰə pʰoχél]
voorlopen (ww)	առաջ ընկնել	[arádʒ ənknél]
achterlopen (ww)	ետ ընկնել	[et ənknél]

wandklok (de)	պատի ժամացույց	[patí ʒamatsʰújtsʰ]
zandloper (de)	ավազի ժամացույց	[avazí ʒamatsʰújtsʰ]
zonnewijzer (de)	արևի ժամացույց	[areví ʒamatsʰújtsʰ]
wekker (de)	զարթուցիչ	[zartʰutsʰíč]
horlogemaker (de)	ժամագործ	[ʒamagórts]
repareren (ww)	նորոգել	[norogél]

Voedsel. Voeding

44. Voedsel

vlees (het)	միս	[mis]
kip (de)	հավ	[hav]
kuiken (het)	ճուտ	[čut]
eend (de)	բադ	[bad]
gans (de)	սագ	[sag]
wild (het)	որսամիս	[vorsarís]
kalkoen (de)	հնդկահավ	[hndkaháv]

varkensvlees (het)	խոզի միս	[χozí mis]
kalfsvlees (het)	հորթի միս	[hortʰí mís]
schapenvlees (het)	ոչխարի միս	[vočχaʰí mis]
rundvlees (het)	տավարի միս	[tavarí mis]
konijnenvlees (het)	ճագար	[čagár]

worst (de)	երշիկ	[eršík]
saucijs (de)	նրբերշիկ	[nrberšík]
spek (het)	բեկոն	[bekón]
ham (de)	խոզապուխտ	[χozapúχt]
gerookte achterham (de)	ազդր	[azdr]

paté (de)	պաշտետ	[paštéf]
lever (de)	լյարդ	[ljard]
gehakt (het)	աղացած միս	[aǵatsʰáts mis]
tong (de)	լեզու	[lezú]

ei (het)	ձու	[dzu]
eieren (mv.)	ձվեր	[dzver]
eiwit (het)	սպիտակուց	[spitakútsʰ]
eigeel (het)	դեղնուց	[deǵnútsʰ]

vis (de)	ձուկ	[dzuk]
zeevruchten (mv.)	ծովամթերքներ	[tsovamtʰerkʰnér]
kaviaar (de)	ձկնկիթ	[dzknkitʰ]

krab (de)	ծովախեցգետին	[tsovaχetsʰʰgetín]
garnaal (de)	մանր ծովախեցգետին	[mánr tsovaχetsʰʰgetín]
oester (de)	ոստրե	[vostre]
langoest (de)	լանգուստ	[langúst]
octopus (de)	ութոտնուկ	[utʰotrúk]
inktvis (de)	կաղամար	[kaǵamár]

steur (de)	թառափ	[tʰarápʰ]
zalm (de)	սաղման	[saǵmán]
heilbot (de)	վահանաձուկ	[vahanadzúk]
kabeljauw (de)	ձողաձուկ	[dzoǵadzúk]
makreel (de)	թյունիկ	[tʰjuník]

tonijn (de)	թյունու	[tʰjunnós]
paling (de)	օձաձուկ	[odzadzúk]

forel (de)	իշխան	[išχán]
sardine (de)	սարդինա	[sardína]
snoek (de)	գայլաձուկ	[gajladzúk]
haring (de)	ծովատառեխ	[tsovataréχ]

brood (het)	հաց	[hatsʰ]
kaas (de)	պանիր	[panír]
suiker (de)	շաքար	[šakʰár]
zout (het)	աղ	[aǵ]

rijst (de)	բրինձ	[brindz]
pasta (de)	մակարոն	[makarón]
noedels (mv.)	լապշա	[lapʰšá]

boter (de)	սերուցքային կարագ	[serutsʰkʰajín karág]
plantaardige olie (de)	բուսական յուղ	[busakán júǵ]
zonnebloemolie (de)	արևածաղկի ձեթ	[arevatsaǵkí dzetʰ]
margarine (de)	մարգարին	[margarín]

olijven (mv.)	զեյթուն	[zeytún]
olijfolie (de)	ձիթապտղի ձեթ	[dzitʰaptǵí dzetʰ]

melk (de)	կաթ	[katʰ]
gecondenseerde melk (de)	խտացրած կաթ	[χtatsʰráts kátʰ]
yoghurt (de)	յոգուրտ	[jogúrt]
zure room (de)	թթվասեր	[tʰtʰvasér]
room (de)	սերուցք	[serútsʰkʰ]

mayonaise (de)	մայոնեզ	[majonéz]
crème (de)	կրեմ	[krem]

graan (het)	ձավար	[dzavár]
meel (het), bloem (de)	ալյուր	[aljúr]
conserven (mv.)	պահածոներ	[pahatsonér]

maïsvlokken (mv.)	եգիպտացորենի փաթիլներ	[egiptatsʰorení pʰatʰilnér]
honing (de)	մեղր	[meǵr]
jam (de)	ջեմ	[dʒem]
kauwgom (de)	մաստակ	[masták]

45. Drankjes

water (het)	ջուր	[dʒur]
drinkwater (het)	խմելու ջուր	[χmelú dʒur]
mineraalwater (het)	հանքային ջուր	[hankʰajín dʒúr]

zonder gas	առանց գազի	[aránstʰ gazí]
koolzuurhoudend (bn)	գազավորված	[gazavorváts]
bruisend (bn)	գազով	[gazóv]
ijs (het)	սառույց	[sarújtsʰ]
met ijs	սառույցով	[sarutsʰóv]

alcohol vrij (bn)	ոչ ալկոհոլային	[voč alkoholajín]
alcohol vrije drank (de)	ոչ ալկոհոլային ըմպելիք	[voč alkoholajín əmpelík[h]]
frisdrank (de)	զովացուցիչ ըմպելիք	[zovatsʰutsʰíč əmpel·kʰ]
limonade (de)	լիմոնադ	[limonéd]

alcoholische dranken (mv.)	ալկոհոլային խմիչքներ	[alkohclajín χmičkʰnér]
wijn (de)	գինի	[giní]
witte wijn (de)	սպիտակ գինի	[spiták giní]
rode wijn (de)	կարմիր գինի	[karmír giní]

likeur (de)	լիկյոր	[likjor]
champagne (de)	շամպայն	[šampajn]
vermout (de)	վերմուտ	[vérmut]

whisky (de)	վիսկի	[víski]
wodka (de)	օղի	[oġí]
gin (de)	ջին	[dʒin]
cognac (de)	կոնյակ	[konják]
rum (de)	ռում	[rom]

koffie (de)	սուրճ	[surč]
zwarte koffie (de)	սև սուրճ	[sev surč]
koffie (de) met melk	կաթով սուրճ	[katʰóʌ súrč]
cappuccino (de)	սերուցքով սուրճ	[serutsʰkʰóv surč]
oploskoffie (de)	լուծվող սուրճ	[lutsvóġ súrč]

melk (de)	կաթ	[katʰ]
cocktail (de)	կոկտեյլ	[koktéjl]
milkshake (de)	կաթնային կոկտեյլ	[katʰnajín koktéjl]

sap (het)	հյութ	[hjutʰ]
tomatensap (het)	տոմատի հյութ	[tomaΐ hjútʰ]
sinaasappelsap (het)	նարնջի հյութ	[narncʒí hjutʰ]
vers geperst sap (het)	թարմ քամված հյութ	[tʰarm kʰamváts hjutʰ]

bier (het)	գարեջուր	[garecʒúr]
licht bier (het)	բաց գարեջուր	[batsʰ garedʒúr]
donker bier (het)	մուգ գարեջուր	[múg garedʒúr]

thee (de)	թեյ	[tʰej]
zwarte thee (de)	սև թեյ	[sev tʰej]
groene thee (de)	կանաչ թեյ	[kanáč tʰej]

46. Groenten

| groenten (mv.) | բանջարեղեն | [bandʒareġén] |
| verse kruiden (mv.) | կանաչի | [kanaʒí] |

tomaat (de)	լոլիկ	[lolík]
augurk (de)	վարունգ	[varúng]
wortel (de)	գազար	[gazárʲ]
aardappel (de)	կարտոֆիլ	[kartofíl]
ui (de)	սոխ	[soχ]
knoflook (de)	սխտոր	[sχtor]

kool (de)	կաղամբ	[kaġámb]
bloemkool (de)	ծաղկակաղամբ	[tsaġkakaġámb]
spruitkool (de)	բրյուսելյան կաղամբ	[brjuselján kaġámb]
broccoli (de)	կաղամբ բրոկոլի	[kaġámb brokóli]

rode biet (de)	բազուկ	[bazúk]
aubergine (de)	սմբուկ	[smbuk]
courgette (de)	դդմիկ	[ddmik]
pompoen (de)	դդում	[ddum]
raap (de)	շաղգամ	[šaġgám]

peterselie (de)	մաղադանոս	[maġadanós]
dille (de)	սամիթ	[samítʰ]
sla (de)	սալաթ	[salátʰ]
selderij (de)	նեխուր	[neχúr]
asperge (de)	ծնեբեկ	[tsnebék]
spinazie (de)	սպինատ	[spinát]

erwt (de)	սիսեռ	[sisér]
bonen (mv.)	լոբի	[lobí]
maïs (de)	եգիպտացորեն	[egiptatsʰorén]
nierboon (de)	լոբի	[lobí]

peper (de)	պղպեղ	[pġpeġ]
radijs (de)	բողկ	[boġk]
artisjok (de)	արտիճուկ	[artičúk]

47. Vruchten. Noten

vrucht (de)	միրգ	[mirg]
appel (de)	խնձոր	[χndzor]
peer (de)	տանձ	[tandz]
citroen (de)	կիտրոն	[kitrón]
sinaasappel (de)	նարինջ	[naríndʒ]
aardbei (de)	ելակ	[elák]

mandarijn (de)	մանդարին	[mandarín]
pruim (de)	սալոր	[salór]
perzik (de)	դեղձ	[deġdz]
abrikoos (de)	ծիրան	[tsirán]
framboos (de)	մորի	[morí]
ananas (de)	արքայախնձոր	[arkʰajaχndzór]

banaan (de)	բանան	[banán]
watermeloen (de)	ձմերուկ	[dzmerúk]
druif (de)	խաղող	[χaġóġ]
zure kers (de)	բալ	[bal]
zoete kers (de)	կեռաս	[kerás]
meloen (de)	սեխ	[seχ]

grapefruit (de)	գրեյպֆրուտ	[grejpfrút]
avocado (de)	ավոկադո	[avokádo]
papaja (de)	պապայա	[papája]
mango (de)	մանգո	[mángo]

granaatappel (de)	նուռ	[nur]
rode bes (de)	կարմիր հաղարջ	[karmír haġárdʒ]
zwarte bes (de)	սև հաղարջ	[sév həġárdʒ]
kruisbes (de)	հաղարջ	[haġárdʒ]
blauwe bosbes (de)	հապալաս	[hapalés]
braambes (de)	մոշ	[moš]

rozijn (de)	չամիչ	[čamíč]
vijg (de)	թուզ	[tʰuz]
dadel (de)	արմավ	[armáv]

pinda (de)	գետնընկույզ	[getnənkújz]
amandel (de)	նուշ	[nuš]
walnoot (de)	ընկույզ	[ənkújz]
hazelnoot (de)	պնդուկ	[pnduk]
kokosnoot (de)	կոկոսի ընկույզ	[kokós ənkújz]
pistaches (mv.)	պիստակ	[pisták]

48. Brood. Snoep

suikerbakkerij (de)	հրուշակեղեն	[hrušakeġén]
brood (het)	հաց	[hatsʰ]
koekje (het)	թխվածքաբլիթ	[tʰχvatskʰablítʰ]

chocolade (de)	շոկոլադ	[šokolad]
chocolade- (abn)	շոկոլադե	[šokoladé]
snoepje (het)	կոնֆետ	[konfét]
cakeje (het)	հրուշակ	[hrušák]
taart (bijv. verjaardags~)	տորթ	[tortʰ]

| pastei (de) | կարկանդակ | [karkandák] |
| vulling (de) | լցոն | [ltsʰon] |

confituur (de)	մուրաբա	[murabá]
marmelade (de)	մարմելադ	[marmelád]
wafel (de)	վաֆլի	[vaflí]
ijsje (het)	պաղպաղակ	[paġpaġák]

49. Bereide gerechten

gerecht (het)	ճաշատեսակ	[čašatəsák]
keuken (bijv. Franse ~)	խոհանոց	[χohanótsʰ]
recept (het)	բաղադրատոմս	[baġadratóms]
portie (de)	բաժին	[baʒín]

| salade (de) | աղցան | [aġtsʰan] |
| soep (de) | ապուր | [apúr] |

bouillon (de)	մսաջուր	[msadʒúr]
boterham (de)	բրդուճ	[brduč]
spiegelei (het)	ձվածեղ	[dzvatséġ]
hamburger (de)	համբուրգեր	[hamburgér]

biefstuk (de)	բիֆշտեքս	[bifštékʰs]
garnering (de)	զարնիր	[garnír]
spaghetti (de)	սպագետի	[spagétti]
aardappelpuree (de)	կարտոֆիլի պյուրե	[kartofilí pjuré]
pizza (de)	պիցցա	[pítsʰa]
pap (de)	շիլա	[šilá]
omelet (de)	ձվածեղ	[dzvatséǵ]

gekookt (in water)	եփած	[epʰáts]
gerookt (bn)	ապխտած	[apχtáts]
gebakken (bn)	տապակած	[tapakáts]
gedroogd (bn)	չորացրած	[čoratsʰráts]
diepvries (bn)	սառեցված	[saretsʰváts]
gemarineerd (bn)	մարինացված	[marinatsʰváts]

zoet (bn)	քաղցր	[kʰaǵtsʰr]
gezouten (bn)	աղի	[aǵí]
koud (bn)	սառը	[sárə]
heet (bn)	տաք	[takʰ]
bitter (bn)	դառը	[dárə]
lekker (bn)	համեղ	[haméǵ]

koken (in kokend water)	եփել	[epʰél]
bereiden (avondmaaltijd ~)	պատրաստել	[patrastél]
bakken (ww)	տապակել	[tapakél]
opwarmen (ww)	տաքացնել	[takʰatsʰnél]

zouten (ww)	աղ անել	[aǵ anél]
peperen (ww)	պղպեղ անել	[pǵpéǵ anél]
raspen (ww)	քերել	[kʰerél]
schil (de)	կլեպ	[klep]
schillen (ww)	կլպել	[klpel]

50. Kruiden

zout (het)	աղ	[aǵ]
gezouten (bn)	աղի	[aǵí]
zouten (ww)	աղ անել	[aǵ anél]

zwarte peper (de)	սև պղպեղ	[sev pǵpéǵ]
rode peper (de)	կարմիր պղպեղ	[karmír pǵpéǵ]
mosterd (de)	մանանեխ	[mananéχ]
mierikswortel (de)	ծովաբողկ	[tsovabóǵk]

condiment (het)	համեմունք	[hamemúnkʰ]
specerij, kruiderij (de)	համեմունք	[hamemúnkʰ]
saus (de)	սոուս	[soús]
azijn (de)	քացախ	[kʰatsʰáχ]

anijs (de)	անիսոն	[anisón]
basilicum (de)	ռեհան	[rehán]
kruidnagel (de)	մեխակ	[meχák]
gember (de)	իմբիր	[imbír]
koriander (de)	գինձ	[gindz]

kaneel (de/het)	դարչին	[darčín]
sesamzaad (het)	քնջութ	[khndʒut']
laurierblad (het)	դափնու տերև	[daphnu terév]
paprika (de)	պապրիկա	[páprika]
komijn (de)	չաման	[čamár]
saffraan (de)	շաֆրան	[šafrán]

51. Maaltijden

eten (het)	կերակուր	[kerakür]
eten (ww)	ուտել	[utél]

ontbijt (het)	նախաճաշ	[naχačáš]
ontbijten (ww)	նախաճաշել	[naχačašél]
lunch (de)	ճաշ	[čaš]
lunchen (ww)	ճաշել	[čašél]
avondeten (het)	ընթրիք	[ənthríkh]
souperen (ww)	ընթրել	[ənthré]

eetlust (de)	ախորժակ	[aχorʒák]
Eet smakelijk!	Բարի ախորժա'կ	[barí aχorʒák]

openen (een fles ~)	բացել	[batshéi]
morsen (koffie, enz.)	թափել	[thaphé]
zijn gemorst	թափվել	[thaphvɘl]
koken (water kookt bij 100°C)	եռալ	[erál]
koken (Hoe om water te ~)	եռացնել	[eratshnél]
gekookt (~ water)	եռացրած	[eratshráts]
afkoelen (koeler maken)	սառեցնել	[saretsʰnél]
afkoelen (koeler worden)	սառեցվել	[saretsʰvél]

smaak (de)	համ	[ham]
nasmaak (de)	կողմնակի համ	[koġmnakí ham]

volgen een dieet	նիհարել	[niharél]
dieet (het)	սննդակարգ	[snndɛkárg]
vitamine (de)	վիտամին	[vitamin]
calorie (de)	կալորիա	[kalória]
vegetariër (de)	բուսակեր	[busakér]
vegetarisch (bn)	բուսակերական	[busakerakán]

vetten (mv.)	ճարպեր	[čarpér]
eiwitten (mv.)	սպիտակուցներ	[spitakutsʰnér]
koolhydraten (mv.)	ածխաջրեր	[atsχadʒrér]
snede (de)	պատառ	[patár]
stuk (bijv. een ~ taart)	կտոր	[ktor]
kruimel (de)	փշուր	[phšur]

52. Tafelschikking

lepel (de)	գդալ	[gdal]
mes (het)	դանակ	[danák]

vork (de)	պատառաքաղ	[patarakʰáǵ]
kopje (het)	բաժակ	[baʒák]
bord (het)	ափսե	[apʰsé]
schoteltje (het)	պնակ	[pnak]
servet (het)	անձեռոցիկ	[andzerotsʰík]
tandenstoker (de)	ատամնափորիչ	[atamnapʰoríč]

53. Restaurant

restaurant (het)	ռեստորան	[restorán]
koffiehuis (het)	սրճարան	[srčarán]
bar (de)	բար	[bar]
tearoom (de)	թեյարան	[tʰejarán]

kelner, ober (de)	մատուցող	[matutsʰóǵ]
serveerster (de)	մատուցողուհի	[matutsʰoǵuhí]
barman (de)	բարմեն	[barmén]

menu (het)	մենյու	[menjú]
wijnkaart (de)	գինիների գրացանկ	[gininerí gratsʰánk]
een tafel reserveren	սեղան պատվիրել	[seǵán patvirél]

gerecht (het)	ուտեստ	[utést]
bestellen (eten ~)	պատվիրել	[patvirél]
een bestelling maken	պատվեր կատարել	[patvér katarél]

aperitief (de/het)	ապերիտիվ	[aperitív]
voorgerecht (het)	խորտիկ	[xortík]
dessert (het)	աղանդեր	[aǵandér]

rekening (de)	հաշիվ	[hašív]
de rekening betalen	հաշիվը փակել	[hašívə pʰakél]
wisselgeld teruggeven	մանրը վերադարձնել	[mánrə veradartsnél]
fooi (de)	թեյավճար	[tʰejapʰóǵ]

Familie, verwanten en vrienden

54. Persoonlijke informatie. Formulieren

naam (de)	անուն	[anún]
achternaam (de)	ազգանուն	[azganún]
geboortedatum (de)	ծննդյան ամսաթիվ	[tsnndján amsatʰív]
geboorteplaats (de)	ծննդավայր	[tsnndavájr]
nationaliteit (de)	ազգություն	[azgutʰjún]
woonplaats (de)	բնակության վայրը	[bnakꞏtʰján vájrə]
land (het)	երկիր	[erkír]
beroep (het)	մասնագիտություն	[masnagitʰjún]
geslacht (ov. het vrouwelijk ~)	սեռ	[ser]
lengte (de)	հասակ	[hasák]
gewicht (het)	քաշ	[kʰaš]

55. Familieleden. Verwanten

moeder (de)	մայր	[majr]
vader (de)	հայր	[hajr]
zoon (de)	որդի	[vordí]
dochter (de)	դուստր	[dustr]
jongste dochter (de)	կրտսեր դուստր	[krtsér dústr]
jongste zoon (de)	կրտսեր որդի	[krtsér vordí]
oudste dochter (de)	ավագ դուստր	[avág dústr]
oudste zoon (de)	ավագ որդի	[avág vordí]
broer (de)	եղբայր	[eġbájr]
zuster (de)	քույր	[kʰujr]
mama (de)	մայրիկ	[majríꞏ]
papa (de)	հայրիկ	[hajrík]
ouders (mv.)	ծնողներ	[tsnoġnér]
kind (het)	երեխա	[ereχá]
kinderen (mv.)	երեխաներ	[ereχanér]
oma (de)	տատիկ	[tatík]
opa (de)	պապիկ	[papíꞏ]
kleinzoon (de)	թոռ	[tʰor]
kleindochter (de)	թոռնուհի	[tʰornuhí]
kleinkinderen (mv.)	թոռներ	[tʰornér]
schoonmoeder (de)	զոքանչ	[zokʰanč]
schoonvader (de)	սկեսրայր	[skesꞏájr]

schoonzoon (de)	փեսա	[pʰesá]
stiefmoeder (de)	խորթ մայր	[χortʰ majr]
stiefvader (de)	խորթ հայր	[χortʰ hajr]

zuigeling (de)	ծծկեր երեխա	[tstskér ereχá]
wiegenkind (het)	մանուկ	[manúk]
kleuter (de)	պստիկ	[pstik]

vrouw (de)	կին	[kin]
man (de)	ամուսին	[amusín]
echtgenoot (de)	ամուսին	[amusín]
echtgenote (de)	կին	[kin]

gehuwd (mann.)	ամուսնացած	[amusnatsʰáts]
gehuwd (vrouw.)	ամուսնացած	[amusnatsʰáts]
ongehuwd (mann.)	ամուրի	[amurí]
vrijgezel (de)	ամուրի	[amurí]
gescheiden (bn)	ամուսնալուծված	[amusnalutsváts]
weduwe (de)	այրի կին	[ajrí kin]
weduwnaar (de)	այրի տղամարդ	[ajrí tgamárd]

familielid (het)	ազգական	[azgakán]
dichte familielid (het)	մերձավոր ազգական	[merdzavór azgakán]
verre familielid (het)	հեռավոր ազգական	[heravór azgakán]
familieleden (mv.)	հարազատներ	[harazatnér]

wees (de), weeskind (het)	որբ	[vorb]
voogd (de)	խնամակալ	[χnamakál]
adopteren (een jongen te ~)	որդեգրել	[vordegrél]
adopteren (een meisje te ~)	որդեգրել	[vordegrél]

56. Vrienden. Collega's

vriend (de)	ընկեր	[ənkér]
vriendin (de)	ընկերուհի	[ənkeruhí]
vriendschap (de)	ընկերություն	[ənkerutʰjún]
bevriend zijn (ww)	ընկերություն անել	[ənkerutʰjún anél]

makker (de)	բարեկամ	[barekám]
vriendin (de)	բարեկամուհի	[barekamuhí]
partner (de)	գործընկեր	[gortsənkér]

chef (de)	շեֆ	[šef]
baas (de)	պետ	[pet]
ondergeschikte (de)	ենթակա	[entʰaká]
collega (de)	գործընկեր	[gortsənkér]

kennis (de)	ծանոթ	[tsanótʰ]
medereiziger (de)	ուղեկից	[uġekítsʰ]
klasgenoot (de)	համադասարանցի	[hamadasarantsʰí]

buurman (de)	հարևան	[harevánֿ]
buurvrouw (de)	հարևանուհի	[harevanuhí]
buren (mv.)	հարևաններ	[harevannér]

57. Man. Vrouw

vrouw (de)	կին	[kin]
meisje (het)	օրիորդ	[oriórd]
bruid (de)	harsnats հup	[harsnatsʰú]

mooi(e) (vrouw, meisje)	գեղեցիկ	[geǵetsʰík]
groot, grote (vrouw, meisje)	բարձրահասակ	[bardzrahasák]
slank(e) (vrouw, meisje)	նրբակազմ	[nrbakázm]
korte, kleine (vrouw, meisje)	ցածրահասակ	[tsʰatsrahasák]

blondine (de)	շիկահեր կին	[šikaher kin]
brunette (de)	թխահեր կին	[tʰχahér kín]

dames- (abn)	կանացի	[kanatsʰí]
maagd (de)	կույս	[kujs]
zwanger (bn)	հղի	[hǵi]

man (de)	տղամարդ	[tǵamérd]
blonde man (de)	շիկահեր տղամարդ	[šikaher tǵamárd]
bruinharige man (de)	թխահեր տղամարդ	[tʰχahér tǵamárd]
groot (bn)	բարձրահասակ	[bardzrahasák]
klein (bn)	ցածրահասակ	[tsʰatsrahasák]

onbeleefd (bn)	կոպիտ	[kopít]
gedrongen (bn)	ամրակազմ	[amrakázm]
robuust (bn)	ամրակազմ	[amrakázm]
sterk (bn)	ուժեղ	[uʒéǵ]
sterkte (de)	ուժ	[uʒ]

mollig (bn)	գեր	[ger]
getaand (bn)	թուխ	[tʰuχ]
slank (bn)	բարեկազմ	[barekázm]
elegant (bn)	նրբագեղ	[nrbagéǵ]

58. Leeftijd

leeftijd (de)	տարիք	[taríkʰ]
jeugd (de)	պատանեկություն	[patanekutʰjún]
jong (bn)	երիտասարդ	[eritasárd]

jonger (bn)	փոքր	[pʰokʰɪ]
ouder (bn)	մեծ	[mets]

jongen (de)	պատանի	[patarí]
tiener, adolescent (de)	դեռահաս	[derahás]
kerel (de)	երիտասարդ	[eritasárd]

oude man (de)	ծերունի	[tserurí]
oude vrouw (de)	պառավ	[paráv]

volwassen (bn)	մեծահասակ	[metsahasák]
van middelbare leeftijd (bn)	միջին տարիքի	[midʒín tarikʰí]

bejaard (bn)	տարեց	[taréts^h]
oud (bn)	ծեր	[tser]

pensioen (het)	թոշակ	[t^hošák]
met pensioen gaan	թոշակի գնալ	[t^hošakí gnál]
gepensioneerde (de)	թոշակառու	[t^hošakarú]

59. Kinderen

kind (het)	երեխա	[ereχá]
kinderen (mv.)	երեխաներ	[ereχanér]
tweeling (de)	երկվորյակներ	[erkvorjaknér]

wieg (de)	օրորոց	[ororóts^h]
rammelaar (de)	չխչխկան խաղալիք	[čχčχkán χaġalík^h]
luier (de)	տակդիր	[takdír]

speen (de)	ծծակ	[tstsak]
kinderwagen (de)	մանկասայլակ	[mankasajlák]
kleuterschool (de)	մանկապարտեզ	[mankapartéz]
babysitter (de)	դայակ	[daják]

kindertijd (de)	մանկություն	[mankut^hjún]
pop (de)	տիկնիկ	[tikník]
speelgoed (het)	խաղալիք	[χaġalík^h]
bouwspeelgoed (het)	կոնստրուկտոր	[konstruktór]

welopgevoed (bn)	դաստիարակված	[dastiarakváts]
onopgevoed (bn)	անդաստիարակ	[andastiarák]
verwend (bn)	երես առած	[erés aráts]

stout zijn (ww)	չարաճճիություն անել	[čaračečiut^hjún anél]
stout (bn)	չարաճճի	[čaračečí]
stoutheid (de)	չարաճճիություն	[čaračečiut^hjún]
stouterd (de)	չարաճճի	[čaračečí]

gehoorzaam (bn)	լսող	[lsoġ]
ongehoorzaam (bn)	չլսող	[člsoġ]

braaf (bn)	խելամիտ	[χelamít]
slim (verstandig)	խելացի	[χelats^hí]
wonderkind (het)	հրաշամանուկ	[hrašamanúk]

60. Gehuwde paren. Gezinsleven

kussen (een kus geven)	համբուրել	[hamburél]
elkaar kussen (ww)	համբուրվել	[hamburvél]
gezin (het)	ընտանիք	[əntaník^h]
gezins- (abn)	ընտանեկան	[əntanekán]
paar (het)	զույգ	[zujg]
huwelijk (het)	ամուսնություն	[amusnut^hjún]
thuis (het)	ընտանեկան օջախ	[əntanekán odʒáχ]

dynastie (de)	գեղ	[tsʰeǵ]
date (de)	ժամադրություն	[ʒamadrutʰjún]
zoen (de)	համբույր	[hambújr]

liefde (de)	սեր	[ser]
liefhebben (ww)	սիրել	[sirél]
geliefde (bn)	սիրած	[siráts]

tederheid (de)	քնքշանք	[knkšaⁿkʰ]
teder (bn)	քնքուշ	[kʰnkʰυš]
trouw (de)	հավատարմություն	[havatarmutʰjún]
trouw (bn)	հավատարիմ	[havatarím]
zorg (bijv. bejaarden~)	հոգատարություն	[hogatarutʰjún]
zorgzaam (bn)	հոգատար	[hogatár]

jonggehuwden (mv.)	նորապսակներ	[norapsaknér]
wittebroodsweken (mv.)	մեղրամիս	[meǵramís]
trouwen (vrouw)	ամուսնանալ	[amusnanál]
trouwen (man)	ամուսնանալ	[amusnanál]

bruiloft (de)	հարսանիք	[harsaⁿíkʰ]
gouden bruiloft (de)	ոսկե հարսանիք	[voské harsaníkʰ]
verjaardag (de)	տարեդարձ	[taredárdz]

| minnaar (de) | սիրեկան | [sirekán] |
| minnares (de) | սիրուհի | [siruhíˉ |

overspel (het)	դավաճանություն	[davačanutʰjún]
overspel plegen (ww)	դավաճանել	[davačanél]
jaloers (bn)	խանդոտ	[xandót]
jaloers zijn (echtgenoot, enz.)	խանդել	[xandél]
echtscheiding (de)	ամուսնալուծություն	[amusnalutsutʰjún]
scheiden (ww)	ամուսնալուծվել	[amusnalutsvél]

ruzie hebben (ww)	վիճել	[vičél]
vrede sluiten (ww)	հաշտվել	[haštvél]
samen (bw)	միասին	[miasín]
seks (de)	սեքս	[sekʰsˉ

geluk (het)	երջանկություն	[erdʒaⁿkutʰjún]
gelukkig (bn)	երջանիկ	[erdʒaⁿík]
ongeluk (het)	դժբախտություն	[dʒbaɣtutʰjún]
ongelukkig (bn)	դժբախտ	[dʒbaɣt]

Karakter. Gevoelens. Emoties

61. Gevoelens. Emoties

gevoel (het)	զգացմունք	[zgatsʰmúnkʰ]
gevoelens (mv.)	զգացմունքներ	[zgatsʰmunkʰnér]
voelen (ww)	զգալ	[zgal]

honger (de)	սով	[sov]
honger hebben (ww)	սոված ուտել	[uzenál utél]
dorst (de)	պապակ	[papák]
dorst hebben	սոված խմել	[uzenál χmel]
slaperigheid (de)	քնկոտություն	[kʰnkotutʰjún]
willen slapen	սոված քնել	[uzenál kʰnel]

moeheid (de)	հոգնածություն	[hognatsutʰjún]
moe (bn)	հոգնած	[hognáts]
vermoeid raken (ww)	հոգնել	[hognél]

stemming (de)	տրամադրություն	[tramadrutʰjún]
verveling (de)	ձանձրույթ	[dzandzrújtʰ]
afzondering (de)	մեկուսացում	[mekusatsʰúm]
zich afzonderen (ww)	մեկուսանալ	[mekusanál]

bezorgd maken	անհանգստացնել	[anhangstatsʰnél]
bezorgd zijn (ww)	անհանգստանալ	[anhangstanál]
zorg (bijv. geld~en)	անհանգստություն	[anhangstutʰjún]
ongerustheid (de)	անհանգստություն	[anhangstutʰjún]
ongerust (bn)	մտահոգված	[mtahogváts]
zenuwachtig zijn (ww)	նյարդայնանալ	[njardajnanál]
in paniek raken	խուճապի մեջ ընկնել	[χučapí medʒ ənknél]

hoop (de)	հույս	[hujs]
hopen (ww)	հուսալ	[husál]

zekerheid (de)	վստահություն	[vstahutʰjún]
zeker (bn)	վստահ	[vstah]
onzekerheid (de)	անվստահություն	[anvstahutʰjún]
onzeker (bn)	անվստահ	[anvstáh]

dronken (bn)	հարբած	[harbáts]
nuchter (bn)	զգոն	[zgon]
zwak (bn)	թույլ	[tʰujl]
gelukkig (bn)	հաջողակ	[hadʒoğák]
doen schrikken (ww)	վախեցնել	[vaχetsʰnél]
toorn (de)	կատաղություն	[kataǵutʰjún]
woede (de)	կատաղություն	[kataǵutʰjún]

depressie (de)	դեպրեսիա	[deprésia]
ongemak (het)	դիսկոմֆորտ	[diskomfórt]

gemak, comfort (het)	կոմֆորտ	[komfórt]
spijt hebben (ww)	ափսոսալ	[apʰsosál]
spijt (de)	ափսոսանք	[apʰsosánkʰ]
pech (de)	անհաջողակություն	[anhaʤoġakutʰjún]
bedroefdheid (de)	վիշտ	[višt]

schaamte (de)	ամոթ	[amótʰ]
pret (de), plezier (het)	ուրախություն	[uraχutʰjún]
enthousiasme (het)	խանդավառություն	[χandavarutʰjún]
enthousiasteling (de)	խանդավառ անձ	[χandavár anʣ]
enthousiasme vertonen	խանդավառություն	[χandavarutʰjún
	ցուցաբերել	tsʰutsʰʰaberél]

62. Karakter. Persoonlijkheid

karakter (het)	բնավորություն	[bnavorutʰjún]
karakterfout (de)	թերություն	[tʰerutʰjún]
rede (de), verstand (het)	խելք	[χelkʰ]

geweten (het)	խիղճ	[χiġč]
gewoonte (de)	սովորություն	[sovorutʰjún]
bekwaamheid (de)	ընդունակություն	[əndunakutʰjún]
kunnen (bijv., ~ zwemmen)	կարողանալ	[karoġanál]

geduldig (bn)	համբերատար	[hamberatár]
ongeduldig (bn)	անհամբեր	[anhambér]
nieuwsgierig (bn)	հետաքրքրասեր	[hetakʰʰrkʰʰrasér]
nieuwsgierigheid (de)	հետաքրքրասիրություն	[hetakʰʰrkʰʰrasirutʰjún]

bescheidenheid (de)	համեստություն	[hamestutʰjún]
bescheiden (bn)	համեստ	[hamést]
onbescheiden (bn)	անհամեստ	[anhamést]

luiheid (de)	ծուլություն	[tsulutʰjún]
lui (bn)	ծույլ	[tsujl]
luiwammes (de)	ծույլիկ	[tsujlík]

sluwheid (de)	խորամանկություն	[χoramankutʰjún]
sluw (bn)	խորամանկ	[χoramánk]
wantrouwen (het)	անվստահություն	[anvstahutʰjún]
wantrouwig (bn)	անվստահ	[anvstáh]

gulheid (de)	ձեռնատություն	[dzerᵣaratutʰjún]
gul (bn)	ձեռնատ	[dzerᵣarát]
talentrijk (bn)	տաղանդավոր	[taġar davór]
talent (het)	տաղանդ	[taġár d]

moedig (bn)	համարձակ	[hamardzák]
moed (de)	համարձակություն	[hamardzakutʰjún]
eerlijk (bn)	ազնիվ	[aznív]
eerlijkheid (de)	ազնվություն	[aznvutʰjún]

| voorzichtig (bn) | զգույշ | [zgujš] |
| manhaftig (bn) | խիզախ | [χizáχ] |

ernstig (bn)	լուրջ	[lurdʒ]
streng (bn)	խիստ	[χist]

resoluut (bn)	վճռական	[včrakán]
onzeker, irresoluut (bn)	անորոշ	[anoróš]
schuchter (bn)	երկչոտ	[erkčót]
schuchterheid (de)	երկչոտություն	[erkčotutʰjún]

vertrouwen (het)	վստահություն	[vstahutʰjún]
vertrouwen (ww)	վստահել	[vstahél]
goedgelovig (bn)	դյուրահավատ	[djurahavát]

oprecht (bw)	անկեղծ	[ankéǵts]
oprecht (bn)	անկեղծ	[ankéǵts]
oprechtheid (de)	անկեղծություն	[ankeǵtsutʰjún]
open (bn)	սրտաբաց	[srtabátsʰ]

rustig (bn)	հանգիստ	[hangíst]
openhartig (bn)	անկեղծ	[ankéǵts]
naïef (bn)	միամիտ	[miamít]
verstrooid (bn)	ցրված	[tsʰrvats]
leuk, grappig (bn)	զվարճալի	[zvarčalí]

gierigheid (de)	ագահություն	[agahutʰjún]
gierig (bn)	ագահ	[agáh]
inhalig (bn)	ժլատ	[ʒlat]
kwaad (bn)	չար	[čar]
koppig (bn)	կամակոր	[kamakór]
onaangenaam (bn)	տհաճ	[thač]

egoïst (de)	եսասեր	[esasér]
egoïstisch (bn)	եսասեր	[esasér]
lafaard (de)	վախկոտ	[vaχkót]
laf (bn)	վախկոտ	[vaχkót]

63. Slaap. Dromen

slapen (ww)	քնել	[kʰnel]
slaap (in ~ vallen)	քուն	[kʰun]
droom (de)	երազ	[eráz]
dromen (in de slaap)	երազներ տեսնել	[eraznér tesnél]
slaperig (bn)	քնաթաթախ	[kʰnatʰatʰáχ]

bed (het)	մահճակալ	[mahčakál]
matras (de)	ներքնակ	[nerkʰnák]
deken (de)	վերմակ	[vermák]
kussen (het)	բարձ	[bardz]
laken (het)	սավան	[saván]

slapeloosheid (de)	անքնություն	[ankʰnutʰjún]
slapeloos (bn)	անքուն	[ankʰún]
slaapmiddel (het)	քնաբեր դեղ	[kʰnabér déǵ]
slaapmiddel innemen	քնաբեր ընդունել	[kʰnabér əndunél]
willen slapen	ուզենալ քնել	[uzenál kʰnel]

geeuwen (ww)	հորանջել	[horandzél]
gaan slapen	քնալ քնելու	[gnal kʰnelú]
het bed opmaken	անկողին գցել	[ankoċín gtsʰél]
inslapen (ww)	քնել	[kʰnel]

nachtmerrie (de)	մղձավանջ	[mġdzavándʒ]
gesnurk (het)	խռմփոց	[χrmpʰɔtsʰ]
snurken (ww)	խռմփացնել	[χrmpʰatsʰnél]

wekker (de)	զարթուցիչ	[zartʰusʰíč]
wekken (ww)	արթնացնել	[artʰnatsʰnél]
wakker worden (ww)	զարթնել	[zartʰnə́l]
opstaan (ww)	վեր կենալ	[ver kɛnál]
zich wassen (ww)	լվացվել	[lvatsʰ˅él]

64. Humor. Gelach. Blijdschap

humor (de)	հումոր	[humór]
gevoel (het) voor humor	զգացմունք	[zgatsʰmúnkʰ]
plezier hebben (ww)	զվարճանալ	[zvarčanál]
vrolijk (bn)	զվարճալի	[zvarčalí]
pret (de), plezier (het)	զվարճություն	[zvarčutʰjún]

glimlach (de)	ժպիտ	[ʒpit]
glimlachen (ww)	ժպտալ	[ʒptal]
beginnen te lachen (ww)	ծիծաղել	[tsitsaġél]
lachen (ww)	ծիծաղել	[tsitsaġél]
lach (de)	ծիծաղ	[tsitsáġ]

mop (de)	անեկդոտ	[anekdót]
grappig (een ~ verhaal)	ծիծաղելի	[tsitsaġəlí]
grappig (~e clown)	ծիծաղելի	[tsitsaġəlí]

grappen maken (ww)	կատակել	[katakél]
grap (de)	կատակ	[katák]
blijheid (de)	ուրախություն	[uraχutʰjún]
blij zijn (ww)	ուրախանալ	[uraχanál]
blij (bn)	ուրախալի	[uraχalí]

65. Discussie, conversatie. Deel 1

communicatie (de)	շփում	[špʰum]
communiceren (ww)	շփվել	[špʰvel]

conversatie (de)	խոսակցություն	[xosakʰutʰjún]
dialoog (de)	երկխոսություն	[erkχosutʰjún]
discussie (de)	վիճաբանություն	[vičabanutʰjún]
debat (het)	վիճաբանություն	[vičabanutʰjún]
debatteren, twisten (ww)	վիճել	[vičél]

gesprekspartner (de)	զրուցակից	[zrutsʰɛkítsʰ]
thema (het)	թեմա	[tʰemá]

standpunt (het)	տեսակետ	[tesakét]
mening (de)	կարծիք	[kartsík^h]
toespraak (de)	ելույթ	[elújt^h]

bespreking (de)	քննարկում	[k^hnnarkúm]
bespreken (spreken over)	քննարկել	[k^hnnarkél]
gesprek (het)	զրույց	[zrujts^h]
spreken (converseren)	զրուցել	[zruts^hél]
ontmoeting (de)	հանդիպում	[handipúm]
ontmoeten (ww)	հանդիպել	[handipél]

spreekwoord (het)	առած	[aráts]
gezegde (het)	ասացվածք	[asats^hváts̆k]
raadsel (het)	հանելուկ	[hanelúk]
een raadsel opgeven	հանելուկ ասել	[hanelúk asél]
wachtwoord (het)	նշանաբառ	[nšanabár]
geheim (het)	գաղտնիք	[gaġtník^h]

eed (de)	երդում	[erdúm]
zweren (een eed doen)	երդվել	[erdvél]
belofte (de)	խոստում	[χostúm]
beloven (ww)	խոստանալ	[χostanál]

advies (het)	խորհուրդ	[χorhúrd]
adviseren (ww)	խորհուրդ տալ	[χorhúrd tal]
luisteren (gehoorzamen)	հետևել	[hetevél]

nieuws (het)	նորություն	[norut^hjún]
sensatie (de)	սենսացիա	[sensáts^hia]
informatie (de)	տեղեկություններ	[teġekut^hjunnér]
conclusie (de)	եզրակացություն	[ezrakats^hut^hjún]
stem (de)	ձայն	[dzajn]
compliment (het)	հաճոյախոսություն	[hačojaχosut^hjún]
vriendelijk (bn)	սիրալիր	[siralír]

woord (het)	բառ	[bar]
zin (de), zinsdeel (het)	նախադասություն	[naχadasut^hjún]
antwoord (het)	պատասխան	[patasχán]

waarheid (de)	ճշմարտություն	[čšmartut^hjún]
leugen (de)	սուտ	[sut]

gedachte (de)	միտք	[mitk^h]
idee (de/het)	գաղափար	[gaġap^hár]
fantasie (de)	մտացածին	[mtats^hatsín]

66. Discussie, conversatie. Deel 2

gerespecteerd (bn)	հարգելի	[hargelí]
respecteren (ww)	հարգել	[hargél]
respect (het)	հարգանք	[hargánk^h]
Geachte ... (brief)	Հարգարժան ...	[hargarẑán ...]
voorstellen (Mag ik jullie ~)	ծանոթացնել	[tsanot^hats^hnél]
intentie (de)	մտադրություն	[mtadrut^hjún]

intentie hebben (ww)	մտադրություն ունենալ	[mtadrutʰjún unenál]
wens (de)	ցանկություն	[tsʰankutʰjún]
wensen (ww)	ցանկանալ	[tsʰankanál]

verbazing (de)	զարմանք	[zarménkʰ]
verbazen (verwonderen)	զարմացնել	[zarmɛtsʰnél]
verbaasd zijn (ww)	զարմանալ	[zarmɛnál]

geven (ww)	տալ	[tal]
nemen (ww)	վերցնել	[vertsʰnél]
teruggeven (ww)	վերադարձնել	[veradardznél]
retourneren (ww)	ետ տալ	[et tal]

zich verontschuldigen	ներողություն խնդրել	[neroġutʰjún χndrél]
verontschuldiging (de)	ներողություն	[neroġutʰjún]
vergeven (ww)	ներել	[nerél]

spreken (ww)	խոսել	[χosél]
luisteren (ww)	լսել	[lsel]
aanhoren (ww)	լսել	[lsel]
begrijpen (ww)	հասկանալ	[haskanál]

tonen (ww)	ցույց տալ	[tsʰújtsʰ tal]
kijken naar ...	նայել	[naél]
roepen (vragen te komen)	կանչել	[kančél]
storen (lastigvallen)	խանգարել	[χanga·él]
doorgeven (ww)	փոխանցել	[pʰoχar tsʰél]

verzoek (het)	խնդրանք	[χndrar kʰ]
verzoeken (ww)	խնդրել	[χndrel]
eis (de)	պահանջ	[pahándʒ]
eisen (met klem vragen)	պահանջել	[pahandʒél]

beledigen (beledigende namen geven)	ձերք առնել	[dzérkʰ arnél]
uitlachen (ww)	ծաղրել	[tsaġrél]
spot (de)	ծաղր	[tsaġr]
bijnaam (de)	մականուն	[makanún]

zinspeling (de)	ակնարկ	[aknárk]
zinspelen (ww)	ակնարկել	[aknarkél]
impliceren (duiden op)	նկատի ունենալ	[nkatí unenál]

beschrijving (de)	նկարագրություն	[nkaragrutʰjún]
beschrijven (ww)	նկարագրել	[nkaragrél]
lof (de)	գովեստ	[govést]
loven (ww)	գովալ	[govál]

teleurstelling (de)	հուսախաբություն	[husaχɛbutʰjún]
teleurstellen (ww)	հուսախաբ անել	[husaχéb anél]
teleurgesteld zijn (ww)	հուսախաբ լինել	[husaχéb linél]

veronderstelling (de)	ենթադրություն	[entʰadrutʰjún]
veronderstellen (ww)	ենթադրել	[entʰadrél]
waarschuwing (de)	նախազգուշացում	[naχazgušatsʰúm]
waarschuwen (ww)	նախազգուշացնել	[naχazgušatsʰnél]

67. Discussie, conversatie. Deel 3

aanpraten (ww)	համոզել	[hamozél]
kalmeren (kalm maken)	հանգստացնել	[hangstatsʰnél]
stilte (de)	լռություն	[lrutʰjún]
zwijgen (ww)	լռել	[lrel]
fluisteren (ww)	փսփսալ	[pʰəspʰəsál]
gefluister (het)	փսփսոց	[pʰspsʰótsʰ]
open, eerlijk (bw)	անկեղծ	[ankéǵts]
volgens mij ...	իմ կարծիքով ...	[ím kartsikʰóv ...]
detail (het)	մանրամասնություն	[manramasnutʰjún]
gedetailleerd (bn)	մանրամասն	[manramásn]
gedetailleerd (bw)	մանրամասն	[manramásn]
hint (de)	հուշում	[hušúm]
een hint geven	հուշել	[hušél]
blik (de)	հայացք	[hajátsʰkʰ]
een kijkje nemen	հայացք գցել	[hajátsʰkʰ gtsʰél]
strak (een ~ke blik)	սառած	[saráts]
knipperen (ww)	թարթել	[tʰartʰél]
knipogen (ww)	աչքով անել	[ačkʰóv anél]
knikken (ww)	գլխով անել	[glχóv anél]
zucht (de)	հոգոց	[hogótsʰ]
zuchten (ww)	հոգոց հանել	[hogótsʰ hanél]
huiveren (ww)	ցնցվել	[tsʰⁿtsʰvél]
gebaar (het)	ժեստ	[ʒest]
aanraken (ww)	դիպչել	[dipčél]
grijpen (ww)	բռնել	[brnel]
een schouderklopje geven	խփել	[χpʰel]
Kijk uit!	Զգուշացի՛ր	[zgušatsʰír!]
Echt?	Մի՞թե	[mítʰe?]
Bent je er zeker van?	Համոզվա՞ծ ես	[hamozváts es?]
Succes!	Հաջողություն	[hadʒoǵutʰjún!]
Juist, ja!	Պա՛րզ է	[parz ē!]
Wat jammer!	Ափսո՛ս	[apʰsós!]

68. Overeenstemming. Weigering

instemming (het)	համաձայնություն	[hamadzajnutʰjún]
instemmen (akkoord gaan)	համաձայնվել	[hamadzajnvél]
goedkeuring (de)	հավանություն	[havanutʰjún]
goedkeuren (ww)	հավանություն տալ	[havanutʰjún tál]
weigering (de)	հրաժարում	[hraʒarúm]
weigeren (ww)	հրաժարվել	[hraʒarvél]
Geweldig!	Հոյակա՛պ է	[hojakáp ē!]
Goed!	Լա՛վ	[lav!]

Akkoord!	Լավ՛ վ	[lav!]
verboden (bn)	արգելվւած	[argelváts]
het is verboden	չի կարելի	[či kareli]
het is onmogelijk	անհնարին է	[anhënarín ē]
onjuist (bn)	սխալ	[sxal]

afwijzen (ww)	մերժել	[merʒel]
steunen	պաշտպանել	[paštpanél]
(een goed doel, enz.)		
aanvaarden (excuses ~)	ընդունել	[əndunvél]

bevestigen (ww)	հաստատել	[hasta:él]
bevestiging (de)	հաստատում	[hasta:úm]
toestemming (de)	թույլտվություն	[tʰujltvutʰjún]
toestaan (ww)	թույլատրել	[tʰujlat·él]
beslissing (de)	որոշում	[voroš·úm]
z'n mond houden (ww)	լռել	[lrel]

| voorwaarde (de) | պայման | [pajmén] |
| smoes (de) | պատրվակ | [patrvák] |

| lof (de) | գովեստ | [govést] |
| loven (ww) | գովել | [govél] |

69. Succes. Veel geluk. Mislukking

succes (het)	հաջողություն	[hadʒoǵutʰjún]
succesvol (bw)	հաջող	[hadʒóǵ]
succesvol (bn)	հաջողակ	[hadʒoǵák]

| geluk (het) | հաջողություն | [hadʒoǵutʰjún] |
| Succes! | Հաջողությո՛ւն | [hadʒoǵutʰjún!] |

| geluks- (bn) | հաջող | [hadʒóǵ] |
| gelukkig (fortuinlijk) | հաջողակ | [hadʒoǵák] |

mislukking (de)	անհաջողություն	[anhadʒoǵutʰjún]
tegenslag (de)	ձախողություն	[dzaxoǵutʰjún]
pech (de)	անհաջողակություն	[anhadʒoǵakutʰjún]

| zonder succes (bn) | անհաջող | [anhadʒóǵ] |
| catastrofe (de) | աղետ | [aǵét] |

fierheid (de)	հպարտություն	[hpartutʰjún]
fier (bn)	հպարտ	[hpart]
fier zijn (ww)	հպարտանալ	[hpartanál]

| winnaar (de) | հաղթող | [haǵtʰoǵ] |
| winnen (ww) | հաղթել | [haǵtʰel] |

verliezen (ww)	պարտվել	[partvél]
poging (de)	փորձ	[pʰordz]
pogen, proberen (ww)	փորձել	[pʰordzél]
kans (de)	շանս	[šans]

70. Ruzies. Negatieve emoties

schreeuw (de)	ճիչ	[čič]
schreeuwen (ww)	բղավել	[bġavél]
beginnen te schreeuwen	ճչալ	[čəčál]

ruzie (de)	վեճ	[več]
ruzie hebben (ww)	վիճել	[vičél]
schandaal (het)	աղմկահարություն	[aġmkaharutʰjún]
schandaal maken (ww)	աղմկահարել	[aġmkaharél]
conflict (het)	ընհարում	[əndharúm]
misverstand (het)	թյուրիմացություն	[tʰjurimatsʰutʰjún]

belediging (de)	վիրավորանք	[viravoránkʰ]
beledigen	վիրավորել	[viravorél]
(met scheldwoorden)		
beledigd (bn)	վիրավորված	[viravorváts]
krenking (de)	վիրավորանք	[viravoránkʰ]
krenken (beledigen)	վիրավորել	[viravorél]
gekwetst worden (ww)	վիրավորվել	[viravorvél]

verontwaardiging (de)	վրդովմունք	[vrdovmúnkʰ]
verontwaardigd zijn (ww)	վրդովվել	[vrdovvél]
klacht (de)	բողոք	[boġókʰ]
klagen (ww)	բողոքել	[boġokʰél]

verontschuldiging (de)	ներողություն	[neroġutʰjún]
zich verontschuldigen	ներողություն խնդրել	[neroġutʰjún χndrél]
excuus vragen	ներողություն խնդրել	[neroġutʰjún χndrél]

kritiek (de)	քննադատություն	[kʰnnadatutʰjún]
bekritiseren (ww)	քննադատել	[kʰnnadatél]
beschuldiging (de)	մեղադրանք	[meġadránkʰ]
beschuldigen (ww)	մեղադրել	[meġadrél]

wraak (de)	վրեժ	[vreʒ]
wreken (ww)	վրեժ լուծել	[vreʒ lutsél]
wraak nemen (ww)	վրեժ լուծել	[vreʒ lutsél]

minachting (de)	արհամարանք	[arhamaránkʰ]
minachten (ww)	արհամարհել	[arhamarhél]
haat (de)	ատելություն	[atelutʰjún]
haten (ww)	ատել	[atél]

zenuwachtig (bn)	նյարդային	[njardajín]
zenuwachtig zijn (ww)	նյարդայնանալ	[njardajnanál]
boos (bn)	բարկացած	[barkatsʰáts]
boos maken (ww)	բարկացնել	[barkatsʰnél]

vernedering (de)	ստորացում	[storatsʰúm]
vernederen (ww)	ստորացնել	[storatsʰnél]
zich vernederen (ww)	ստորանալ	[storanál]

schok (de)	ցնցահարում	[tsʰntsʰaharúm]
schokken (ww)	ցնցահարել	[tsʰntsʰaharél]

onaangenaamheid (de)	անախորժություն	[anaχorʒutʰjún]
onaangenaam (bn)	տհաճ	[thač]

vrees (de)	վախ	[vaχ]
vreselijk (bijv. ~ onweer)	սարսափելի	[sarsaɔʰelí]
eng (bn)	վախենալի	[vaχeralí]
gruwel (de)	սարսափ	[sarsáɔʰ]
vreselijk (~ nieuws)	սոսկալի	[soskalí]

huilen (wenen)	լացել	[latsʰél]
beginnen te huilen (wenen)	լաց լինել	[latsʰ linél]
traan (de)	արցունք	[artsʰúnkʰ]

schuld (~ geven aan)	մեղք	[meġkʰ]
schuldgevoel (het)	մեղք	[meġkʰ]
schande (de)	խայտառակություն	[χajtarakutʰjún]
protest (het)	բողոք	[boġókʰ]
stress (de)	սթրես	[stʰres̄

storen (lastigvallen)	անհանգստացնել	[anhargstatsʰnél]
kwaad zijn (ww)	զայրանալ	[zajranál]
kwaad (bn)	զայրացած	[zajratsʰáts]
beëindigen (een relatie ~)	դադարեցնել	[dadaratsʰnél]
vloeken (ww)	հայհոյել	[hajhojél]

schrikken (schrik krijgen)	վախենալ	[vaχenál]
slaan (iemand ~)	հարվածել	[harvatsél]
vechten (ww)	կռվել	[krvel]

regelen (conflict)	կարգավորել	[kargavorél]
ontevreden (bn)	դժգոհ	[dʒgohʰ]
woedend (bn)	կատաղի	[kataġí]

Dat is niet goed!	Լավ չէ	[lav čē]
Dat is slecht!	Վատ է	[vat ē!]

Geneeskunde

71. Ziekten

ziekte (de)	հիվանդություն	[hivanduthjún]
ziek zijn (ww)	հիվանդ լինել	[hivánd linél]
gezondheid (de)	առողջություն	[aroģdʒuthjún]

snotneus (de)	հարբուխ	[harbúχ]
angina (de)	անգինա	[angína]
verkoudheid (de)	մրսածություն	[mrsatsuthjún]
verkouden raken (ww)	մրսել	[mrsel]

bronchitis (de)	բրոնխիտ	[bronχít]
longontsteking (de)	թոքերի բորբոքում	[thokherí borbokhúm]
griep (de)	գրիպ	[grip]

bijziend (bn)	կարճատես	[karčatés]
verziend (bn)	հեռատես	[herahós]
scheelheid (de)	շլություն	[šluthjún]
scheel (bn)	շլաչք	[šlačkh]
grauwe staar (de)	կատարակտա	[katarákta]
glaucoom (het)	գլաուկոմա	[glaukóma]

beroerte (de)	ուղեղի կաթված	[uǧeǧí kathváts]
hartinfarct (het)	ինֆարկտ	[infárkt]
myocardiaal infarct (het)	սրտամկանի կաթված	[srtamkaní kathváts]
verlamming (de)	կաթված	[kathváts]
verlammen (ww)	կաթվածել	[kathvatsél]

allergie (de)	ալերգիա	[alergía]
astma (de/het)	աստմա	[asthmá]
diabetes (de)	շաքարախտ	[šakharáχt]

tandpijn (de)	ատամնացավ	[atamnatsháv]
tandbederf (het)	կարիես	[karíes]

diarree (de)	լույծ	[lujts]
constipatie (de)	փորկապություն	[phorkaputhjún]
maagstoornis (de)	ստամոքսի խանգարում	[stamokhsí χangarúm]
voedselvergiftiging (de)	թունավորում	[thunavorúm]
voedselvergiftiging oplopen	թունավորվել	[thunavorvél]

artritis (de)	հոդի բորբոքում	[hodí borbokhúm]
rachitis (de)	ռախիտ	[raχít]
reuma (het)	հոդացավ	[hodatsháv]
arteriosclerose (de)	աթերոսկլերոզ	[atheroskleróz]

gastritis (de)	գաստրիտ	[gastrít]
blindedarmontsteking (de)	ապենդիցիտ	[apenditshít]

galblaasontsteking (de)	խոլեցիստիտ	[xolets'istít]
zweer (de)	խոց	[xots']

mazelen (mv.)	կարմրուկ	[karmrúk]
rodehond (de)	կարմրախտ	[karmráxt]
geelzucht (de)	դեղնախ	[deġnáx]
leverontsteking (de)	հեպատիտ	[hepat't]

schizofrenie (de)	շիզոֆրենիա	[šizofrenía]
dolheid (de)	կատաղություն	[kataġut'jún]
neurose (de)	նեվրոզ	[nevróz]
hersenschudding (de)	ուղեղի ցնցում	[uġeġí ts'nts'úm]

kanker (de)	քաղցկեղ	[k'aġtskéġ]
sclerose (de)	կարծրախտ	[kartsráxt]
multiple sclerose (de)	ցրված կարծրախտ	[ts'rváts kartsráxt]

alcoholisme (het)	հարբեցողություն	[harbets'oġut'jún]
alcoholicus (de)	հարբեցող	[harbets'óġ]
syfilis (de)	սիֆիլիս	[sifilís]
AIDS (de)	ՁԻԱՀ	[dziáh]

tumor (de)	ուռուցք	[urúts'k']
kwaadaardig (bn)	չարորակ	[čarorɛ́k]
goedaardig (bn)	բարորակ	[barorák]

koorts (de)	տենդ	[tend]
malaria (de)	մալարիա	[malaría]
gangreen (het)	փտախտ	[p'taxt']
zeeziekte (de)	ծովային հիվանդություն	[tsovajín hivandut'jún]
epilepsie (de)	ընկնավորություն	[ənknavorut'jún]

epidemie (de)	համաճարակ	[hamačarák]
tyfus (de)	տիֆ	[tif]
tuberculose (de)	պալարախտ	[palaráxt]
cholera (de)	խոլերա	[xoléra]
pest (de)	ժանտախտ	[ʒantáxt]

72. Symptomen. Behandelingen. Deel 1

symptoom (het)	նախանշան	[naxanšán]
temperatuur (de)	ջերմաստիճան	[dʒermastičán]
verhoogde temperatuur (de)	բարձր ջերմաստիճան	[bárdzr dʒermastičán]
polsslag (de)	զարկերակ	[zarkerák]

duizeling (de)	գլխապտույտ	[glxaptújt]
heet (erg warm)	տաք	[tak']
koude rillingen (mv.)	դողէրոցք	[doġēróts'k']
bleek (bn)	գունատ	[gunát]

hoest (de)	հազ	[haz]
hoesten (ww)	հազալ	[hazál]
niezen (ww)	փռշտալ	[p'rštal]
flauwte (de)	ուշագնացություն	[ušagnats'ut'jún]

69

flauwvallen (ww)	ուշագնաց լինել	[ušagnáts^h linél]
blauwe plek (de)	կապտուկ	[kaptúk]
buil (de)	ունցք	[urúts^hk^h]
zich stoten (ww)	խփվել	[xp^hvel]
kneuzing (de)	վնասվածք	[vnasváts^h]
kneuzen (gekneusd zijn)	վնասվածք ստանալ	[vnasváts^h stanál]

hinken (ww)	կաղալ	[kaġál]
verstuiking (de)	հոդախախտում	[hodaχaχtúm]
verstuiken (enkel, enz.)	հոդախախտել	[hodaχaχtél]
breuk (de)	կոտրվածք	[kotrváts^h]
een breuk oplopen	կոտրվածք ստանալ	[kotrváts^h stanál]

snijwond (de)	կտրված վերք	[ktrvats verk^h]
zich snijden (ww)	կտրել	[ktrel]
bloeding (de)	արյունահոսություն	[arjunahosut^hjún]

brandwond (de)	այրվածք	[ajrváts^h]
zich branden (ww)	այրվել	[ajrvél]

prikken (ww)	ծակել	[tsakél]
zich prikken (ww)	ծակել	[tsakél]
blesseren (ww)	վնասել	[vnasél]
blessure (letsel)	վնասվածք	[vnasváts^h]
wond (de)	վերք	[verk^h]
trauma (het)	վնասվածք	[vnasváts^h]

ijlen (ww)	զառանցել	[zarants^hél]
stotteren (ww)	կակազել	[kakazél]
zonnesteek (de)	արևահարություն	[arevaharut^hjún]

73. Symptomen. Behandelingen. Deel 2

pijn (de)	ցավ	[ts^hav]
splinter (de)	փուշ	[p^huš]

zweet (het)	քրտինք	[krtink^h]
zweten (ww)	քրտնել	[k^hrtnel]
braking (de)	փսխում	[p^hsχum]
stuiptrekkingen (mv.)	ջղաձգություն	[dʒġadzgut^hjún]

zwanger (bn)	հղի	[hġi]
geboren worden (ww)	ծնվel	[tsnvel]
geboorte (de)	ծնunդաբերություն	[tsnndaberut^hjún]
baren (ww)	ծնunդաբերel	[tsnndaberél]
abortus (de)	աբորտ	[abórt]

ademhaling (de)	շնչառություն	[šnčarut^hjún]
inademing (de)	ներշնchում	[neršnčúm]
uitademing (de)	արտաշնchum	[artašnčúm]
uitademen (ww)	արտաշնchel	[artašnčél]
inademen (ww)	շնchel	[šnčel]
invalide (de)	հաշմանդam	[hašmandám]
gehandicapte (de)	խեղանդam	[χeġandám]

drugsverslaafde (de)	թմրամոլ	[tʰmramól]
doof (bn)	խուլ	[xul]
stom (bn)	համր	[hamr]
doofstom (bn)	խուլ ու համր	[xúl u hámr]

krankzinnig (bn)	խենթ	[xentʰ]
krankzinnig worden	խենթանալ	[xentʰanál]

gen (het)	գեն	[gen]
immuniteit (de)	իմունիտետ	[imunitét]
erfelijk (bn)	ժառանգական	[ʒarangakán]
aangeboren (bn)	բնածին	[bnatsʰn]

virus (het)	վարակ	[varák]
microbe (de)	մանրէ	[manrё]
bacterie (de)	բակտերիա	[baktéria]
infectie (de)	վարակ	[varák]

74. Symptomen. Behandelingen. Deel 3

ziekenhuis (het)	հիվանդանոց	[hivandanótsʰ]
patiënt (de)	հիվանդ	[hivánd]

diagnose (de)	ախտորոշում	[aǵtorošúm]
genezing (de)	կազդուրում	[kazdurúm]
medische behandeling (de)	բուժում	[buʒúŋ]
onder behandeling zijn	բուժվել	[buʒvél]
behandelen (ww)	բուժել	[buʒél]
zorgen (zieken ~)	խնամել	[xnamél]
ziekenzorg (de)	խնամք	[xnam<ʰ]

operatie (de)	վիրահատություն	[virahatutʰjún]
verbinden (een arm ~)	վիրակապել	[virakapél]
verband (het)	վիրակապում	[virakapúm]

vaccin (het)	պատվաստում	[patvastúm]
inenten (vaccineren)	պատվաստում անել	[patvastúm anél]
injectie (de)	ներարկում	[nerarkúm]
een injectie geven	ներարկել	[nerarkél]

aanval (de)	նոպա	[nópa]
amputatie (de)	անդամահատություն	[andamahatutʰjún]
amputeren (ww)	անդամահատել	[andamahatél]
coma (het)	կոմա	[kóma]
in coma liggen	կոմայի մեջ գտնվել	[komaji médʒ ənknél]
intensieve zorg, ICU (de)	վերակենդանացնում	[verakendanatsʰúm]

zich herstellen (ww)	ապաքինվել	[apakʰinvél]
toestand (de)	վիճակ	[vičák]
bewustzijn (het)	գիտակցություն	[gitaktsʰutʰjún]
geheugen (het)	հիշողություն	[hišoǵutʰjún]

trekken (een kies ~)	հեռացնել	[heratsʰnél]
vulling (de)	պլոմբ	[plomb]

vullen (ww)	սատափը լցնել	[atámə ltsʰnél]
hypnose (de)	հիպնոս	[hipnós]
hypnotiseren (ww)	հիպնոսացնել	[hipnosatsʰnél]

75. Artsen

dokter, arts (de)	բժիշկ	[bʒišk]
ziekenzuster (de)	բուժքույր	[buʒkʰújr]
lijfarts (de)	անձնական բժիշկ	[andznakán bʒíšk]

tandarts (de)	ատամնաբույժ	[atamnabújʒ]
oogarts (de)	ակնաբույժ	[aknabújʒ]
therapeut (de)	թերապևտ	[tʰerapévt]
chirurg (de)	վիրաբույժ	[virabújʒ]

psychiater (de)	հոգեբույժ	[hogebújʒ]
pediater (de)	մանկաբույժ	[mankabújʒ]
psycholoog (de)	հոգեբան	[hokʰebán]
gynaecoloog (de)	գինեկոլոգ	[ginekólog]
cardioloog (de)	սրտաբան	[srtabán]

76. Geneeskunde. Medicijnen. Accessoires

geneesmiddel (het)	դեղ	[deǵ]
middel (het)	դեղամիջոց	[deǵamidʒótsʰ]
voorschrijven (ww)	դուրս գրել	[durs grél]
recept (het)	դեղատոմս	[deǵatóms]

tablet (de/het)	հաբ	[hab]
zalf (de)	քսուք	[ksukʰ]
ampul (de)	ամպուլ	[ampúl]
drank (de)	հեղուկ դեղախառնուրդ	[heǵúk deχaǵarnúrd]
siroop (de)	օշարակ	[ošarák]
pil (de)	հաբ	[hab]
poeder (de/het)	փոշի	[pʰošĺ]

verband (het)	վիրակապ ժապավեն	[virakáp ʒapavén]
watten (mv.)	բամբակ	[bambák]
jodium (het)	յոդ	[jod]
pleister (de)	սպեղանի	[speǵaní]
pipet (de)	պիպետկա	[pipétka]
thermometer (de)	ջերմաչափ	[dʒermačápʰ]
spuit (de)	ներարկիչ	[nerarkíč]

| rolstoel (de) | սայլակ | [sajlák] |
| krukken (mv.) | հենակներ | [henaknér] |

pijnstiller (de)	ցավազրկող	[tsʰavazrkóǵ]
laxeermiddel (het)	լուծողական	[lutsoǵakán]
spiritus (de)	սպիրտ	[spirt]
medicinale kruiden (mv.)	խոտաբույս	[χotabújs]
kruiden- (abn)	խոտաբուսային	[χotabusajín]

77. Roken. Tabaksproducten

tabak (de)	ծխախոտ	[tʰutʰún]
sigaret (de)	ծխախոտ	[tsχaχot]
sigaar (de)	սիգար	[sigár]
pijp (de)	ծխամորճ	[tsχamórč]
pakje (~ sigaretten)	տուփ	[tupʰ]

lucifers (mv.)	լուցկի	[lutsʰkí]
luciferdoosje (het)	լուցկու տուփ	[lutsʰkú túpʰ]
aansteker (de)	կրակայրիչ	[krakaj-íč]
asbak (de)	մոխրաման	[moχramán]
sigarettendoosje (het)	ծխախոտատուփ	[tsχaχctatúpʰ]

| sigarettenpijpje (het) | ծխափող | [tsχapʰóǵ] |
| filter (de/het) | ֆիլտր | [filtr] |

roken (ww)	ծխել	[tsχel]
een sigaret opsteken	ծխել	[tsχel]
roken (het)	ծխելը	[tsχelé]
roker (de)	ծխամոլ	[tsχamól]

peuk (de)	ծխախոտի մնացորդ	[tsχaχo-í mnatsʰórd]
rook (de)	ծուխ	[tsuχ]
as (de)	մոխիր	[moχír]

73

HET MENSELIJKE LEEFGEBIED

Stad

78. Stad. Het leven in de stad

stad (de)	քաղաք	[kaġákʰ]
hoofdstad (de)	մայրաքաղաք	[majrakaġákʰ]
dorp (het)	գյուղ	[gjuġ]
plattegrond (de)	քաղաքի հատակագիծ	[kʰaġakʰí hatakagíts]
centrum (ov. een stad)	քաղաքի կենտրոն	[kʰaġakʰí kentrón]
voorstad (de)	արվարձան	[arvardzán]
voorstads- (abn)	մերձքաղաքային	[merdzkʰaġakʰajín]
randgemeente (de)	ծայրամաս	[tsajramás]
omgeving (de)	շրջակայք	[šrdʒakájkʰ]
blok (huizenblok)	թաղամաս	[tʰaġamás]
woonwijk (de)	բնակելի թաղամաս	[bnakelí tʰaġamás]
verkeer (het)	երթևեկություն	[ertʰevekutʰjún]
verkeerslicht (het)	լուսակիր	[lusakír]
openbaar vervoer (het)	քաղաքային տրանսպորտ	[kʰaġakʰajín transpórt]
kruispunt (het)	խաչմերուկ	[χačmerúk]
zebrapad (oversteekplaats)	անցում	[antsʰúm]
onderdoorgang (de)	գետնանցում	[getnantsʰúm]
oversteken (de straat ~)	անցնել	[antsʰnél]
voetganger (de)	հետիոտն	[hetiótn]
trottoir (het)	մայթ	[majtʰ]
brug (de)	կամուրջ	[kamúrdʒ]
dijk (de)	առափնյա փողոց	[arapʰnjá pʰoġótsʰ]
fontein (de)	շատրվան	[šatrván]
allee (de)	ծառուղի	[tsaruġí]
park (het)	զբոսայգի	[zbosajgí]
boulevard (de)	բուլվար	[bulvár]
plein (het)	հրապարակ	[hraparák]
laan (de)	պողոտա	[poġóta]
straat (de)	փողոց	[pʰoġótsʰ]
zijstraat (de)	նրբանցք	[nrbantsʰkʰ]
doodlopende straat (de)	փակուղի	[pʰakuġí]
huis (het)	տուն	[tun]
gebouw (het)	շենք	[šenkʰ]
wolkenkrabber (de)	երկնաքեր	[erknakʰér]
gevel (de)	ճակատամաս	[čakatamás]
dak (het)	տանիք	[taníkʰ]

venster (het)	պատուհան	[patuhán]
boog (de)	կամար	[kamá·]
pilaar (de)	սյուն	[sjun]
hoek (ov. een gebouw)	անկյուն	[ankjún]

vitrine (de)	ցուցափեղկ	[tsʰutsʰapʰégk]
gevelreclame (de)	ցուցանակ	[tsʰutsʰanák]
affiche (de/het)	աղդագիր	[azdaçír]
reclameposter (de)	գովազդային ձգապաստառ	[govazdajín dzgapastár]
aanplakbord (het)	գովազդային վահանակ	[govazdajín vahanák]

vuilnis (de/het)	աղբ	[aġb]
vuilnisbak (de)	աղբաման	[aġbamán]
afval weggooien (ww)	աղբոտել	[aġbotél]
stortplaats (de)	աղբավայր	[aġbavájr]

telefooncel (de)	հեռախոսախցիկ	[heraχosaχtsʰík]
straatlicht (het)	լապտերասյուն	[lapterasjún]
bank (de)	նստարան	[nstarán]

politieagent (de)	ոստիկան	[vostikan]
politie (de)	ոստիկանություն	[vostikanutʰjún]
zwerver (de)	մուրացկան	[muratsʰkán]
dakloze (de)	անօթևան մարդ	[anotʰeván márd]

79. Stedelijke instellingen

winkel (de)	խանութ	[χanútʰ]
apotheek (de)	դեղատուն	[deġatῢn]
optiek (de)	օպտիկա	[óptika]
winkelcentrum (het)	առևտրի կենտրոն	[arevtrí kentrón]
supermarkt (de)	սուպերմարքեթ	[supermarkʰétʰ]

bakkerij (de)	հացաբուլկեղենի խանութ	[hatsʰabulkeġení χanútʰ]
bakker (de)	հացթուխ	[hatsʰtʰúχ]
banketbakkerij (de)	հրուշակեղենի խանութ	[hrušakeġení χanútʰ]
kruidenier (de)	նպարեղենի խանութ	[npareçení χanútʰ]
slagerij (de)	մսի խանութ	[msi χanútʰ]

| groentewinkel (de) | բանջարեղենի կրպակ | [bandʒareġení krpák] |
| markt (de) | շուկա | [šuká] |

koffiehuis (het)	սրճարան	[srčarán]
restaurant (het)	ռեստորան	[restorán]
bar (de)	գարեջրատուն	[garedʒ·atún]
pizzeria (de)	պիցցերիա	[pitsʰería]

kapperssalon (de/het)	վարսավիրանոց	[varsav ranótsʰ]
postkantoor (het)	փոստ	[pʰost]
stomerij (de)	քիմմաքրման կետ	[kʰimmɛkʰrmán két]
fotostudio (de)	ֆոտոսրահ	[fotosrá·]

| schoenwinkel (de) | կոշիկի սրահ | [košikí sráh] |
| boekhandel (de) | գրախանութ | [graχanútʰ] |

sportwinkel (de)	սպորտային խանութ	[sportajín xanútʰ]
kledingreparatie (de)	հագուստի վերանորոգում	[hagustí veranorogúm]
kledingverhuur (de)	հագուստի վարձույթ	[hagustí vardzújtʰ]
videotheek (de)	տեսաֆիլմերի վարձույթ	[tesafilmerí vardzújtʰ]

circus (de/het)	կրկես	[krkes]
dierentuin (de)	կենդանաբանական այգի	[kendanabanakán ajgí]
bioscoop (de)	կինոթատրոն	[kinotʰatrón]
museum (het)	թանգարան	[tʰangarán]
bibliotheek (de)	գրադարան	[gradarán]

theater (het)	թատրոն	[tʰatrón]
opera (de)	օպերա	[operá]
nachtclub (de)	գիշերային ակումբ	[gišerajín akúmb]
casino (het)	խաղատուն	[xaġatún]

moskee (de)	մզկիթ	[mzkitʰ]
synagoge (de)	սինագոգ	[sinagóg]
kathedraal (de)	տաճար	[tačár]
tempel (de)	տաճար	[tačár]
kerk (de)	եկեղեցի	[ekeġetsʰí]

instituut (het)	ինստիտուտ	[institút]
universiteit (de)	համալսարան	[hamalsarán]
school (de)	դպրոց	[dprotsʰ]

gemeentehuis (het)	ոստիկանապետություն	[vostikanapetutʰjún]
stadhuis (het)	քաղաքապետարան	[kʰaġakapetarán]
hotel (het)	հյուրանոց	[hjuranótsʰ]
bank (de)	բանկ	[bank]

ambassade (de)	դեսպանատուն	[despanatún]
reisbureau (het)	տուրիստական գործակալություն	[turistakán gortsakalutʰjún]
informatieloket (het)	տեղեկատվական բյուրո	[teġekatvakán bjuró]
wisselkantoor (het)	փոխանակման կետ	[pʰoxanakmán két]

metro (de)	մետրո	[metró]
ziekenhuis (het)	հիվանդանոց	[hivandanótsʰ]

benzinestation (het)	բենզալցակայան	[benzaltsʰakaján]
parking (de)	ավտոկայան	[avtokaján]

80. Borden

gevelreclame (de)	ցուցանակ	[tsʰutsʰanák]
opschrift (het)	ցուցագիր	[tsʰutsʰagír]
poster (de)	ձգապաստառ	[dzgapastár]
wegwijzer (de)	ուղեցույց	[uġetsʰújtsʰ]
pijl (de)	սլաք	[slakʰ]

waarschuwing (verwittiging)	նախազգուշացում	[naxazgušatsʰúm]
waarschuwingsbord (het)	զգուշացում	[zgušatsʰúm]
waarschuwen (ww)	զգուշացնել	[zgušatsʰnél]

vrije dag (de)	հանգստյան օր	[hangstján ór]
dienstregeling (de)	ժամանակացույց	[zamɛnakatsʰújtsʰ]
openingsuren (mv.)	աշխատանքային ժամեր	[ašxatankʰajín zamér]
WELKOM!	ԲԱՐԻ ԳԱԼՈՒՍՏ	[barí çalúst!]
INGANG	ՄՈՒՏՔ	[mutkʰ]
UITGANG	ԵԼՔ	[elkʰ]
DUWEN	ԴԵՊԻ ԴՈՒՐՍ	[depí durs]
TREKKEN	ԴԵՊԻ ՆԵՐՍ	[dépi ners]
OPEN	ԲԱՑ Է	[batsʰ ē]
GESLOTEN	ՓԱԿ Է	[pʰak ē]
DAMES	ԿԱՆԱՅՑ ՀԱՄԱՐ	[kanánts ʰ hamár]
HEREN	ՏՂԱՄԱՐԴԿԱՆՑ ՀԱՄԱՐ	[tǧamərdkántsʰ hamár]
KORTING	ԶԵՂՉԵՐ	[zeǧčer]
UITVERKOOP	Ի ՍՊԱՌ ՎԱՃԱՌՔ	[i spar vačárkʰ]
NIEUW!	ՆՈՐՈՒԹՅՈՒ	[norúj ʰ !]
GRATIS	ԱՆՎՃԱՐ	[anvčar]
PAS OP!	ՈՒՇԱԴՐՈՒԹՅՈՒՆ	[ušadrutʰjún!]
VOLGEBOEKT	ՏԵՂԵՐ ՉԿԱՆ	[teǧér čkan]
GERESERVEERD	ՊԱՏՎԻՐՎԱԾ Է	[patvirváts ē]
ADMINISTRATIE	ԱԴՄԻՆԻՍՏՐԱՑԻԱ	[administrátsʰia]
ALLEEN VOOR	ՄԻԱՅՆ ԱՇԽԱՏԱԿԻՑՆԵՐԻ	[miájn ašxatakitsʰnerí
PERSONEEL	ՀԱՄԱՐ	hamá]
GEVAARLIJKE HOND	ԿԱՏԱՂԻ ՇՈՒՆ	[kataǵí šun]
VERBODEN TE ROKEN!	ՉԾԽԵԼ	[čtsxé !]
NIET AANRAKEN!	ՁԵՌՔ ՉՏԱԼ	[dzerkʰ čtal]
GEVAARLIJK	ՎՏԱՆԳԱՎՈՐ Է	[vtançavór ē]
GEVAAR	ՎՏԱՆԳԱՎՈՐ Է	[vtançavór ē]
HOOGSPANNING	ԲԱՐՁՐ ԼԱՐՈՒՄ	[bárdzr larúm]
VERBODEN TE ZWEMMEN	ԼՈՂԱԼՆ ԱՐԳԵԼՎՈՒՄ Է	[loǧáln argelvúm ē]
BUITEN GEBRUIK	ՉԻ ԱՇԽԱՏՈՒՄ	[či ašxatúm]
ONTVLAMBAAR	ՀՐԱՎՏԱՆԳԱՎՈՐ Է	[hravtangavór ē]
VERBODEN	ԱՐԳԵԼՎԱԾ Է	[argel váts ē]
DOORGANG VERBODEN	ԱՆՑՆԵԼՆ ԱՐԳԵԼՎԱԾ Է	[antsʰnéln argelváts ē]
OPGELET PAS GEVERFD	ՆԵՐԿՎԱԾ Է	[nerkváts ē]

81. Stedelijk vervoer

bus, autobus (de)	ավտոբուս	[avtobús]
tram (de)	տրամվայ	[tramváj]
trolleybus (de)	տրոլեյբուս	[trolejɔús]
route (de)	ուղի	[uǧí]
nummer (busnummer, enz.)	համար	[hamár]
rijden met ...	... ով գնալ	[... ov gnal]
stappen (in de bus ~)	նստել	[nstel]

afstappen (ww)	իջնել	[idʒnél]
halte (de)	կանգառ	[kangár]
volgende halte (de)	հաջորդ կանգառ	[hadʒórd kangár]
eindpunt (het)	վերջին կանգառ	[verdʒín kangár]
dienstregeling (de)	ժամանակացույց	[ʒamanakatsʰújtsʰ]
wachten (ww)	սպասել	[spasél]

kaartje (het)	տոմս	[toms]
reiskosten (de)	տոմսի արժեքը	[tomsí arʒékʰə]

kassier (de)	տոմսավաճառ	[tomsavačár]
kaartcontrole (de)	ստուգում	[stugúm]
controleur (de)	հսկիչ	[hskič]

te laat zijn (ww)	ուշանալ	[ušanál]
missen (de bus ~)	ուշանալ ... ից	[ušanál ... ítsʰ]
zich haasten (ww)	շտապել	[štapél]

taxi (de)	տաքսի	[taksí]
taxichauffeur (de)	տաքսու վարորդ	[taksú varórd]
met de taxi (bw)	տաքսիով	[taksióv]
taxistandplaats (de)	տաքսիների կայան	[taksinerí kaján]
een taxi bestellen	տաքսի կանչել	[taksí kančél]
een taxi nemen	տաքսի վերցնել	[taksí vertsʰnél]

verkeer (het)	ճանապարհային երթևեկություն	[čanaparhajín ertʰevekutʰjún]
file (de)	խցանում	[xtsʰanúm]
spitsuur (het)	պիկ ժամ	[pík ʒám]
parkeren (on.ww.)	կանգնեցնել	[kangnetsʰnél]
parkeren (ov.ww.)	կանգնեցնել	[kangnetsʰnél]
parking (de)	ավտոկայան	[avtokaján]

metro (de)	մետրո	[metró]
halte (bijv. kleine treinhalte)	կայարան	[kajarán]
de metro nemen	մետրոյով գնալ	[metrojóv gnal]
trein (de)	գնացք	[gnatsʰkʰ]
station (treinstation)	կայարան	[kajarán]

82. Bezienswaardigheden

monument (het)	արձան	[ardzán]
vesting (de)	ամրոց	[amrótsʰ]
paleis (het)	պալատ	[palát]
kasteel (het)	դղյակ	[dġjak]
toren (de)	աշտարակ	[aštarák]
mausoleum (het)	դամբարան	[dambarán]

architectuur (de)	ճարտարապետություն	[čartarapetutʰjún]
middeleeuws (bn)	միջնադարյան	[midʒnadarján]
oud (bn)	հինավուրց	[hinavúrtsʰ]
nationaal (bn)	ազգային	[azgajín]
bekend (bn)	հայտնի	[hajtní]
toerist (de)	զբոսաշրջիկ	[zbosašrdʒík]

gids (de)	գիդ	[gid]
rondleiding (de)	էքսկուրսիա	[ēkʰskúrsia]
tonen (ww)	ցույց տալ	[tsʰújtsʰ tal]
vertellen (ww)	պատմել	[patmel]

vinden (ww)	գտնել	[gtnel]
verdwalen (de weg kwijt zijn)	կորել	[korél]
plattegrond (~ van de metro)	սխեմա	[sχéma]
plattegrond (~ van de stad)	քարտեզ	[kʰartéz]

souvenir (het)	հուշանվեր	[hušanvér]
souvenirwinkel (de)	հուշանվերների խանութ	[hušanvernerí χanúṭʰ]
foto's maken	լուսանկարել	[lusankarél]
zich laten fotograferen	լուսանկարվել	[lusankarvél]

83. Winkelen

kopen (ww)	գնել	[gnel]
aankoop (de)	գնում	[gnum]
winkelen (ww)	գնումներ կատարել	[gnumrér katarél]
winkelen (het)	գնումներ	[gnumrér]

open zijn	աշխատել	[ašχatél]
(ov. een winkel, enz.)		
gesloten zijn (ww)	փակվել	[pʰakvél]

schoeisel (het)	կոշիկ	[košík]
kleren (mv.)	հագուստ	[hagúst]
cosmetica (mv.)	կոսմետիկա	[kosmétika]
voedingswaren (mv.)	մթերքներ	[mtʰerkʰnér]
geschenk (het)	նվեր	[nver]

| verkoper (de) | վաճառող | [vačaróg] |
| verkoopster (de) | վաճառողուհի | [vačaroguhí] |

kassa (de)	դրամարկղ	[dramárkg]
spiegel (de)	հայելի	[hajelí]
toonbank (de)	վաճառասեղան	[vačaraseγán]
paskamer (de)	հանդերձարան	[handerdzarán]

aanpassen (ww)	փորձել	[pʰordzél]
passen (ov. kleren)	սազել	[sazél]
bevallen (prettig vinden)	դուր գալ	[dur gal]

prijs (de)	գին	[gin]
prijskaartje (het)	գնապիտակ	[gnapiták]
kosten (ww)	արժենալ	[arʒenál]
Hoeveel?	Որքա՞ն արժե	[vorkʰán arʒé?]
korting (de)	զեղչ	[zeγč]

niet duur (bn)	ոչ թանկ	[voč tʰank]
goedkoop (bn)	էժան	[ēʒán]
duur (bn)	թանկ	[tʰank]
Dat is duur.	Սա թանկ է	[sa tʰánk ē]

verhuur (de)	վարձույթ	[vardzújtʰ]
huren (smoking, enz.)	վարձել	[vardzél]
krediet (het)	վարկ	[vark]
op krediet (bw)	վարկով	[varkóv]

84. Geld

geld (het)	դրամ	[dram]
ruil (de)	փոխանակում	[pʰoχanakúm]
koers (de)	փոխարժեք	[pʰoχarʒékʰ]
geldautomaat (de)	բանկոմատ	[bankomát]
muntstuk (de)	մետաղադրամ	[metaǵadrám]

| dollar (de) | դոլլար | [dollár] |
| euro (de) | եվրո | [évro] |

lire (de)	լիրա	[líra]
Duitse mark (de)	մարկ	[mark]
frank (de)	ֆրանկ	[frank]
pond sterling (het)	ֆունտ ստերլինգ	[fúnt stérling]
yen (de)	յեն	[jen]

schuld (geldbedrag)	պարտք	[partkʰ]
schuldenaar (de)	պարտապան	[partapán]
uitlenen (ww)	պարտքով տալ	[partkʰóv tal]
lenen (geld ~)	պարտքով վերցնել	[partkʰóv vertsʰnél]

bank (de)	բանկ	[bank]
bankrekening (de)	հաշիվ	[hašív]
op rekening storten	հաշվի վրա գցել	[hašví vra gtsʰel]
opnemen (ww)	հաշվից հանել	[hašvítsʰ hanél]

kredietkaart (de)	վարկային քարտ	[varkʰajín kʰárt]
baar geld (het)	կանխիկ դրամ	[kanχík dram]
cheque (de)	չեք	[čekʰ]
een cheque uitschrijven	չեք դուրս գրել	[čekʰ durs grel]
chequeboekje (het)	չեքային գրքույկ	[čekʰajín grkʰújk]

portefeuille (de)	թղթապանակ	[tʰǵtʰapanák]
geldbeugel (de)	դրամապանակ	[dramapanák]
safe (de)	չհրկիզվող պահարան	[čhrkizvóǵ paharán]

erfgenaam (de)	ժառանգ	[ʒaráng]
erfenis (de)	ժառանգություն	[ʒarangutʰjún]
fortuin (het)	ունեցվածք	[unetsʰvátskʰ]

huur (de)	վարձ	[vardz]
huurprijs (de)	բնակվարձ	[bnakvárdz]
huren (huis, kamer)	վարձել	[vardzél]

prijs (de)	գին	[gin]
kostprijs (de)	արժեք	[arʒékʰ]
som (de)	գումար	[gumár]
uitgeven (geld besteden)	ծախսել	[tsaχsél]

kosten (mv.)	ծախսեր	[tsaχsér]
bezuinigen (ww)	տնտեսել	[tntesél]
zuinig (bn)	տնտեսող	[tntesóg]

betalen (ww)	վճարել	[včaré]
betaling (de)	վճար	[včár]
wisselgeld (het)	մանր	[manr]

belasting (de)	հարկ	[hark]
boete (de)	տուգանք	[tugánkʰ]
beboeten (bekeuren)	տուգանել	[tuganél]

85. Post. Postkantoor

postkantoor (het)	փոստ	[pʰost]
post (de)	փոստ	[pʰost]
postbode (de)	փոստատար	[pʰostatár]
openingsuren (mv.)	աշխատանքային ժամեր	[ašχatankʰajín ʒamér]

brief (de)	նամակ	[namák]
aangetekende brief (de)	պատվիրված նամակ	[patvirváts namák]
briefkaart (de)	բացիկ	[batsʰík]
telegram (het)	հեռագիր	[heragír]
postpakket (het)	ծանրոց	[tsanrósʰ]
overschrijving (de)	դրամային փոխանցում	[dramaín pʰoχantsʰúm]

ontvangen (ww)	ստանալ	[stanál]
sturen (zenden)	ուղարկել	[uğarkél]
verzending (de)	ուղարկում	[uğarkúm]

adres (het)	հասցե	[hastsʰé]
postcode (de)	ինդեքս	[indéks]
verzender (de)	ուղարկող	[uğarkóg]
ontvanger (de)	ստացող	[statsʰóg]

| naam (de) | անուն | [anún] |
| achternaam (de) | ազգանուն | [azganún] |

tarief (het)	սակագին	[sakagín]
standaard (bn)	սովորական	[sovorakán]
zuinig (bn)	տնտեսող	[tntesóg]

gewicht (het)	քաշ	[kʰaš]
afwegen (op de weegschaal)	կշռել	[kšrel]
envelop (de)	ծրար	[tsrar]
postzegel (de)	նամականիշ	[namakaníš]

Woning. Huis. Thuis

86. Huis. Woning

huis (het)	տուն	[tun]
thuis (bw)	տանը	[tánə]
cour (de)	բակ	[bak]
omheining (de)	պարիսպ	[parísp]

baksteen (de)	աղյուս	[aġjús]
van bakstenen	աղյուսե	[aġjusé]
steen (de)	քար	[kʰar]
stenen (bn)	քարե	[kʰaré]
beton (het)	բետոն	[betón]
van beton	բետոնե	[betoné]

nieuw (bn)	նոր	[nor]
oud (bn)	հին	[hin]
vervallen (bn)	խարխուլ	[χarχúl]
modern (bn)	ժամանակակից	[ʒamanakakítsʰ]
met veel verdiepingen	բարձրահարկ	[bardzrahárk]
hoog (bn)	բարձր	[bardzr]

verdieping (de)	հարկ	[hark]
met een verdieping	մեկ հարկանի	[mek harkaní]

laagste verdieping (de)	ներքևի հարկ	[nerkʰeví hárk]
bovenverdieping (de)	վերևի հարկ	[vereví hark]

dak (het)	տանիք	[taníkʰ]
schoorsteen (de)	խողովակ	[χoġovák]

dakpan (de)	կղմինդր	[kġmindr]
pannen- (abn)	կղմինդրե	[kġmindré]
zolder (de)	ձեղնահարկ	[dzeġnahárk]

venster (het)	պատուհան	[patuhán]
glas (het)	ապակի	[apakí]

vensterbank (de)	պատուհանագոգ	[patuhanagóg]
luiken (mv.)	ծածկոցափեղկ	[tsatskotsʰapʰéġk]

muur (de)	պատ	[pat]
balkon (het)	պատշգամբ	[patšgámb]
regenpijp (de)	ջրատար խողովակ	[dʒratár χoġovák]

boven (bw)	վերևում	[verevúm]
naar boven gaan (ww)	բարձրանալ	[bardzranál]
afdalen (on.ww.)	իջնել	[idʒnél]
verhuizen (ww)	տեղափոխվել	[teġapʰoχvél]

87. Huis. Ingang. Lift

ingang (de)	մուտք	[mutkʰ]
trap (de)	աստիճան	[astičán]
treden (mv.)	աստիճաններ	[astičannér]
trapleuning (de)	բազրիք	[bazríkʰ]
hal (de)	սրահ	[srah]

postbus (de)	փոստարկղ	[pʰostárkģ]
vuilnisbak (de)	աղբարկղ	[aǵbárkģ]
vuilniskoker (de)	աղբատար	[aǵbaᵗár]

lift (de)	վերելակ	[verelák]
goederenlift (de)	բեռնատար վերելակ	[bernɛtár verelák]
liftcabine (de)	խցիկ	[xʦʰik]

appartement (het)	բնակարան	[bnakarán]
bewoners (mv.)	բնակիչներ	[bnakičnér]
buurman (de)	հարևան	[hareván]
buurvrouw (de)	հարևանուհի	[harevanuhí]
buren (mv.)	հարևաններ	[harevannér]

88. Huis. Elektriciteit

elektriciteit (de)	էլեկտրականություն	[ēlektrakanutʰjún]
lamp (de)	լամպ	[lamp]
schakelaar (de)	անջատիչ	[andʒatíč]
zekering (de)	էլեկտրապաշտպան	[ēlektraxʦʰán]

draad (de)	լար	[lar]
bedrading (de)	էլեկտրացանց	[ēlektratsʰántsʰ]
elektriciteitsmeter (de)	հաշվիչ	[hašvíč]
gegevens (mv.)	gnumунк	[tsʰutsʰ'múnkʰ]

89. Huis. Deuren. Sloten

deur (de)	դուռ	[dur]
toegangspoort (de)	դարբաս	[darbás]
deurkruk (de)	բռնակ	[brnak·]
ontsluiten (ontgrendelen)	բացել	[batsʰél]
openen (ww)	բացել	[batsʰél]
sluiten (ww)	փակել	[pʰakél]

sleutel (de)	բանալի	[bana í]
sleutelbos (de)	կապոց	[kapóʦʰ]
knarsen (bijv. scharnier)	ճռալ	[čral]
knarsgeluid (het)	ճռռոց	[čroʦʰ·]
scharnier (het)	ծխնի	[ʦxni]
deurmat (de)	փռոցի գորգ	[pʰokʰʳ gorg]
slot (het)	փական	[pʰakán]
sleutelgat (het)	փականի անցք	[pʰakaní ánʦʰkʰ]

grendel (de)	սողնակ	[soġnák]
schuif (de)	սողնակ	[soġnák]
hangslot (het)	կողպեք	[koġpékʰ]

aanbellen (ww)	զանգել	[zangél]
bel (geluid)	զանգ	[zang]
deurbel (de)	զանգ	[zang]
belknop (de)	կոճակ	[kočák]
geklop (het)	թակոց	[tʰakótsʰ]
kloppen (ww)	թակել	[tʰakél]

code (de)	կոդ	[kod]
cijferslot (het)	կոդային փական	[kodajín pʰakán]
parlofoon (de)	դոմոֆոն	[domofón]
nummer (het)	համար	[hamár]
naambordje (het)	ցուցանակ	[tsʰutsʰanák]
deurspion (de)	դիտանցք	[ditántsʰkʰ]

90. Huis op het platteland

dorp (het)	գյուղ	[gjuġ]
moestuin (de)	բանջարանոց	[bandʒaranótsʰ]
hek (het)	ցանկապատ	[tsʰankapát]
houten hekwerk (het)	ցանկապատ	[tsʰankapát]
tuinpoortje (het)	դռնակ	[drnak]

graanschuur (de)	շտեմարան	[štemarán]
wortelkelder (de)	մառան	[marán]
schuur (de)	ցախանոց	[tsʰaχanótsʰ]
waterput (de)	ջրհոր	[dʒrhor]

kachel (de)	վառարան	[vararán]
de kachel stoken	վառել	[varél]
brandhout (het)	վառելափայտ	[varelapʰájt]
houtblok (het)	ծղան	[tsġan]

veranda (de)	պատշգամբ	[patšgámb]
terras (het)	տեռաս	[terás]
bordes (het)	սանդղամուտք	[sandġamútkʰ]
schommel (de)	ճօճանակ	[čočanák]

91. Villa. Herenhuis

landhuisje (het)	քաղաքից դուրս տուն	[kʰaġakítsʰ durs tun]
villa (de)	վիլլա	[vílla]
vleugel (de)	թև	[tʰev]

tuin (de)	այգի	[ajgí]
park (het)	զբոսայգի	[zbosajgí]
oranjerie (de)	ջերմոց	[dʒermótsʰ]
onderhouden (tuin, enz.)	խնամել	[χnamél]
zwembad (het)	լողավազան	[loġavazán]

gym (het)	սպորտային դահլիճ	[sportajín dahlíč]
tennisveld (het)	թենիսի հարթակ	[tʰenisí harták]
bioscoopkamer (de)	կինոթատրոն	[kinotʰatrón]
garage (de)	ավտոտնակ	[avtotrák]

privé-eigendom (het)	մասնավոր սեփականություն	[masnavór sepʰakanutʰjún]
eigen terrein (het)	մասնավոր կալված	[masnavór kalvátɛ]

waarschuwing (de)	զգուշացում	[zgušatsʰúm]
waarschuwingsbord (het)	զգուշացնող գրություն	[zgušatsʰnóġ grutʰjún]

bewaking (de)	պահակություն	[pahakutʰjún]
bewaker (de)	պահակ	[pahák]
inbraakalarm (het)	ազդանշանային համակարգ	[azdanšanajín hamakárg]

92. Kasteel. Paleis

kasteel (het)	դղյակ	[dġjak]
paleis (het)	պալատ	[palát]
vesting (de)	ամրոց	[amrótɛʰ]
ringmuur (de)	պատ	[pat]
toren (de)	աշտարակ	[aštaráʲ]
donjon (de)	գլխավոր աշտարակ	[glχavór aštarák]

valhek (het)	բարձրացվող դարբաս	[bardzratsʰvóġ darbás]
onderaardse gang (de)	գետնանցում	[getnartsʰúm]
slotgracht (de)	փոս	[pʰos]
ketting (de)	շղթա	[šġtʰa]
schietgat (het)	հրակնատ	[hraknét]

prachtig (bn)	հոյակապ	[hojakáɔ]
majestueus (bn)	վեհաշուք	[vehaskʰánč]
onneembaar (bn)	անառիկ	[anaríkʲ]
middeleeuws (bn)	միջնադարյան	[midʒnədarján]

93. Appartement

appartement (het)	բնակարան	[bnakarán]
kamer (de)	սենյակ	[senják]
slaapkamer (de)	ննջարան	[nndʒarán]
eetkamer (de)	ճաշասենյակ	[čašasenják]
salon (de)	հյուրասենյակ	[hjurasenják]
studeerkamer (de)	աշխատասենյակ	[ašχatasenják]

gang (de)	նախասենյակ	[naχasenják]
badkamer (de)	լոգարան	[logarár]
toilet (het)	զուգարան	[zugarán]
plafond (het)	առաստաղ	[arastáġ]
vloer (de)	հատակ	[haták]
hoek (de)	անկյուն	[ankjún]

85

94. Appartement. Schoonmaken

schoonmaken (ww)	հավաքել	[havakʰél]
opbergen (in de kast, enz.)	հավաքել	[havakʰél]
stof (het)	փոշի	[pʰoší]
stoffig (bn)	փոշոտ	[pʰošót]
stoffen (ww)	փոշին սրբել	[pʰošín srbél]
stofzuiger (de)	փոշեկուլ	[pʰošekúl]
stofzuigen (ww)	փոշեկուլով մաքրել	[pʰošekulóv makʰrél]
vegen (de vloer ~)	ավլել	[avlél]
veegsel (het)	աղբ	[aɡb]
orde (de)	կարգ ու կանոն	[kárg u kanón]
wanorde (de)	խառնաշփոթ	[χarnašpʰótʰ]
zwabber (de)	շվաբր	[švabr]
poetsdoek (de)	շեղգ	[dʒndʒotsʰ]
veger (de)	ավել	[avél]
stofblik (het)	աղբական	[aɡbakál]

95. Meubels. Interieur

meubels (mv.)	կահույք	[kahújkʰ]
tafel (de)	սեղան	[seɡán]
stoel (de)	աթոռ	[atʰór]
bed (het)	մահճակալ	[mahčakál]
bankstel (het)	բազմոց	[bazmótsʰ]
fauteuil (de)	բազկաթոռ	[bazkatʰór]
boekenkast (de)	գրապահարան	[grapaharán]
boekenrek (het)	դարակ	[darák]
kledingkast (de)	պահարան	[paharán]
kapstok (de)	կախարան	[kaχarán]
staande kapstok (de)	կախ	[kaχótsʰ]
commode (de)	կոմոդ	[komód]
salontafeltje (het)	սեղանիկ	[seɡaník]
spiegel (de)	հայելի	[hajelí]
tapijt (het)	գորգ	[gorg]
tapijtje (het)	փոքր գորգ	[pʰokʰr gorg]
haard (de)	բուխարի	[buχarí]
kaars (de)	մոմ	[mom]
kandelaar (de)	մոմակալ	[momakál]
gordijnen (mv.)	վարագույր	[varagújr]
behang (het)	պաստառ	[pastár]
jaloezie (de)	շերտավարագույր	[šertavaragújr]
bureaulamp (de)	սեղանի լամպ	[seɡaní lámp]
wandlamp (de)	ջահ	[dʒah]

staande lamp (de)	Ճոպանշ	[dzoġeʤáh]
luchter (de)	շամ	[ʤah]

poot (ov. een tafel, enz.)	տոտիկ	[totík]
armleuning (de)	արմնակալ	[armnʰakál]
rugleuning (de)	թիկնակ	[tʰiknák]
la (de)	դարակ	[darák]

96. Beddengoed

beddengoed (het)	սպիտակեղեն	[spitakeġén]
kussen (het)	բարձ	[bardz]
kussenovertrek (de)	բարձի երես	[bardzí erés]
deken (de)	վերմակ	[vermák]
laken (het)	սավան	[savánǀ]
sprei (de)	ծածկոց	[tsatskóʦʰ]

97. Keuken

keuken (de)	խոհանոց	[χohanóʦʰ]
gas (het)	գազ	[gaz]
gasfornuis (het)	գազօջախ	[gazoʤáχ]
elektrisch fornuis (het)	էլեկտրական սալօջախ	[ēlektraʁán saloʤáχǀ]
oven (de)	ջեռոց	[ʤeróʦʰ]
magnetronoven (de)	միկրոալիքային վառարան	[mikroa ikʰajín vararén]

koelkast (de)	սառնարան	[sarnaran]
diepvriezer (de)	սառնախցիկ	[sarnaχʦʰík]
vaatwasmachine (de)	աման լվացող մեքենա	[amán lvatsʰóġ mekʰená]

vleesmolen (de)	մսաղաց	[msaġáʦʰ]
vruchtenpers (de)	հյութարամիչ	[hjutʰakʰamíč]
toaster (de)	տոստեր	[tostér]
mixer (de)	հարիչ	[haríč]

koffiemachine (de)	սրճեփ	[srčepʰ]
koffiepot (de)	սրճաման	[srčamán]
koffiemolen (de)	սրճաղաց	[srčaġáʦʰ]

fluitketel (de)	թեյնիկ	[tʰejník]
theepot (de)	թեյաման	[tʰejamán]
deksel (de/het)	կափարիչ	[kapʰaríč]
theezeefje (het)	թեյքամիչ	[tʰejkʰamʳíč]

lepel (de)	գդալ	[gdal]
theelepeltje (het)	թեյի գդալ	[tʰeji gdal]
eetlepel (de)	ճաշի գդալ	[čaši gdal]
vork (de)	պատառաքաղ	[patarakʰáġ]
mes (het)	դանակ	[danák]

vaatwerk (het)	սպասք	[spaskʰ]
bord (het)	ափսե	[apʰsé]

schoteltje (het)	պնակ	[pnak]
likeurglas (het)	ըմպանակ	[əmpanák]
glas (het)	բաժակ	[baʒák]
kopje (het)	բաժակ	[baʒák]

suikerpot (de)	շաքարաման	[šakʰaramán]
zoutvat (het)	աղաման	[aġamán]
pepervat (het)	պղպեղաման	[pġpeġamán]
boterschaaltje (het)	կարագի աման	[karagí amán]

pan (de)	կաթսա	[katʰsá]
bakpan (de)	թավա	[tʰavá]
pollepel (de)	շերեփ	[šerépʰ]
vergiet (de/het)	քամիչ	[kʰamíč]
dienblad (het)	սկուտեղ	[skutéġ]

fles (de)	շիշ	[šiš]
glazen pot (de)	բանկա	[banká]
blik (conserven~)	տարա	[tará]

flesopener (de)	բացիչ	[batsʰíč]
blikopener (de)	բացիչ	[batsʰíč]
kurkentrekker (de)	խցանահան	[xtsʰanahán]
filter (de/het)	զտիչ	[ztič]
filteren (ww)	զտել	[ztel]

huisvuil (het)	աղբ	[aġb]
vuilnisemmer (de)	աղբի դույլ	[aġbi dújl]

98. Badkamer

badkamer (de)	լոգարան	[logarán]
water (het)	ջուր	[dʒur]
kraan (de)	ծորակ	[tsorák]
warm water (het)	տաք ջուր	[takʰ dʒur]
koud water (het)	սառը ջուր	[sárə dʒur]

tandpasta (de)	ատամի մածուկ	[atamí matsúk]
tanden poetsen (ww)	ատամները մաքրել	[atamnérə makʰrél]

zich scheren (ww)	սափրվել	[sapʰrvél]
scheercrème (de)	սափրվելու փրփուր	[sapʰrvelú prpur]
scheermes (het)	ածելի	[atselí]

wassen (ww)	լվանալ	[lvanál]
een bad nemen	լվացվել	[lvatsʰvél]
douche (de)	ցնցուղ	[tsʰntsʰuġ]
een douche nemen	դուշ ընդունել	[dúš əndunél]

bad (het)	լողարան	[loġarán]
toiletpot (de)	զուգարանակոնք	[zugaranakónkʰ]
wastafel (de)	լվացարան	[lvatsʰarán]
zeep (de)	օճառ	[očár]
zeepbakje (het)	օճառաման	[očaramán]

spons (de)	սպունգ	[spung]
shampoo (de)	շամպուն	[šampún]
handdoek (de)	սրբիչ	[srbič]
badjas (de)	խալաթ	[xalátʰ]

was (bijv. handwas)	լվացք	[lvatsʰkʰ]
wasmachine (de)	լվացքի մեքենա	[lvatsʰkʰí mekená]
de was doen	սպիտակեղեն լվալ	[spitakeǵén lvál]
waspoeder (de)	լվացքի փոշի	[lvatsʰkʰí pʰoší]

99. Huishoudelijke apparaten

televisie (de)	հեռուստացույց	[herustatsʰújtsʰ]
cassettespeler (de)	մագնիտոֆոն	[magnitofón]
videorecorder (de)	տեսամագնիտոֆոն	[tesamagnitofón]
radio (de)	ռադիո	[ənduníč]
speler (de)	նվագարկիչ	[nvagarkíč]

videoprojector (de)	տեսապրոյեկտոր	[tesaproektór]
home theater systeem (het)	տնային կինոթատրոն	[tʰnajín kinotʰatrón]
DVD-speler (de)	DVD նվագարկիչ	[dividí nvagarkíč]
versterker (de)	ուժեղացուցիչ	[uʒeǵatsʰutsʰíč]
spelconsole (de)	խաղային համակարգիչ	[xaǵajín hamakargíš]

videocamera (de)	տեսախցիկ	[tesaxsʰík]
fotocamera (de)	լուսանկարչական ապարատ	[lusankarčakán aparát]
digitale camera (de)	թվային լուսանկարչական ապարատ	[tʰvajír lusankarčakán aparát]

stofzuiger (de)	փոշեկուլ	[pʰošekúl]
strijkijzer (het)	արդուկ	[ardúk]
strijkplank (de)	արդուկի տախտակ	[arduki taxták]

telefoon (de)	հեռախոս	[heraxós]
mobieltje (het)	բջջային հեռախոս	[bdʒdʒajín heraxós]
schrijfmachine (de)	տպող մեքենա	[tpóg mekʰená]
naaimachine (de)	կարի մեքենա	[kʰarí mekʰená]

microfoon (de)	միկրոֆոն	[mikroʔón]
koptelefoon (de)	ականջակալներ	[akancʒakalnér]
afstandsbediening (de)	հեռակառավարման վահանակ	[herakaravarmán vahanák]

CD (de)	խտասկավառակ	[xtaskavarák]
cassette (de)	ձայներիզ	[dzajneríz]
vinylplaat (de)	սկավառակ	[skavarák]

100. Reparaties. Renovatie

renovatie (de)	վերանորոգում	[veranɔrogúm]
renoveren (ww)	վերանորոգում անել	[veranɔrogúm anél]
repareren (ww)	վերանորոգել	[veranɔrogél]

| op orde brengen | կարգի բերել | [kargí berél] |
| overdoen (ww) | ձևափոխել | [dzevapʰoxél] |

verf (de)	ներկ	[nerk]
verven (muur ~)	ներկել	[nerkél]
schilder (de)	ներկարար	[nerkarár]
kwast (de)	վրձին	[vrdzin]

| kalk (de) | սպիտակածեփ | [spitakatsépʰ] |
| kalken (ww) | սպիտակեցնել | [spitaketsʰnél] |

behang (het)	պաստառ	[pastár]
behangen (ww)	պաստառապատել	[pastarapatél]
lak (de/het)	լաք	[lakʰ]
lakken (ww)	լաքապատել	[lakʰapatél]

101. Loodgieterswerk

water (het)	ջուր	[dʒur]
warm water (het)	տաք ջուր	[takʰ dʒur]
koud water (het)	սառը ջուր	[sárə dʒur]
kraan (de)	ծորակ	[tsorák]

druppel (de)	կաթիլ	[katʰíl]
druppelen (ww)	կաթել	[katʰél]
lekken (een lek hebben)	արտահոսել	[artahosél]
lekkage (de)	արտահոսք	[artahóskʰ]
plasje (het)	ջրակույտ	[dʒrakújt]

buis, leiding (de)	խողովակ	[xoġovák]
stopkraan (de)	փական	[pʰakán]
verstopt raken (ww)	խցանվել	[xtsʰanvél]

gereedschap (het)	գործիքներ	[gortsikʰnér]
Engelse sleutel (de)	բացովի մանեկադարձակ	[batsʰoví manekadardzák]
losschroeven (ww)	ետ պտտել	[et pttel]
aanschroeven (ww)	ձգել	[dzgel]

ontstoppen (riool, enz.)	մաքրել	[makʰrél]
loodgieter (de)	սանտեխնիկ	[santexník]
kelder (de)	նկուղ	[nkuġ]
riolering (de)	կոյուղի	[kojuġí]

102. Brand. Vuurzee

brand (de)	կրակ	[krak]
vlam (de)	բոց	[botsʰ]
vonk (de)	կայծ	[kajts]
rook (de)	ծուխ	[tsux]
fakkel (de)	ջահ	[dʒah]
kampvuur (het)	խարույկ	[xarújk]
benzine (de)	բենզին	[benzín]

kerosine (de)	նավթ	[navtʰ]
brandbaar (bn)	դյուրավառ	[djuravár]
ontplofbaar (bn)	պայթունավտանգ	[pajtʰunavtáng]
VERBODEN TE ROKEN!	ՉԾԽԵԼ	[čʦχél!]

veiligheid (de)	անվտանգություն	[anvtangutʰjún]
gevaar (het)	վտանգ	[vtang]
gevaarlijk (bn)	վտանգավոր	[vtangavór]

in brand vliegen (ww)	բռնկվել	[brnkvel]
explosie (de)	պայթյուն	[pajtʰjún]
in brand steken (ww)	հրկիզել	[hrkizé]
brandstichter (de)	հրկիզող	[hrkizóʒ]
brandstichting (de)	հրկիզում	[hrkizún]

vlammen (ww)	բոցավառվել	[boʦʰavarvél]
branden (ww)	այրվել	[ajrvél]
afbranden (ww)	այրվել	[ajrvél]

brandweerman (de)	հրդեհային	[hrdehajín]
brandweerwagen (de)	հրշեջ մեքենա	[hršédʒ mekʰená]
brandweer (de)	հրշեջ ջոկատ	[hršédʒ dʒokát]
uitschuifbare ladder (de)	հրդեհաշեջ սանդուղք	[hrdehašédʒ sandúgkʰ]

brandslang (de)	փող	[pʰoǵ]
brandblusser (de)	կրակմարիչ	[krakmaríč]
helm (de)	սաղավարտ	[saǵavárt]
sirene (de)	շչակ	[ščak]

roepen (ww)	ճչալ	[čəčál]
hulp roepen	օգնություն կանչել	[ognutʰján kančél]
redder (de)	փրկարար	[pʰrkarár]
redden (ww)	փրկել	[pʰrkel]

aankomen (per auto, enz.)	ժամանել	[ʒamanél]
blussen (ww)	հանգցնել	[hangʦʰnél]
water (het)	ջուր	[dʒur]
zand (het)	ավազ	[aváz]

ruïnes (mv.)	փլատակներ	[pʰlataknér]
instorten (gebouw, enz.)	փլատակվել	[pʰlatakvél]
ineenstorten (ww)	փուլ գալ	[pʰul gall]
inzakken (ww)	փլվել	[pʰlvel]

| brokstuk (het) | բեկոր | [bekór] |
| as (de) | մոխիր | [moχír] |

| verstikken (ww) | խեղդվել | [χeǵdvél] |
| omkomen (ww) | մեռնել | [mernél] |

MENSELIJKE ACTIVITEITEN

Baan. Business. Deel 1

103. Kantoor. Op kantoor werken

kantoor (het)	գրասենյակ	[grasenják]
kamer (de)	առանձնասենյակ	[arandznasenják]
secretaris (de)	քարտուղար	[kʰartuġár]
directeur (de)	տնօրեն	[tnorén]
manager (de)	մենեջեր	[menedʒér]
boekhouder (de)	հաշվապահ	[hašvapáh]
werknemer (de)	աշխատակից	[ašxatakítsʰ]
meubilair (het)	կահույք	[kahújkʰ]
tafel (de)	գրասեղան	[graseġán]
bureaustoel (de)	բազկաթոռ	[bazkatʰór]
ladeblok (het)	փոքր պահարան	[pʰokʰr paharán]
kapstok (de)	կախիչ	[kaχítsʰ]
computer (de)	համակարգիչ	[hamakargíč]
printer (de)	տպիչ	[tpíč]
fax (de)	ֆաքս	[fakʰs]
kopieerapparaat (het)	պատճենահանող սարք	[patčenahanóġ sárkʰ]
papier (het)	թուղթ	[tʰuġtʰ]
kantoorartikelen (mv.)	գրենական պիտույքներ	[grenakán pitujkʰnér]
muismat (de)	գորգ	[gorg]
blad (het)	թուղթ	[tʰuġtʰ]
ordner (de)	թղթապանակ	[tʰġtʰapanák]
catalogus (de)	գրացուցակ	[gratsʰutsʰák]
telefoongids (de)	տեղեկատու	[teġekatú]
documentatie (de)	փաստաթղթեր	[pʰastatʰġtʰér]
brochure (de)	գրքույկ	[grkʰújk]
flyer (de)	թռուցիկ	[tʰrutsʰík]
monster (het), staal (de)	օրինակ	[orinák]
training (de)	թրենինգ	[tʰrening]
vergadering (de)	խորհրդակցություն	[χorhrdaktsʰutʰjún]
lunchpauze (de)	ճաշի ընդմիջում	[čaši əndmidʒúm]
een kopie maken	պատճենահանել	[patčenahanél]
de kopieën maken	բազմացնել	[bazmatsʰnél]
een fax ontvangen	ֆաքս ստանալ	[fákʰs stanál]
een fax versturen	ֆաքս ուղարկել	[fákʰs uġarkél]
opbellen (ww)	զանգահարել	[zangaharél]
antwoorden (ww)	պատասխանել	[patasχanél]

doorverbinden (ww)	միացնել	[miats⁀ʰnél]
afspreken (ww)	նշանակել	[nšanakél]
demonstreren (ww)	ցուցադրել	[tsʰutsʰadrél]
absent zijn (ww)	բացակայել	[batsʰɛkaél]
afwezigheid (de)	բացակայություն	[batsʰɛkajutʰjún]

104. Bedrijfsprocessen. Deel 1

zaak (de), beroep (het)	գործ	[gorts]
firma (de)	ֆիրմա	[fírma]
bedrijf (maatschap)	ընկերություն	[ənkerutʰjún]
corporatie (de)	միավորում	[miavo⁀úm]
onderneming (de)	ձեռնարկություն	[dzernarkutʰjún]
agentschap (het)	գործակալություն	[gortsaⱪalutʰjún]

overeenkomst (de)	պայմանագիր	[pajmaᴎagír]
contract (het)	պայմանագիր	[pajmaᴎagír]
transactie (de)	գործարք	[gortsárkʰ]
bestelling (de)	պատվեր	[patvérⱼ]
voorwaarde (de)	պայման	[pajmáᴎ]

in het groot (bw)	մեծածախ	[metsatsáχ]
groothandels- (abn)	մեծածախ	[metsatsáχ]
groothandel (de)	մեծածախ առևտուր	[metsatsáχ arevtúr]
kleinhandels- (abn)	մանրածախ	[manraᴎsáχ]
kleinhandel (de)	մանրածախ առևտուր	[manraᴎsáχ arevtúr]

concurrent (de)	մրցակից	[mrtsʰakᵢítsʰ]
concurrentie (de)	մրցակցություն	[mrtʰaktsʰutʰjún]
concurreren (ww)	մրցակցել	[mrtsʰakᵢtsʰél]

partner (de)	գործընկեր	[gortsərⱼkér]
partnerschap (het)	համագործակցություն	[hamagɔrtsaktsʰutʰjún]

crisis (de)	ճգնաժամ	[čgnaʒám]
bankroet (het)	սնանկություն	[snankuᵗʰjún]
bankroet gaan (ww)	սնանկանալ	[snənkanál]
moeilijkheid (de)	դժվարություն	[dʒvaruᵗʰjún]
probleem (het)	խնդիր	[χndir]
catastrofe (de)	աղետ	[aġét]

economie (de)	տնտեսություն	[tntesuᵗʰjún]
economisch (bn)	տնտեսական	[tntesakᵻn]
economische recessie (de)	տնտեսական անկում	[tntesakᵻn ankúm]

doel (het)	նպատակ	[npaták]
taak (de)	խնդիր	[χndir]

handelen (handel drijven)	առևտուր անել	[arevtúr ɘnél]
netwerk (het)	ցանց	[tsʰantsʰ]
voorraad (de)	պահեստ	[pahést]
assortiment (het)	տեսականի	[tesakaní]
leider (de)	ղեկավար	[ġekavár]
groot (bn)	խոշոր	[χošór]

93

monopolie (het)	մենաշնորհ	[menašnórh]
theorie (de)	տեսություն	[tesutʰjún]
praktijk (de)	պրակտիկա	[práktika]
ervaring (de)	փորձ	[pʰordz]
tendentie (de)	միտում	[mitúm]
ontwikkeling (de)	զարգացում	[zargatsʰúm]

105. Bedrijfsprocessen. Deel 2

| voordeel (het) | շահ | [šah] |
| voordelig (bn) | շահավետ | [šahavét] |

delegatie (de)	պատվիրակություն	[patvirakutʰjún]
salaris (het)	աշխատավարձ	[ašxatavárdz]
corrigeren (fouten ~)	ուղղել	[uģģél]
zakenreis (de)	գործուղում	[gortsuģúm]
commissie (de)	հանձնաժողով	[handznaʒoģóv]

controleren (ww)	վերահսկել	[verahskél]
conferentie (de)	կոնֆերանս	[konferáns]
licentie (de)	լիցենզիա	[litsʰénzja]
betrouwbaar (partner, enz.)	վստահելի	[vstahelí]

aanzet (de)	ձեռնարկած գործ	[dzernarkáts gorts]
norm (bijv. ~ stellen)	նորմա	[nórma]
omstandigheid (de)	հանգամանք	[hangamánkʰ]
taak, plicht (de)	պարտականություն	[partakanutʰjún]

organisatie (bedrijf, zaak)	կազմակերպություն	[kazmakerputʰjún]
organisatie (proces)	կազմակերպում	[kazmakerpúm]
georganiseerd (bn)	կազմակերպված	[kazmakerpváts]
afzegging (de)	վերացում	[veratsʰu:m]
afzeggen (ww)	չեղարկել	[čeģarkél]
verslag (het)	հաշվետվություն	[hašvetvutʰjún]

patent (het)	արտոնագիր	[artonagír]
patenteren (ww)	արտոնագրել	[artonagrél]
plannen (ww)	ծրագրել	[tsragrél]

premie (de)	պարգևավճար	[pargevavčár]
professioneel (bn)	մասնագիտական	[masnagitutsjún]
procedure (de)	ընթացակարգ	[əntʰatsʰakárg]

onderzoeken (contract, enz.)	քննարկել	[kʰnnarkél]
berekening (de)	վճարում	[včarúm]
reputatie (de)	համբավ	[hambáv]
risico (het)	ռիսկ	[risk]

beheren (managen)	ղեկավարել	[ģekavarél]
informatie (de)	տեղեկություններ	[teģekutʰjunnér]
eigendom (bezit)	սեփականություն	[sepʰakanutʰjún]
unie (de)	միավորում	[miavorúm]
levensverzekering (de)	կյանքի ապահովագրություն	[kjankʰí apahovagrutʰjún]
verzekeren (ww)	ապահովագրել	[apahovagrél]

verzekering (de)	ապահովագրություն	[apahovagruthjún]
veiling (de)	աճուրդ	[ačúrc]
verwittigen (ww)	ծանուցել	[tsanutsʰél]
beheer (het)	ղեկավարում	[ǵekawarúm]
dienst (de)	ծառայություն	[tsarajᴜthjún]

forum (het)	համաժողով	[hamɛʒoǵóv]
functioneren (ww)	գործել	[gortsel]
stap, etappe (de)	փուլ	[pʰul]
juridisch (bn)	իրավաբանական	[iravabanakán]
jurist (de)	իրավաբան	[iravabán]

106. Productie. Werken

industriële installatie (fabriek)	գործարան	[gortsɛrán]
fabriek (de)	ֆաբրիկա	[fábrikə]
werkplaatsruimte (de)	արտադրամաս	[artadɪamás]
productielocatie (de)	արտադրություն	[artadɪuthjún]

industrie (de)	արդյունաբերություն	[ardjunaberuthjún]
industrieel (bn)	արդյունաբերական	[ardjunaberakán]
zware industrie (de)	ծանր արդյունաբերություն	[tsánr ərdjunaberut'jún]
lichte industrie (de)	թեթև արդյունաբերություն	[thethéw ardjunaberᴜthjún]

productie (de)	արտադրանք	[artadránkʰ]
produceren (ww)	արտադրել	[artadrél]
grondstof (de)	հումք	[humkᵃ]

voorman, ploegbaas (de)	բրիգադավար	[brigadavár]
ploeg (de)	բրիգադ	[brigáḍ]
arbeider (de)	բանվոր	[banvćr]

werkdag (de)	աշխատանքային օր	[ašxatankʰajín or]
pauze (de)	ընդմիջում	[əndm dʒúm]
samenkomst (de)	ժողով	[ʒoǵóᴠ]
bespreken (spreken over)	քննարկել	[kʰnna kél]

plan (het)	պլան	[plan]
het plan uitvoeren	պլանը կատարել	[plánə katarél]
productienorm (de)	չափաբանակ	[čapʰaᶜʰanák]
kwaliteit (de)	որակ	[vorák]
controle (de)	վերահսկում	[verahskúm]
kwaliteitscontrole (de)	որակի վերահսկում	[voraki verahskúm]

arbeidsveiligheid (de)	աշխատանքի անվտանգություն	[ašxatankʰí anvtanuthjún]
discipline (de)	կարգապահություն	[kargapahuthjún]
overtreding (de)	խախտում	[xaχtúm]
overtreden (ww)	խախտել	[xaχtél]

staking (de)	գործադուլ	[gortsadúl]
staker (de)	գործադուլավոր	[gortsadulavór]
staken (ww)	գործադուլ անել	[gortsadúl anél]
vakbond (de)	արհմիություն	[arhmiuthjún]

uitvinden (machine, enz.)	հայտնագործել	[hajtnagortsél]
uitvinding (de)	գյուտ	[gjut]
onderzoek (het)	հետազոտություն	[hetazotutʰjún]
verbeteren (beter maken)	բարելավել	[barelavél]
technologie (de)	տեխնոլոգիա	[texnológia]
technische tekening (de)	գծագիր	[gtsagír]

vracht (de)	բեռ	[ber]
lader (de)	բեռնակիր	[bernakír]
laden (vrachtwagen)	բարձել	[bardzél]
laden (het)	բեռնում	[bernúm]
lossen (ww)	բեռնաթափել	[bernatʰapʰél]
lossen (het)	բեռնաթափում	[bernatʰapʰúm]

transport (het)	փոխադրամիջոց	[pʰoxadramidzótsʰ]
transportbedrijf (de)	տրանսպորտային ընկերություն	[transportajín ənkerutʰjún]
transporteren (ww)	փոխադրել	[pʰoxadrél]

goederenwagon (de)	վագոն	[vagón]
tank (bijv. ketelwagen)	ցիստեռն	[tsʰistérn]
vrachtwagen (de)	բեռնատար	[bernatár]

machine (de)	հաստոց	[hastótsʰ]
mechanisme (het)	մեխանիզմ	[mexanízm]

industrieel afval (het)	թափոներ	[tʰapʰonnér]
verpakking (de)	փաթեթավորում	[pʰatʰetʰavorúm]
verpakken (ww)	փաթեթավորել	[pʰatʰetʰavorél]

107. Contract. Overeenstemming

contract (het)	պայմանագիր	[pajmanagír]
overeenkomst (de)	համաձայնագիր	[hamadzajnagír]
bijlage (de)	հավելված	[havelváts]

een contract sluiten	պայմանագիր կնքել	[pajmanagír knkʰél]
handtekening (de)	ստորագրություն	[storagrutʰjún]
ondertekenen (ww)	ստորագրել	[storagrél]
stempel (de)	կնիք	[knikʰ]

voorwerp (het) van de overeenkomst	պայմանագրի առարկա	[pajmanagrí arارká]
clausule (de)	կետ	[ket]
partijen (mv.)	կողմեր	[koǧmér]
vestigingsadres (het)	իրավաբանական հասցե	[iravabanakán hastsʰé]

het contract verbreken (overtreden)	խախտել պայմանագիրը	[xaxtél pajmanagírə]
verplichting (de)	պարտավորություն	[partavorutʰjún]
verantwoordelijkheid (de)	պատասխանատվություն	[patasxanatvutʰjún]
overmacht (de)	ֆորս-մաժոր	[fórs maჳór]
geschil (het)	վեճ	[več]
sancties (mv.)	տուգանային պատժամիջոցներ	[tuganajín patჳamidzotsʰnér]

108. Import & Export

import (de)	ներմուծում	[nermutsúm]
importeur (de)	ներկրող	[nerkroġ]
importeren (ww)	ներմուծել	[nermutsél]
import- (abn)	ներմուծված	[nermutsváts]
exporteur (de)	արտահանող	[artahanóġ]
exporteren (ww)	արտահանել	[artahanél]
goederen (mv.)	ապրանք	[aprán‹ʰ]
partij (de)	խմբաքանակ	[χmbakʰanák]
gewicht (het)	քաշ	[kʰaš]
volume (het)	ծավալ	[tsavál]
kubieke meter (de)	խորանարդ մետր	[χoranard métr]
producent (de)	արտադրող	[artadroġ]
transportbedrijf (de)	տրանսպորտային ընկերություն	[transpɔrtajín ənkeru‑ʰjún]
container (de)	բեռնարկղ	[bernár‹ġ]
grens (de)	սահման	[sahmán]
douane (de)	մաքսատուն	[makʰsatún]
douanerecht (het)	մաքսատուրք	[maksaːúrkʰ]
douanier (de)	մաքսավոր	[makʰsɛvór]
smokkelen (het)	մաքսանենգություն	[makʰsɛnengutʰjún]
smokkelwaar (de)	մաքսանենգ ապրանք	[maksanéng apránkʰ]

109. Financiën

aandeel (het)	բաժնետոմս	[baʒnetóms]
obligatie (de)	փոխատության պարտատոմս	[pʰoχaruːtʰján pajmanagír]
wissel (de)	մուրհակ	[murhák]
beurs (de)	բորսա	[bórsa]
aandelenkoers (de)	բաժնետոմսերի վարկանիշ	[baʒnetɔmserí varkaníš]
dalen (ww)	գինն ընկնել	[gín ənknél]
stijgen (ww)	գինը բարձրանալ	[ginə bardzranál]
meerderheidsbelang (het)	վերահսկիչ փաթեթ	[verahskíč pʰatʰétʰ]
investeringen (mv.)	ներդրումներ	[nerdrumnér]
investeren (ww)	ներդնել	[nerdnél]
procent (het)	տոկոս	[tokós]
rente (de)	տոկոսներ	[tokosné‑]
winst (de)	շահույթ	[šahújtʰ]
winstgevend (bn)	շահավետ	[šahavétʼ]
belasting (de)	հարկ	[hark]
valuta (vreemde ~)	տարադրամ	[taradrám]
nationaal (bn)	ազգային	[azgajín]

ruil (de)	փոխանակում	[pʰoχanakúm]
boekhouder (de)	հաշվապահ	[hašvapáh]
boekhouding (de)	հաշվապահություն	[hašvapahutʰjún]

bankroet (het)	սնանկություն	[snankutʰjún]
ondergang (de)	սնանկություն	[snankutʰjún]
faillissement (het)	սնանկություն	[snankutʰjún]
geruïneerd zijn (ww)	սնանկանալ	[snənkanál]
inflatie (de)	գնաճ	[gnač]
devaluatie (de)	դեվալվացիա	[devalvátsʰia]

kapitaal (het)	կապիտալ	[kapitál]
inkomen (het)	շահույթ	[šahújtʰ]
omzet (de)	շրջանառություն	[šrdʒanarutʰjún]
middelen (mv.)	միջոցներ	[midʒotsʰnér]
financiële middelen (mv.)	դրամական միջոցներ	[dramakán midʒotsʰnér]
reduceren (kosten ~)	կրճատել	[krčatél]

110. Marketing

marketing (de)	մարքեթինգ	[markʰetʰíng]
markt (de)	շուկա	[šuká]
marktsegment (het)	շուկայի հատված	[šukají hatváts]
product (het)	արտադրատեսակ	[aprankʰatesák]
goederen (mv.)	ապրանք	[apránkʰ]

handelsmerk (het)	առևտրային նշան	[arevtrajín nšan]
beeldmerk (het)	ֆիրմային նշան	[firmajín nšan]
logo (het)	լոգոտիպ	[logotíp]

vraag (de)	պահանջարկ	[pahandʒárk]
aanbod (het)	առաջարկ	[aradʒárk]
behoefte (de)	կարիք	[karíkʰ]
consument (de)	սպառող	[sparóg]

analyse (de)	վերլուծություն	[verlutsutʰjún]
analyseren (ww)	վերլուծել	[verlutsél]
positionering (de)	դիրքավորում	[dirkʰavorúm]
positioneren (ww)	դիրքավորվել	[dirkʰavorvél]

prijs (de)	գին	[gin]
prijspolitiek (de)	գնային քաղաքականություն	[gnajín kʰaǵakʰakanutʰjún]
prijsvorming (de)	գնագոյացում	[gnagojatsʰúm]

111. Reclame

reclame (de)	գովազդ	[govázd]
adverteren (ww)	գովազդել	[govazdél]
budget (het)	բյուջե	[bjudʒé]

| advertentie, reclame (de) | գովազդ | [govázd] |
| TV-reclame (de) | հեռուստագովազդ | [herustagovázd] |

| radioreclame (de) | ռադիոգովազդ | [radiogovázd] |
| buitenreclame (de) | արտաքին գովազդ | [artakʳín govázd] |

massamedia (de)	զանգվածային	[zangvatsajín
	լրատվության միջոցներ	lratvutʰján midʒotsʰnér]
periodiek (de)	պարբերական	[parbeʳakán]
imago (het)	իմիջ	[imídʒ]

| slagzin (de) | նշանաբան | [nšanabán] |
| motto (het) | նշանաբան | [nšanabán] |

campagne (de)	արշավ	[aršáv]
reclamecampagne (de)	գովազդարշավ	[govazdaršáv]
doelpubliek (het)	նպատակային լսարան	[npatakajín lsarán]

visitekaartje (het)	այցեքարտ	[ajtsʰekʳárt]
flyer (de)	թռուցիկ	[tʰrutsʰík]
brochure (de)	գրքույկ	[grkʰújk]
folder (de)	ծալաթերթիկ	[tsalatʰertík]
nieuwsbrief (de)	տեղեկատվական թերթիկ	[teǵekatvakán tʰertʰík]

gevelreclame (de)	ցուցանակ	[tsʰutsʰanák]
poster (de)	ձգապաստառ	[dzgapastár]
aanplakbord (het)	վահանակ	[vahanék]

112. Bankieren

| bank (de) | բանկ | [bank] |
| bankfiliaal (het) | բաժանմունք | [baʒanmúnkʰ] |

| bankbediende (de) | խորհրդատու | [χorhrdatú] |
| manager (de) | կառավարիչ | [karavar č] |

bankrekening (de)	հաշիվ	[hašív]
rekeningnummer (het)	հաշվի համար	[hašví hamár]
lopende rekening (de)	ընթացիկ հաշիվ	[əntʰatsʰik hašív]
spaarrekening (de)	կուտակային հաշիվ	[kutakajín hašív]

een rekening openen	հաշիվ բացել	[hašív batsʰél]
de rekening sluiten	հաշիվ փակել	[hašív pʰakél]
op rekening storten	հաշվի վրա զգել	[hašví vra gtsʰel]
opnemen (ww)	հաշվից հանել	[hašvítsʰ nanél]

storting (de)	ավանդ	[avánd]
een storting maken	ավանդ ներդնել	[avánd nerdnél]
overschrijving (de)	փոխանցում	[pʰoχants úm]
een overschrijving maken	փոխանցում կատարել	[pʰoχants úm katarél]

| som (de) | գումար | [gumár] |
| Hoeveel? | Որքա՞ն | [vorkʰán?] |

handtekening (de)	ստորագրություն	[storagrut jún]
ondertekenen (ww)	ստորագրել	[storagrél]
kredietkaart (de)	վարկային քարտ	[varkʰajín kʰárt]

code (de)	կոդ	[kod]
kredietkaartnummer (het)	վարկային քարտի համար	[varkʰajín kʰartí hamár]
geldautomaat (de)	բանկոմատ	[bankomát]

cheque (de)	չեք	[čekʰ]
een cheque uitschrijven	չեք դուրս գրել	[čekʰ durs grel]
chequeboekje (het)	չեքային գրքույկ	[čekʰajín grkʰújk]

lening, krediet (de)	վարկ	[vark]
een lening aanvragen	դիմել վարկ ստանալու համար	[dimél várk stanalú hamár]
een lening nemen	վարկ վերցնել	[vark vertsʰnél]
een lening verlenen	վարկ տրամադրել	[vark tramadrél]
garantie (de)	գրավական	[gravakán]

113. Telefoon. Telefoongesprek

telefoon (de)	հեռախոս	[heraχós]
mobieltje (het)	բջջային հեռախոս	[bdʒdʒajín heraχós]
antwoordapparaat (het)	ինքնապատասխանիչ	[inkʰnapatasχaníč]

| bellen (ww) | զանգահարել | [zangaharél] |
| belletje (telefoontje) | զանգ | [zang] |

een nummer draaien	համարը հավաքել	[hamárə havakʰél]
Hallo!	Ալո՛	[aló!]
vragen (ww)	հարցնել	[hartsʰnél]
antwoorden (ww)	պատասխանել	[patasχanél]

horen (ww)	լսել	[lsel]
goed (bw)	լավ	[lav]
slecht (bw)	վատ	[vat]
storingen (mv.)	խանգարումներ	[χangarumnér]

hoorn (de)	լսափող	[lsapʰóǵ]
opnemen (ww)	լսափողը վերցնել	[lsapʰóǵə vertsʰnél]
ophangen (ww)	լսափողը դնել	[lsapʰóǵə dnél]

bezet (bn)	զբաղված	[zbaǵváts]
overgaan (ww)	զանգել	[zangél]
telefoonboek (het)	հեռախոսագիրք	[heraχosagírkʰ]

lokaal (bn)	տեղային	[teǵajín]
interlokaal (bn)	միջքաղաքային	[midʒkaǵakʰajín]
buitenlands (bn)	միջազգային	[midʒazgajín]

114. Mobiele telefoon

mobieltje (het)	բջջային հեռախոս	[bdʒdʒajín heraχós]
scherm (het)	էկրան	[ēkrán]
toets, knop (de)	կոճակ	[koča k]
simkaart (de)	SIM-քարտ	[sim kʰart]

batterij (de)	մարտկոց	[martkótsʰ]
leeg zijn (ww)	լիցքաթափվել	[litsʰkʰatʰapʰvél]
acculader (de)	լիցքավորման սարք	[litsʰkavormán sárkʳ]

menu (het)	մենյու	[menjú]
instellingen (mv.)	լարք	[larkʰ]
melodie (beltoon)	մեղեդի	[meġedí]
selecteren (ww)	ընտրել	[əntrél]

rekenmachine (de)	հաշվիչ	[hašvíč]
voicemail (de)	ինքնապատասխանիչ	[inkʰnɛpatasχaníč]
wekker (de)	զարդուցիչ	[zartʰuˈsʰíč]
contacten (mv.)	հեռախոսագիրք	[heraχɔsagírkʰ]

| SMS-bericht (het) | SMS-հաղորդագրություն | [SMS haġordagrutʰjún] |
| abonnee (de) | բաժանորդ | [baʒarórd] |

115. Schrijfbehoeften

| balpen (de) | ինքնահոս գրիչ | [inkʰnahós gríč] |
| vulpen (de) | փետրավոր գրիչ | [pʰetravór gríč] |

potlood (het)	մատիտ	[matít]
marker (de)	նշիչ	[nšič]
viltstift (de)	ֆլոմաստեր	[flomastér]

| notitieboekje (het) | նոթատետր | [notʰatétr] |
| agenda (boekje) | oրագիրք | [oragírkʰ] |

liniaal (de/het)	քանոն	[kʰanón]
rekenmachine (de)	հաշվիչ	[hašvíč]
gom (de)	ռետին	[retín]
punaise (de)	սեղմակ	[severék]
paperclip (de)	ամրակ	[amrák]

lijm (de)	սոսինձ	[sosíncz]
nietmachine (de)	ճարմանդակարիչ	[čarmaᴎdakaríč]
perforator (de)	ծակոտիչ	[tsakotíč]
potloodslijper (de)	սրիչ	[srič]

116. Verschillende soorten documenten

verslag (het)	հաշվետվություն	[hašvetvutʰjún]
overeenkomst (de)	համաձայնագիր	[hamaczajnagír]
aanvraagformulier (het)	հայտ	[hajt]
origineel, authentiek (bn)	բնագիր	[bnagírˎ]
badge, kaart (de)	բեջ	[bedʒ]
visitekaartje (het)	այցեքարտ	[ajtsʰekᵃárt]

certificaat (het)	սերտիֆիկատ	[sertifikát]
cheque (de)	չեք	[čekʰ]
rekening (in restaurant)	հաշիվ	[hašív]

grondwet (de)	սահմանադրություն	[sahmanadrutʰjún]
contract (het)	պայմանագիր	[pajmanagír]
kopie (de)	կրկնօրինակ	[krknorinák]
exemplaar (het)	օրինակ	[orinák]

douaneaangifte (de)	հայտարարագիր	[hajtararagír]
document (het)	փաստաթուղթ	[pʰastatʰúgtʰ]
rijbewijs (het)	վարորդական իրավունք	[varordakán iravúnkʰ]
bijlage (de)	հավելված	[havelváts]
formulier (het)	հարցաթերթիկ	[hartsʰatʰertʰík]

identiteitskaart (de)	հավաստագիր	[havastagír]
aanvraag (de)	հարցում	[hartsʰúm]
uitnodigingskaart (de)	հրավիրատոմս	[hraviratóms]
factuur (de)	հաշիվ	[hašív]

wet (de)	օրենք	[orénkʰ]
brief (de)	նամակ	[namák]
briefhoofd (het)	բլանկ	[blank]
lijst (de)	ցանկ	[tsʰank]
manuscript (het)	ձեռագիր	[dzeragír]
nieuwsbrief (de)	տեղեկաթերթ	[teǵekatʰértʰ]
briefje (het)	գրություն	[grutʰjún]

pasje (voor personeel, enz.)	անցագիր	[antsʰagír]
paspoort (het)	անձնագիր	[andznagír]
vergunning (de)	թույլատրագիր	[tʰujlatragír]
CV, curriculum vitae (het)	ինքնակենսագրություն	[inkʰnakensagrutʰjún]
schuldbekentenis (de)	ստացական	[statsʰakán]
kwitantie (de)	անդորրագիր	[andoragír]
bon (kassabon)	չեկ	[čekʰ]
rapport (het)	զեկուցագիր	[zekutsʰagír]

tonen (paspoort, enz.)	ներկայացնել	[nerkajatsʰnél]
ondertekenen (ww)	ստորագրել	[storagrél]
handtekening (de)	ստորագրություն	[storagrutʰjún]
stempel (de)	կնիք	[knikʰ]
tekst (de)	տեքստ	[tekʰst]
biljet (het)	տոմս	[toms]

doorhalen (doorstrepen)	ջնջել	[dʒndʒel]
invullen (een formulier ~)	լրացնել	[lratsʰnél]
vrachtbrief (de)	բեռնագիր	[bernagír]
testament (het)	կտակ	[ktak]

117. Soorten bedrijven

uitzendbureau (het)	աշխատանքի տեղավորման գործակալություն	[ašxatankʰí teǵavormán gortsakalutʰjún]
bewakingsfirma (de)	անվտանգության գործակալություն	[anvtangutʰján gortsakalutʰjún]
persbureau (het)	տեղեկատվական գործակալություն	[teǵekatvakán gortsakalutʰjún]

reclamebureau (het)	գովազդային գործակալություն	[govazdajín gortsakalutʰjún]
antiek (het)	հնամծ իրեր	[hnavčč irér]
verzekering (de)	ապահովագրություն	[apahovagrutʰjún]
naaiatelier (het)	արվեստանոց	[arvesˉanótsʰ]

banken (mv.)	բանկային գործ	[bankajín gorts]
bar (de)	բար	[bar]
bouwbedrijven (mv.)	շինարարություն	[šinararutʰjún]
juwelen (mv.)	ոսկերչական իրեր	[voskeˉčakán irér]
juwelier (de)	ոսկերիչ	[voskeˉíč]

wasserette (de)	լվացքատուն	[lvatsʰkʰatún]
alcoholische dranken (mv.)	ոգելից խմիչքներ	[vogelísʰ χmičkʰnér]
nachtclub (de)	գիշերային ակումբ	[gišeraˍín akúmb]
handelsbeurs (de)	բորսա	[bórsa]
bierbrouwerij (de)	գարեջրի գործարան	[garedžrí gortsarán]
uitvaartcentrum (het)	թաղման բյուրո	[tʰaǵmán bjuró]

casino (het)	խաղատուն	[χaǵatún]
zakencentrum (het)	բիզնես-կենտրոն	[bíznesˍkentrón]
bioscoop (de)	կինոթատրոն	[kinotʰatrón]
airconditioning (de)	օդորակիչներ	[odorakičnér]

handel (de)	առևտուր	[arevtúr]
luchtvaartmaatschappij (de)	ավիաընկերություն	[aviaənkerutʰjún]
adviesbureau (het)	խորհրդատվություն	[χorhrdatvutʰjún]
koerierdienst (de)	առաքման ծառայություն	[arakʰmán tsarajutʰjúˉ]

tandheelkunde (de)	ատամնաբուժություն	[atamnˌbužutʰjún]
design (het)	դիզայն	[dizájn]
business school (de)	բիզնես-դպրոց	[bíznesˍdprótsʰ]
magazijn (het)	պահեստ	[pahést]
kunstgalerie (de)	սրահ	[srah]
ijsje (het)	պաղպաղակ	[paǵpaǵák]
hotel (het)	հյուրանոց	[hjuranótsʰ]

vastgoed (het)	անշարժ գույք	[anšárʒ ǵújkʰ]
drukkerij (de)	տպագրություն	[tpagrutʼjún]
industrie (de)	արդյունաբերություն	[ardjunaˌberutʰjún]
Internet (het)	ինտերնետ	[internét]
investeringen (mv.)	ներդրումներ	[nerdrumnér]

krant (de)	թերթ	[tʰertʰ]
boekhandel (de)	գրախանութ	[graχanútʰ]
lichte industrie (de)	թեթև արդյունաբերություն	[tʰetʰév ˌrdjunaberutʰjún]

winkel (de)	խանութ	[χanútʰ]
uitgeverij (de)	հրատարակչություն	[hratarakčutʰjún]
medicijnen (mv.)	բժշկություն	[bʒškutʰjˌún]
meubilair (het)	կահույք	[kahújkʰ]
museum (het)	թանգարան	[tʰangarén]

olie (aardolie)	նավթ	[navtʰ]
apotheek (de)	դեղատուն	[deǵatún]
farmacie (de)	դեղագիտություն	[deǵagitˌtʰjún]

zwembad (het)	լողավազան	[loġavazán]
stomerij (de)	քիմմաքրման կետ	[kʰimmakʰrmán két]
voedingswaren (mv.)	սննդամթերք	[snndamtʰérkʰ]
reclame (de)	գովազդ	[govázd]

radio (de)	ռադիո	[rádío]
afvalinzameling (de)	աղբի դուրս հանում	[aġbí dúrs hanúm]
restaurant (het)	ռեստորան	[restorán]
tijdschrift (het)	ամսագիր	[amsagír]

schoonheidssalon (de/het)	գեղեցկության սրահ	[geġetsʰkutʰján sráh]
financiële diensten (mv.)	ֆինանսական ծառայություններ	[finansakán tsarajutʰjúnnér]
juridische diensten (mv.)	իրավաբանական ծառայություններ	[iravabanakán tsarajutʰjúnnér]
boekhouddiensten (mv.)	հաշվապահական ծառայություններ	[hašvapahakán tsarajutʰjúnnér]
audit diensten (mv.)	աուդիտորական ծառայություներ	[auditorakán tsarajutʰjún]
sport (de)	սպորտ	[sport]
supermarkt (de)	սուպերմարքեթ	[supermarkʰétʰ]

televisie (de)	հեռուստատեսություն	[herustatesutʰjún]
theater (het)	թատրոն	[tʰatrón]
toerisme (het)	զբոսաշրջություն	[zbosašrdʒutʰjún]
transport (het)	փոխադրումներ	[pʰoxadrumnér]

postorderbedrijven (mv.)	գրացուցակով առևտուր	[gratsʰutsʰakóv arevtúr]
kleding (de)	հագուստ	[hagúst]
dierenarts (de)	անասնաբույժ	[anasnabújʒ]

Baan. Business. Deel 2

118. Show. Tentoonstelling

beurs (de)	ցուցահանդես	[tsʰutsʰahandés]
vakbeurs, handelsbeurs (de)	առևտրական ցուցահանդես	[arevtrajín tsʰutsʰahɛndés]
deelneming (de)	մասնակցություն	[masnɛktsʰutʰjún]
deelnemen (ww)	մասնակցել	[masnɛktsʰél]
deelnemer (de)	մասնակից	[masnɛkítsʰ]
directeur (de)	տնօրեն	[tnorén]
organisatiecomité (het)	տնօրինություն	[tnorinutʰjún]
organisator (de)	կազմակերպիչ	[kazmaʿerpíč]
organiseren (ww)	կազմակերպել	[kazmaʿerpél]
deelnemingsaanvraag (de)	մասնակցության հայտ	[masna ʿtsʰutʰján hajt]
invullen (een formulier ~)	լրացնել	[lratsʰnél]
details (mv.)	մանրամասներ	[manramasnér]
informatie (de)	տեղեկատվություն	[teġekatvutʰjún]
prijs (de)	գին	[gin]
inclusief (bijv. ~ BTW)	ներառյալ	[nerarjál]
inbegrepen (alles ~)	ներառել	[nerarél]
betalen (ww)	վճարել	[včarél]
registratietarief (het)	գրանցավճար	[grantsʰɛvčár]
ingang (de)	մուտք	[mutkʰ]
paviljoen (het), hal (de)	վաճառասրահ	[vačarasɾáh]
registreren (ww)	գրանցել	[grantsʰél]
badge, kaart (de)	բեջ	[bedʒ]
beursstand (de)	ցուցատախտակ	[tsʰutsʰataχták]
reserveren (een stand ~)	նախորոշ պատվիրել	[naχorókʿ patvirél]
vitrine (de)	ցուցափեղկ	[tsʰutsʰapʰéġk]
licht (het)	լրացնել	[lratsʰnél]
design (het)	դիզայն	[dizájn]
plaatsen (ww)	տեղավորել	[teġavorél]
distributeur (de)	դիստրիբյուտոր	[distribjutɔ́r]
leverancier (de)	մատակարար	[matakaɾar]
land (het)	երկիր	[erkír]
buitenlands (bn)	օտարերկրյա	[otarerkrja]
product (het)	արտադրատեսակ	[aprankʰaːesák]
associatie (de)	միություն	[miutʰjún]
conferentiezaal (de)	կոնֆերանսների դահլիճ	[ʿonferansnerí dahlíč]
congres (het)	վեհաժողով	[vehaʒoġov]

wedstrijd (de)	մրցույթ	[mrts'ujt']
bezoeker (de)	հաճախորդ	[hačaχórd]
bezoeken (ww)	հաճախել	[hačaχél]
afnemer (de)	պատվիրատու	[patviratú]

119. Massamedia

krant (de)	թերթ	[t'ert']
tijdschrift (het)	ամսագիր	[amsagír]
pers (gedrukte media)	մամուլ	[mamúl]
radio (de)	ռադիո	[rádio]
radiostation (het)	ռադիոկայան	[radiokaján]
televisie (de)	հեռուստատեսություն	[herustatesut'jún]

presentator (de)	հաղորդավար	[haġordavár]
nieuwslezer (de)	հաղորդավար	[haġordavár]
commentator (de)	մեկնաբան	[meknabán]

journalist (de)	լրագրող	[lragróġ]
correspondent (de)	թղթակից	[t'ġt'akíts']
fotocorrespondent (de)	ֆոտոթղթակից	[fotot'ġt'akíts']
reporter (de)	լրագրող	[lragróġ]

redacteur (de)	խմբագիր	[χmbagír]
chef-redacteur (de)	գլխավոր խմբագիր	[glχavór χmbagír]
zich abonneren op	բաժանորդագրվել	[baʒanordagrvél]
abonnement (het)	բաժանորդագրություն	[baʒanordagrut'jún]
abonnee (de)	բաժանորդագիր	[baʒanordagír]
lezen (ww)	ընթերցել	[ənt'erts'él]
lezer (de)	ընթերցող	[ənt'erts'óġ]

oplage (de)	տպաքանակ	[tpak'anák]
maand-, maandelijks (bn)	ամսական	[amsakán]
wekelijks (bn)	շաբաթական	[šabat'akán]
nummer (het)	համար	[hamár]
vers (~ van de pers)	թարմ	[t'arm]

kop (de)	վերնագիր	[vernagír]
korte artikel (het)	նյութ	[njut']
rubriek (de)	խորագիր	[χoragír]
artikel (het)	հոդված	[hodváts]
pagina (de)	էջ	[ēdʒ]

reportage (de)	լրահաղորդում	[lrahaġordúm]
gebeurtenis (de)	դեպք	[depk']
sensatie (de)	սենսացիա	[sensáts'ia]
schandaal (het)	սկանդալ	[skandál]
schandalig (bn)	սկանդալային	[skandalajín]
groot (~ schandaal, enz.)	մեծ	[mets]

programma (het)	հաղորդում	[haġordúm]
interview (het)	հարցազրույց	[harts'azrújts']
live uitzending (de)	ուղիղ հեռարձակում	[uġíġ herardzakúm]
kanaal (het)	ալիք	[alík']

120. Landbouw

landbouw (de)	գյուղատնտեսություն	[gjuģatntesutʰjún]
boer (de)	գյուղացի	[gjuģatsʰí]
boerin (de)	գյուղացի	[gjuģatsʰí]
landbouwer (de)	ֆերմեր	[fermέr]

| tractor (de) | տրակտոր | [traktόr] |
| maaidorser (de) | կոմբայն | [kombéjn] |

ploeg (de)	գութան	[gutʰán]
ploegen (ww)	վարել	[varél]
akkerland (het)	վարելահող	[varelahóģ]
voor (de)	ակոս	[akós]

zaaien (ww)	ցանել	[tsʰanél]
zaaimachine (de)	սերմնացան մեքենա	[sermnatsʰán mekʰená]
zaaien (het)	ցանք	[tsʰankʰ]

| zeis (de) | գերանդի | [geranǰí] |
| maaien (ww) | հնձել | [hndzέl] |

| schop (de) | բահ | [bah] |
| spitten (ww) | փորել | [pʰorél |

schoffel (de)	քաղին	[katsʰín]
wieden (ww)	քաղհանել	[kʰaģhanél]
onkruid (het)	մոլախոտ	[molaχόt]

gieter (de)	ջրցան	[tsʰntsʰ ɹģ]
begieten (water geven)	ոռոգել	[vorogél]
bewatering (de)	ոռոգում	[vorogúm]

| riek, hooivork (de) | եղան | [eģán] |
| hark (de) | փոխս | [pʰosχ] |

kunstmest (de)	պարարտանյութ	[parartanjútʰ]
bemesten (ww)	պարարտացնել	[parartatsʰnél]
mest (de)	թրիք	[tʰrikʰ]

veld (het)	դաշտ	[dašt]
wei (de)	մարգագետին	[margagetín]
moestuin (de)	բանջարանոց	[bandʒaranótsʰ]
boomgaard (de)	այգի	[ajgí]

weiden (ww)	արածցնել	[aratsatsʰnél]
herder (de)	հովիվ	[hovív]
weiland (de)	արոտավայր	[arotavájr]

| veehouderij (de) | անասնաբուծություն | [anasnabutsutʰjún] |
| schapenteelt (de) | ոչխարաբուծություն | [votʃχarabutsutʰjún] |

plantage (de)	պլանտացիա	[plantátsʰia]
rijtje (het)	մարգ	[marg]
broeikas (de)	ջերմոց	[dʒermotsʰ]

| droogte (de) | երաշտ | [erášt] |
| droog (bn) | չորային | [čorajín] |

| graangewassen (mv.) | հացաբույսեր | [hatsʰabujsér] |
| oogsten (ww) | բերքահավաքել | [berkʰahavakʰél] |

molenaar (de)	ջրաղացպան	[dʒraġatsʰpán]
molen (de)	ալրաղաց	[alraġátsʰ]
malen (graan ~)	ցորեն աղալ	[tsʰorén aġál]
bloem (bijv. tarwebloem)	ալյուր	[aljúr]
stro (het)	ծղոտ	[tsġot]

121. Gebouw. Bouwproces

bouwplaats (de)	շինարարություն	[šinararutʰjún]
bouwen (ww)	կառուցել	[karutsʰél]
bouwvakker (de)	շինարար	[šinarár]

project (het)	նախագիծ	[naχagíts]
architect (de)	ճարտարապետ	[čartarapét]
arbeider (de)	բանվոր	[banvór]

fundering (de)	հիմք	[himkʰ]
dak (het)	տանիք	[taníkʰ]
heipaal (de)	ցցաթերան	[tsʰtsʰʰagerán]
muur (de)	պատ	[pat]

| betonstaal (het) | ամրան | [amrán] |
| steigers (mv.) | շինափայտ | [šinapʰájt] |

beton (het)	բետոն	[betón]
graniet (het)	գրանիտ	[granít]
steen (de)	քար	[kʰar]
baksteen (de)	աղյուս	[aġjús]

| zand (het) | ավազ | [aváz] |
| cement (de/het) | ցեմենտ | [tsʰemént] |

| pleister (het) | ծեփ | [tsepʰ] |
| pleisteren (ww) | սվաղել | [svaġél] |

verf (de)	ներկ	[nerk]
verven (muur ~)	ներկել	[nerkél]
ton (de)	տակառ	[takár]

kraan (de)	ամբարձիչ	[ambardzíč]
heffen, hijsen (ww)	բարձրացնել	[bardzratsʰnél]
neerlaten (ww)	իջեցնել	[idʒetsʰnél]

bulldozer (de)	բուլդոզեր	[buldozér]
graafmachine (de)	էքսկավատոր	[ēkʰskavatór]
graafbak (de)	շերեփ	[šerépʰ]
graven (tunnel, enz.)	փորել	[pʰorél]
helm (de)	սաղավարտ	[saġavárt]

122. Wetenschap. Onderzoek. Wetenschappers

wetenschap (de)	գիտություն	[gitutʰjún]
wetenschappelijk (bn)	գիտական	[gitakén]
wetenschapper (de)	գիտնական	[gitnakán]
theorie (de)	տեսություն	[tesutʰ ún]
axioma (het)	աքսիմ	[akʰsióm]
analyse (de)	վերլուծություն	[verluʦutʰjún]
analyseren (ww)	վերլուծել	[verluʦél]
argument (het)	փաստարկ	[pʰastárk]
substantie (de)	նյութ	[njutʰ]
hypothese (de)	հիպոթեզ	[hipotéz]
dilemma (het)	երկընտրանք	[erkent-ánkʰ]
dissertatie (de)	դիսերտացիա	[disertétsʰia]
dogma (het)	դոգմա	[dógmɛ]
doctrine (de)	ուսմունք	[usmúnkʰ]
onderzoek (het)	հետազոտություն	[hetazoːutʰjún]
onderzoeken (ww)	հետազոտել	[hetazoːél]
toetsing (de)	վերահսկում	[verahsᴋúm]
laboratorium (het)	լաբորատորիա	[laboratória]
methode (de)	մեթոդ	[metʰód]
molecule (de/het)	մոլեկուլ	[molekúl]
monitoring (de)	մոնիթորինգ	[monitʰáring]
ontdekking (de)	հայտնագործություն	[hajtnagɔrtsutʰjún]
postulaat (het)	կանխադրույթ	[kanχad-újtʰ]
principe (het)	սկզբունք	[skzbúnkʰ]
voorspelling (de)	կանխատեսություն	[kanχatesutʰjún]
een prognose maken	կանխատեսել	[kanχatesél]
synthese (de)	սինթեզ	[sintʰéz]
tendentie (de)	միտում	[mitúm]
theorema (het)	թեորեմ	[tʰeorém]
leerstellingen (mv.)	ուսմունք	[usmúnkʰ]
feit (het)	փաստ	[pʰast]
expeditie (de)	արշավ	[aršáv]
experiment (het)	գիտափորձ	[gitapʰórcz]
academicus (de)	ակադեմիկոս	[akademiᴋós]
bachelor (bijv. BA, LLB)	բակալավր	[bakalávr]
doctor (de)	դոկտոր	[doktór]
universitair docent (de)	դոցենտ	[dotsʰént]
master, magister (de)	մագիստրոս	[magistrós]
professor (de)	պրոֆեսոր	[profesór]

109

Beroepen en ambachten

123. Zoeken naar werk. Ontslag

baan (de)	աշխատանք	[ašχatánkʰ]
personeel (het)	աշխատակազմ	[ašχatakázm]
carrière (de)	կարիերա	[karéra]
vooruitzichten (mv.)	հեռանկար	[herankár]
meesterschap (het)	վարպետություն	[varpetutʰjún]
keuze (de)	ընտրություն	[əntrutʰjún]
uitzendbureau (het)	աշխատանքի տեղավորման գործակալություն	[ašχatankʰí teǧavormán gortsakalutʰjún]
CV, curriculum vitae (het)	ինքնակենսագրություն	[inkʰnakensagrutʰjún]
sollicitatiegesprek (het)	հարցազրույց	[hartsʰazrújtsʰ]
vacature (de)	թափուր աշխատատեղ	[tʰapʰúr ašχatatéǧ]
salaris (het)	աշխատավարձ	[ašχatavárdz]
vaste salaris (het)	դրույք	[drujkʰ]
loon (het)	վարձավճար	[vardzavčár]
betrekking (de)	պաշտոն	[paštón]
taak, plicht (de)	պարտականություն	[partakanutʰjún]
takenpakket (het)	շրջանակ	[šrdʒanák]
bezig (~ zijn)	զբաղված	[zbaǧváts]
ontslagen (ww)	հեռացնել	[heratsʰnél]
ontslag (het)	հեռացում	[heratsʰúm]
werkloosheid (de)	գործազրկություն	[gortsazrkutʰjún]
werkloze (de)	գործազուրկ	[gortsazúrk]
pensioen (het)	թոշակ	[tʰošák]
met pensioen gaan	թոշակի գնալ	[tʰošakí gnál]

124. Zakenmensen

directeur (de)	տնօրեն	[tnorén]
beheerder (de)	կառավարիչ	[karavaríč]
hoofd (het)	ղեկավար	[ǧekavár]
baas (de)	պետ	[pet]
superieuren (mv.)	ղեկավարություն	[ǧekavarutʰjún]
president (de)	նախագահ	[naχagáh]
voorzitter (de)	նախագահ	[naχagáh]
adjunct (de)	տեղակալ	[teǧakál]
assistent (de)	օգնական	[ognakán]

secretaris (de)	քարտուղար	[kʰartuġár]
persoonlijke assistent (de)	անձնական քարտուղար	[andzrakán kʰartuġár]
zakenman (de)	գործարար	[gortsɛrár]
ondernemer (de)	ձեռներեց	[dzernɛrétsʰ]
oprichter (de)	հիմնադիր	[himnɛdír]
oprichten	հիմնադրել	[himnɛdrél]
(een nieuw bedrijf ~)		
stichter (de)	սահմանադրող	[sahmmanadróġ]
partner (de)	գործընկեր	[gortsɐᶇkér]
aandeelhouder (de)	բաժնետեր	[baᴈnetér]
miljonair (de)	միլիոնատեր	[milionatér]
miljardair (de)	միլիարդեր	[miliarcatér]
eigenaar (de)	սեփականատեր	[sepʰakanatér]
landeigenaar (de)	հողատեր	[hoġatér]
klant (de)	հաճախորդ	[hačaxord]
vaste klant (de)	մշտական հաճախորդ	[mštakan hačaxórd]
koper (de)	գնորդ	[gnord]
bezoeker (de)	հաճախորդ	[hačaxórd]
professioneel (de)	պրոֆեսիոնալ	[profesiɔnál]
expert (de)	փորձագետ	[pʰordzɛgét]
specialist (de)	մասնագետ	[masnaᴈét]
bankier (de)	բանկատեր	[bankatér]
makelaar (de)	բրոկեր	[bróker]
kassier (de)	գանձապահ	[gandzaɔáh]
boekhouder (de)	հաշվապահ	[hašvapáh]
bewaker (de)	անվտանգության աշխատակից	[anvtangutʰján ašxatak tsʰ]
investeerder (de)	ներդրող	[nerdróᴄ]
schuldenaar (de)	պարտապան	[partapán]
crediteur (de)	վարկատու	[varkarú]
lener (de)	փոխատու	[pʰoxarú]
importeur (de)	ներկրող	[nerkróġ]
exporteur (de)	արտահանող	[artahanɔ́ġ]
producent (de)	արտադրող	[artadróᴄ]
distributeur (de)	դիստրիբյուտոր	[distribjuːór]
bemiddelaar (de)	միջնորդ	[midᴈnórᴅ]
adviseur, consulent (de)	խորհրդատու	[xorhrdatú]
vertegenwoordiger (de)	ներկայացուցիչ	[nerkajatsʰutsʰíč]
agent (de)	գործակալ	[gortsakál]
verzekeringsagent (de)	ապահովագրական գործակալ	[apahovɛgrakán gortsakál]

111

125. Dienstverlenende beroepen

kok (de)	խոհարար	[χoharár]
chef-kok (de)	շեֆ-խոհարար	[šéf χoharár]
bakker (de)	հացթուխ	[hatsʰtʰúχ]
barman (de)	բարմեն	[barmén]
kelner, ober (de)	մատուցող	[matutsʰóġ]
serveerster (de)	մատուցողուհի	[matutsʰoġuhí]
advocaat (de)	փաստաբան	[pʰastabán]
jurist (de)	իրավաբան	[iravabán]
notaris (de)	նոտար	[notár]
elektricien (de)	մոնտյոր	[montjor]
loodgieter (de)	սանտեխնիկ	[santeχník]
timmerman (de)	ատաղձագործ	[ataġdzagórts]
masseur (de)	մերսող	[mersóġ]
masseuse (de)	մերսող	[mersóġ]
dokter, arts (de)	բժիշկ	[bʒišk]
taxichauffeur (de)	տակսու վարորդ	[taksú varórd]
chauffeur (de)	վարորդ	[varórd]
koerier (de)	առաքիչ	[arakʰíč]
kamermeisje (het)	սպասավորուհի	[spasavoruhí]
bewaker (de)	անվտանգության աշխատակից	[anvtangutʰján ašχatakítsʰ]
stewardess (de)	ուղեկցորդուհի	[uġektsʰorduhí]
meester (de)	ուսուցիչ	[usutsʰíč]
bibliothecaris (de)	գրադարանավար	[gradaranavár]
vertaler (de)	թարգմանիչ	[tʰargmaníč]
tolk (de)	թարգմանիչ	[tʰargmaníč]
gids (de)	գիդ	[gid]
kapper (de)	վարսահարդար	[varsahardár]
postbode (de)	փոստատար	[pʰostatár]
verkoper (de)	վաճառող	[vačaróġ]
tuinman (de)	այգեպան	[ajgepán]
huisbediende (de)	աղախին	[aġaχín]
dienstmeisje (het)	աղախին	[aġaχín]
schoonmaakster (de)	հավաքարար	[havakʰarár]

126. Militaire beroepen en rangen

soldaat (rang)	զարդային	[šarkʰajín]
sergeant (de)	սերժանտ	[serʒánt]
luitenant (de)	լեյտենանտ	[lejtenánt]
kapitein (de)	կապիտան	[kapitán]
majoor (de)	մայոր	[majór]

kolonel (de)	գնդապետ	[gndapét]
generaal (de)	գեներալ	[generál]
maarschalk (de)	մարշալ	[maršál]
admiraal (de)	ադմիրալ	[admirál]

militair (de)	զինվորական	[zinvorakán]
soldaat (de)	զինվոր	[zinvór]
officier (de)	սպա	[spa]
commandant (de)	հրամանատար	[hramanatár]

grenswachter (de)	սահմանապահ	[sahmanapáh]
marconist (de)	ռադիոկապավոր	[radiokapavór]
verkenner (de)	հետախույզ	[hetaχújz]
sappeur (de)	սակրավոր	[sakravór]
schutter (de)	հրաձիգ	[hradzíg]
stuurman (de)	ղեկապետ	[ǵekapét]

127. Ambtenaren. Priesters

koning (de)	թագավոր	[tʰagavór]
koningin (de)	թագուհի	[tʰaguhí]

prins (de)	արքայազն	[arkʰajázn]
prinses (de)	արքայադուստր	[arkʰajadústr]

tsaar (de)	թագավոր	[tʰagavór]
tsarina (de)	թագուհի	[tʰaguhí]

president (de)	նախագահ	[naχagáh]
minister (de)	նախարար	[naχarér]
eerste minister (de)	վարչապետ	[varčapét]
senator (de)	սենատոր	[senatór]

diplomaat (de)	դիվանագետ	[divanaɟét]
consul (de)	հյուպատոս	[hjupatos]
ambassadeur (de)	դեսպան	[despán]
adviseur (de)	խորհրդական	[χorhrdakán]

ambtenaar (de)	պետական պաշտոնյա	[petaká̍ paštonjá]
prefect (de)	ոստիկանապետ	[vostikanapét]
burgemeester (de)	քաղաքապետ	[kʰaġakɔpét]

rechter (de)	դատավոր	[datavó̍]
aanklager (de)	դատախազ	[dataχáz]

missionaris (de)	միսիոներ	[misioner]
monnik (de)	վանական	[vanakán]

abt (de)	աբբատ	[abbát]
rabbi, rabbijn (de)	ռավվին	[ravvín]

vizier (de)	վեզիր	[vezír]
sjah (de)	շահ	[šah]
sjeik (de)	շեյխ	[šejχ]

113

128. Agrarische beroepen

imker (de)	մեղվապահ	[meġvapáh]
herder (de)	հովիվ	[hovív]
landbouwkundige (de)	ագրոնոմ	[agronóm]

veehouder (de)	անասնաբույծ	[anasnabújts]
dierenarts (de)	անասնաբույժ	[anasnabújʒ]

landbouwer (de)	ֆերմեր	[fermér]
wijnmaker (de)	գինեգործ	[ginegórts]
zoöloog (de)	կենդանաբան	[kendanabán]
cowboy (de)	կովբոյ	[kovbój]

129. Kunst beroepen

acteur (de)	դերասան	[derasán]
actrice (de)	դերասանուհի	[derasanuhí]

zanger (de)	երգիչ	[ergíč]
zangeres (de)	երգչուհի	[ergčuhí]

danser (de)	պարող	[paróġ]
danseres (de)	պարուհի	[paruhí]

artiest (mann.)	դերասան	[derasán]
artiest (vrouw.)	դերասանուհի	[derasanuhí]

muzikant (de)	երաժիշտ	[eraʒíšt]
pianist (de)	դաշնակահար	[dašnakahár]
gitarist (de)	կիթառահար	[kitʰarahár]

orkestdirigent (de)	դիրիժոր	[diriʒor]
componist (de)	կոմպոզիտոր	[kompozitór]
impresario (de)	իմպրեսարիո	[impresário]

filmregisseur (de)	ռեժիսոր	[reʒisjor]
filmproducent (de)	պրոդյուսեր	[prodjusér]

scenarioschrijver (de)	սցենարի հեղինակ	[stsʰenarí heġinák]
criticus (de)	քննադատ	[kʰnnadát]

schrijver (de)	գրող	[groġ]
dichter (de)	բանաստեղծ	[banastéġts]

beeldhouwer (de)	քանդակագործ	[kʰandakagórts]
kunstenaar (de)	նկարիչ	[nkaríč]

jongleur (de)	ձեռնածու	[dzernatsú]
clown (de)	ծաղրածու	[tsaġratsú]

acrobaat (de)	ակրոբատ	[akrobát]
goochelaar (de)	աճպարար	[ačparár]

130. Verschillende beroepen

dokter, arts (de)	բժիշկ	[bʒišk]
ziekenzuster (de)	բուժքույր	[buʒkʰújr]
psychiater (de)	հոգեբույժ	[hogebújʒ]
tandarts (de)	ատամնաբույժ	[atamnabújʒ]
chirurg (de)	վիրաբույժ	[virabújʒ]

astronaut (de)	աստղանավորդ	[astɣaɲavórd]
astronoom (de)	աստղագետ	[astɣaɡét]
piloot (de)	օդաչու	[odačú]

chauffeur (de)	վարորդ	[varórd]
machinist (de)	մեքենավար	[mekʰɛnavár]
mecanicien (de)	մեխանիկ	[meχaník]

mijnwerker (de)	հանքափոր	[hankʰapʰór]
arbeider (de)	բանվոր	[banvór]
bankwerker (de)	փականագործ	[pʰakanagórts]
houtbewerker (de)	ատաղձագործ	[ataɡʣagórts]
draaier (de)	խառատ	[χarát]
bouwvakker (de)	շինարար	[šinarárˀ]
lasser (de)	զոդագործ	[zodagórts]

professor (de)	պրոֆեսոր	[profesór]
architect (de)	ճարտարապետ	[čartarapét]
historicus (de)	պատմաբան	[patmaɔán]
wetenschapper (de)	գիտնական	[gitnakán]
fysicus (de)	ֆիզիկոս	[fizikós]
scheikundige (de)	քիմիկոս	[kʰimikos]

archeoloog (de)	հնագետ	[hnagéˀ]
geoloog (de)	երկրաբան	[erkrabán]
onderzoeker (de)	հետազոտող	[hetazctóg]

babysitter (de)	դայակ	[daják]
leraar, pedagoog (de)	մանկավարժ	[mankavárʒ]

redacteur (de)	խմբագիր	[χmbagɨr]
chef-redacteur (de)	գլխավոր խմբագիր	[glχavó- χmbagír]
correspondent (de)	թղթակից	[tʰġtʰakɨtsʰ]
typiste (de)	մեքենագրուհի	[mekʰenagruhí]

designer (de)	դիզայներ	[dizajnér]
computerexpert (de)	համակարգչի մասնագետ	[hamakɑrgčí masnagét]
programmeur (de)	ծրագրավորող	[tsragra√oróg]
ingenieur (de)	ինժեներ	[inʒenér]

matroos (de)	ծովային	[tsovajírˀ]
zeeman (de)	նավաստի	[navastɨ]
redder (de)	փրկարար	[pʰrkarár]

brandweerman (de)	հրշեջ	[hršedʒ]
politieagent (de)	ոստիկան	[vostikáɲ]
nachtwaker (de)	պահակ	[pahák]

detective (de)	խուզարկու	[χuzarkú]
douanier (de)	մաքսավոր	[makʰsavór]
lijfwacht (de)	թիկնապահ	[tʰiknapáh]
gevangenisbewaker (de)	պահակ	[pahák]
inspecteur (de)	տեսուչ	[tesúč]

sportman (de)	մարզիկ	[marzík]
trainer (de)	մարզիչ	[marzíč]
slager, beenhouwer (de)	մսավաճառ	[msavačár]
schoenlapper (de)	կոշկակար	[koškakár]
handelaar (de)	առևտրական	[arevtrakán]
lader (de)	բեռնակիր	[bernakír]

| kledingstilist (de) | մոդելեր | [modelér] |
| model (het) | մոդել | [modél] |

131. Beroepen. Sociale status

| scholier (de) | աշակերտ | [ašakért] |
| student (de) | ուսանող | [usanóg] |

filosoof (de)	փիլիսոփա	[pʰilisopá]
econoom (de)	տնտեսագետ	[tntesagét]
uitvinder (de)	գյուտարար	[gjutarár]

werkloze (de)	գործազուրկ	[gorͅsazúrk]
gepensioneerde (de)	թոշակառու	[tʰošakarú]
spion (de)	լրտես	[lrtes]

gedetineerde (de)	բանտարկյալ	[bantarkjál]
staker (de)	գործադուլավոր	[gorͅsadulavór]
bureaucraat (de)	բյուրոկրատ	[bjurokrát]
reiziger (de)	ճանապարհորդ	[čanaparhórd]

| homoseksueel (de) | համասեռամոլ | [hamaseramól] |
| hacker (computerkraker) | խակեր | [χakér] |

bandiet (de)	ավազակ	[avazák]
huurmoordenaar (de)	վարձու մարդասպան	[vardzú mardaspán]
drugsverslaafde (de)	թմրամոլ	[tʰmramól]
drugshandelaar (de)	թմրավաճառ	[tʰmravačár]
prostituee (de)	պոռնիկ	[porník]
pooier (de)	կավատ	[kavát]

tovenaar (de)	կախարդ	[kaχárd]
tovenares (de)	կախարդուհի	[kaχarduhí]
piraat (de)	ծովահեն	[ͅsovahén]
slaaf (de)	ստրուկ	[struk]
samoerai (de)	սամուրայ	[samuráj]
wilde (de)	վայրագ	[vajrág]

Sport

132. Soorten sporten. Sporters

sportman (de)	մարզիկ	[marzík]
soort sport (de/het)	մարզաձև	[marzadzév]
basketbal (het)	բասկետբոլ	[baskeːból]
basketbalspeler (de)	բասկետբոլիստ	[baskeːbolíst]
baseball (het)	բեյսբոլ	[bejsbél]
baseballspeler (de)	բեյսբոլիստ	[bejsbclíst]
voetbal (het)	ֆուտբոլ	[futból]
voetballer (de)	ֆուտբոլիստ	[futbolíst]
doelman (de)	դարպասապահ	[darpasapáh]
hockey (het)	հոկեյ	[hokéj]
hockeyspeler (de)	հոկեյիստ	[hokeísː]
volleybal (het)	վոլեյբոլ	[volejbél]
volleybalspeler (de)	վոլեյբոլիստ	[volejbclíst]
boksen (het)	բռնցքամարտ	[brntsʰkʰamárt]
bokser (de)	բռնցքամարտիկ	[brntsʰkʰamartík]
worstelen (het)	ըմբշամարտ	[əmbšamárt]
worstelaar (de)	ըմբիշ	[əmbíš]
karate (de)	կարատե	[karaté]
karateka (de)	կարատեիստ	[karateíst]
judo (de)	ձյուդո	[dzjudó]
judoka (de)	ձյուդոիստ	[dzjudoíst]
tennis (het)	թենիս	[tʰenís]
tennisspeler (de)	թենիսիստ	[tʰenisísː]
zwemmen (het)	լող	[loġ]
zwemmer (de)	լողորդ	[loġórd]
schermen (het)	սուսերամարտ	[suseramárt]
schermer (de)	սուսերամարտիկ	[suseramartík]
schaak (het)	շախմատ	[šaχmát]
schaker (de)	շախմատիստ	[šaχmatíst]
alpinisme (het)	լեռնագնացություն	[lernagnatsʰutʰjún]
alpinist (de)	լեռնագնաց	[lernagnatsʰ]
hardlopen (het)	մրցավազք	[mrtsʰavézkʰ]

117

renner (de)	մրցավազորդ	[mrtsʰavazóǵ]
atletiek (de)	թեթև ատլետիկա	[tʰetʰév atlétika]
atleet (de)	ատլետ	[atlét]

paardensport (de)	ձիասպորտ	[dziaspórt]
ruiter (de)	հեծյալ	[hetsjál]

kunstschaatsen (het)	չմշահրթ	[geǵasáhkʰ]
kunstschaatser (de)	չմշահորդ	[geǵasahórd]
kunstschaatsster (de)	չմշահորդուհի	[geǵasahorduhí]

gewichtheffen (het)	ծանրամարտ	[tsanramárt]
gewichtheffer (de)	ծանրամարտիկ	[tsanramartík]

autoraces (mv.)	ավտոմրցարշավ	[avtomrtsʰaršáv]
coureur (de)	ավտոմրցարշավորդ	[avtomrtsʰaršavórd]

wielersport (de)	հեծանվասպորտ	[hetsanvaspórt]
wielrenner (de)	հեծանվորդ	[hetsanvórd]

verspringen (het)	երկարացատկ	[erkaratsʰátk]
polsstokspringen (het)	ձողով ցատկ	[dzoǵóv tsʰatk]
verspringer (de)	ցատկորդ	[tsʰatkórd]

133. Soorten sporten. Diversen

Amerikaans voetbal (het)	ամերիկյան ֆուտբոլ	[amerikján futból]
badminton (het)	բադմինտոն	[badmintón]
biatlon (de)	բիատլոն	[biatlón]
biljart (het)	բիլյարդ	[biljárd]

bobsleeën (het)	բոբսլեյ	[bobsléj]
bodybuilding (de)	բոդիբիլդինգ	[bodibílding]
waterpolo (het)	ջրային պոլո	[dʒrajín pólo]
handbal (de)	ցաանրբոլ	[gandból]
golf (het)	գոլֆ	[golf]
roeisport (de)	թիավարություն	[tʰiavarutʰjún]
duiken (het)	դայվինգ	[dájving]
langlaufen (het)	դահուկային մրցավազք	[dahukajín mrtsʰavázkʰ]
tafeltennis (het)	սեղանի թենիս	[seǵaní tʰenís]

zeilen (het)	առագաստանավային սպորտ	[aragastanavajín sport]
rally (de)	ավտոմրցարշավ	[avtomrtsʰaršáv]
rugby (het)	ռեգբի	[régbi]
snowboarden (het)	սնոուբորդ	[snoubórd]
boogschieten (het)	նետաձգություն	[netadzgutʰjún]

134. Fitnessruimte

lange halter (de)	ծանրաձող	[tsanradzóǵ]
halters (mv.)	մարզագնդեր	[marzagndér]

training machine (de)	մարզային սարքավորանք	[marzajín sarkavorankʰ]
hometrainer (de)	հեծանվային մարզասարք	[hetsaˑnvajín marzasárkʰ]
loopband (de)	վազքուղի	[vazkʰˑŋí]

rekstok (de)	մարզաձող	[marzadzóǵ]
brug (de) gelijke leggers	զուգահայտեր	[zugapʰajtér]
paardsprong (de)	նժույգ	[nʒujg]
mat (de)	մատ	[mat]

| aerobics (de) | աէրոբիկա | [aēróbika] |
| yoga (de) | յոգա | [jóga] |

135. Hockey

hockey (het)	հոկեյ	[hokéj]
hockeyspeler (de)	հոկեյիստ	[hokeíst]
hockey spelen	հոկեյ խաղալ	[hokéj χaǧál]
ijs (het)	սառույց	[sarújtsʰ]

puck (de)	տափողակ	[tapʰogák]
hockeystick (de)	մական	[makán]
schaatsen (mv.)	չմուշկներ	[čmuš‹nér]

| boarding (de) | եզրակող | [ezrakóǵ] |
| schot (het) | նետում | [netúm] |

doelman (de)	դարպասապահ	[darpɛsapáh]
goal (de)	գոլ	[gol]
een goal scoren	գոլ խփել	[gol χpʰel]

| periode (de) | խաղաշրջան | [χaǧašrdʒán] |
| reservebank (de) | պահեստային նստարան | [pahestajinnerí nstarán] |

136. Voetbal

voetbal (het)	ֆուտբոլ	[futból]
voetballer (de)	ֆուտբոլիստ	[futbolíst]
voetbal spelen	ֆուտբոլ խաղալ	[futból χaǧál]

eredivisie (de)	բարձրագույն լիգա	[bardzragújn líga]
voetbalclub (de)	ֆուտբոլային ակումբ	[futbolajín akúmb]
trainer (de)	մարզիչ	[marzíč]
eigenaar (de)	սեփականատեր	[sepʰɛkanatér]

team (het)	թիմ	[tʰim]
aanvoerder (de)	թմի ավագ	[tʰmi ɛvág]
speler (de)	խաղացող	[χaǧatsʰóǵ]
reservespeler (de)	պահեստային խաղացող	[pahestajín χaǧatsʰóǵ]

| aanvaller (de) | հարձակվող | [hardzakvóǵ] |
| centrale aanvaller (de) | կենտրոնական հարձակվող | [kentrɔnakán hardzakvóǵ] |

doelpuntmaker (de)	ռմբարկու	[rmbarkú]
verdediger (de)	պաշտպան	[paštpán]
middenvelder (de)	կիսապաշտպան	[kisapaštpán]

match, wedstrijd (de)	հանդիպում	[handipúm]
elkaar ontmoeten (ww)	հանդիպել	[handipél]
finale (de)	եզրափակիչ	[ezrapʰakíč]
halve finale (de)	կիսաեզրափակիչ	[kisaezrapʰakíč]
kampioenschap (het)	առաջնություն	[aradʒnutʰjún]

helft (de)	խաղակես	[χaġakés]
eerste helft (de)	առաջին խաղակես	[aradʒín χaġakés]
pauze (de)	ընդմիջում	[əndmidʒúm]

doel (het)	դարպաս	[darpás]
doelman (de)	դարպասապահ	[darpasapáh]
doelpaal (de)	դարպասաձող	[darpasadʒóġ]
lat (de)	դարպասաձող	[darpasadʒóġ]
doelnet (het)	ցանց	[tsʰantsʰ]
een goal incasseren	գոլ բաց թողնել	[gol bátsʰ tʰoġnél]

bal (de)	գնդակ	[gndak]
pass (de)	փոխանցում	[pʰoχantsʰúm]
schot (het), schop (de)	հարված	[harváts]
schieten (de bal ~)	հարվածել	[harvatsél]
vrije schop (directe ~)	տուգանային հարված	[tuganajín harváts]
hoekschop, corner (de)	անկյունային հարված	[ankjunajín harváts]

aanval (de)	հարձակում	[hardʒakúm]
tegenaanval (de)	հակահարձակում	[hakahardʒakúm]
combinatie (de)	կոմբինացիա	[kombinátsʰia]

scheidsrechter (de)	մրցավար	[mrtsʰavár]
fluiten (ww)	սուլել	[sulél]
fluitsignaal (het)	սուլիչ	[sulíč]
overtreding (de)	խախտում	[χaχtúm]
een overtreding maken	խախտել	[χaχtél]
uit het veld te sturen	դաշտից հեռացնել	[daštítsʰ heratsʰnél]

gele kaart (de)	դեղին քարտ	[deġín kʰart]
rode kaart (de)	կարմիր քարտ	[karmír kʰárt]
diskwalificatie (de)	որակազրկում	[vorakazrkúm]
diskwalificeren (ww)	որակազրկել	[vorakazrkél]

strafschop, penalty (de)	տասնմեկ մետրանոց	[tasnmék metranótsʰ
	տուգանային հարված	tuganajín harváts]
muur (de)	պատնեշ	[patnéš]
scoren (ww)	խփել	[χpʰel]
goal (de), doelpunt (het)	գոլ	[gol]
een goal scoren	գոլ խփել	[gol χpʰel]

vervanging (de)	փոխարինում	[pʰoχarinúm]
vervangen (ov.ww.)	փոխարինել	[pʰoχarinél]
regels (mv.)	կանոն	[kanón]
tactiek (de)	մարտավարություն	[martavarutʰjún]
stadion (het)	մարզադաշտ	[marzadášt]

tribune (de)	տրիբունա	[tribúna]
fan, supporter (de)	ֆուտբոլասեր	[futbo asér]
schreeuwen (ww)	գոռալ	[gorál

| scorebord (het) | լուսատախտակ | [lusataχták] |
| stand (~ is 3-1) | հաշիվ | [hašív] |

nederlaag (de)	պարտություն	[partufjún]
verliezen (ww)	պարտվել	[partvel]
gelijkspel (het)	ոչ ոքի	[voč vokʰí]
in gelijk spel eindigen	ոչ ոքի խաղալ	[voč vokʰí χaġál]

overwinning (de)	հաղթանակ	[haġtʰɛnák]
overwinnen (ww)	հաղթել	[haġtʰél]
kampioen (de)	չեմպյոն	[čempiɔ́n]
best (bn)	լավագույն	[lavagújn]
feliciteren (ww)	շնորհավորել	[šnorhavorél]

commentator (de)	մեկնաբան	[meknɛbán]
becommentariëren (ww)	մեկնաբանել	[meknabanél]
uitzending (de)	հեռարձակում	[herardzakúm]

137. Alpine skiën

ski's (mv.)	դահուկներ	[dahukrér]
skiën (ww)	դահուկներով սահել	[dahukneróv sahél]
skigebied (het)	լեռնադահուկային արոծշարան	[lernadahukajín aroġdʒarán]

| skilift (de) | ճոպանուղի | [čopanuġí] |

skistokken (mv.)	փայտեր	[pʰajtér]
helling (de)	սարալանջ	[saralántʒ]
slalom (de)	սլալոմ	[slálom]

138. Tennis. Golf

golf (het)	գոլֆ	[golf]
golfclub (de)	գոլֆ-ակումբ	[golf akúmb]
golfer (de)	գոլֆ խաղացող	[golf χaġatsʰóġ]

hole (de)	խաղափոսիկ	[χaġapʰɔsík]
golfclub (de)	մական	[makán]
trolley (de)	մականների սայլակ	[makannerí sajlák]

| tennis (het) | թենիս | [tʰenís] |
| tennisveld (het) | հարթակ | [hartʰák] |

opslag (de)	նետում	[netúm]
serveren, opslaan (ww)	նետել	[netél]
racket (het)	ռակետ	[rakét]
net (het)	ցանց	[tsʰantsʰ]
bal (de)	գնդակ	[gndak]

139. Schaken

schaak (het)	շախմատ	[šaχmát]
schaakstukken (mv.)	խաղաքար	[χaġakʰár]
schaker (de)	շախմատիստ	[šaχmatíst]
schaakbord (het)	շախմատի տախտակ	[šaχmatí taχták]
schaakstuk (het)	խաղաքարեր	[χaġakʰarér]

witte stukken (mv.)	սպիտակներ	[spitaknér]
zwarte stukken (mv.)	սևեր	[sevér]

pion (de)	զինվոր	[zinvór]
loper (de)	նավակ	[navák]
paard (het)	ձի	[dzi]
toren (de)	փիղ	[pʰiġ]
dame, koningin (de)	թագուհի	[tʰaguhí]
koning (de)	արքա	[arkʰá]

zet (de)	խաղաքայլ	[χaġakʰájl]
zetten (ww)	խաղալ	[χaġál]
opofferen (ww)	զոհաբերել	[zohaberél]
rokade (de)	փոխատեղում	[pʰoχ ateġúm]
schaak (het)	շախ	[šaχ]
schaakmat (het)	մատ	[mat]

schaakwedstrijd (de)	շախմատային մրցախաղ	[šaχmatajín mrtsʰaχáġ]
grootmeester (de)	գրոսմեյստեր	[grosméjster]
combinatie (de)	կոմբինացիա	[kombinátsʰia]
partij (de)	պարտիա	[pártia]
dammen (de)	շաշկի	[šaškí]

140. Boksen

boksen (het)	բռնցքամարտ	[brntsʰkʰamárt]
boksgevecht (het)	մենամարտ	[menamárt]
bokswedstrijd (de)	մրցամարտ	[mrtsʰamárt]
ronde (de)	ռաունդ	[ráund]

ring (de)	ռինգ	[ring]
gong (de)	կոչնազանգ	[kočnazáng]

stoot (de)	հարված	[harváts]
knock-down (de)	նոկդաուն	[nokdáun]

knock-out (de)	նոկաուտ	[nokáut]
knock-out slaan (ww)	նոկաուտել	[nokautél]

bokshandschoen (de)	բռնցքամարտիկլի ձեռնոց	[brntsʰkʰamartí dzernótsʰ]
referee (de)	մրցավար	[mrtsʰavár]

lichtgewicht (het)	թեթև քաշ	[tʰetʰév kʰaš]
middengewicht (het)	միջին քաշ	[midʒín kʰaš]
zwaargewicht (het)	ծանր քաշ	[tsanr kʰaš]

141. Sporten. Diversen

Olympische Spelen (mv.)	օլիմպիական խաղեր	[olimp akán χaǵér]
winnaar (de)	հաղթող	[haǵtʰóǵ]
overwinnen (ww)	հաղտել	[haǵté]
winnen (ww)	հաղթել	[haǵtʰel]
leider (de)	առաջատար	[aradʒatár]
leiden (ww)	գլխավորել	[glχavorél]
eerste plaats (de)	առաջին տեղ	[aradʒín téǵ]
tweede plaats (de)	երկրորդ տեղ	[erkrórɈ teǵ]
derde plaats (de)	երրորդ տեղ	[errórd teǵ]
medaille (de)	մեդալ	[medál]
trofee (de)	հաղթանշան	[haǵtʰanšán]
beker (de)	գավաթ	[gavátʰ]
prijs (de)	մրցանակ	[mrtsʰanák]
hoofdprijs (de)	գլխավոր մրցանակ	[glχavór mrtsʰanák]
record (het)	ռեկորդ	[rekórd]
een record breken	սահմանել ռեկորդ	[sahmanél rekórd]
finale (de)	ավարտ	[avárt]
finale (bn)	եզրափակիչ	[ezrapʰakíč]
kampioen (de)	չեմպիոն	[čempićn]
kampioenschap (het)	առաջնություն	[aradʒnutʰjún]
stadion (het)	մարզադաշտ	[marzacášt]
tribune (de)	տրիբունա	[tribúna]
fan, supporter (de)	մարզասեր	[marzasér]
tegenstander (de)	հակառակորդ	[hakarakórd]
start (de)	մեկնարկ	[meknárk]
finish (de)	վերջնագիծ	[verdʒnᴇgíts]
nederlaag (de)	պարտություն	[partutʰjun]
verliezen (ww)	պարտվել	[partvél]
rechter (de)	մրցավար	[mrtsʰavár]
jury (de)	ժյուրի	[ʒjúri]
stand (~ is 3-1)	հաշիվ	[hašív]
gelijkspel (het)	ոչ ոքի	[voč vokʰí]
in gelijk spel eindigen	ոչ ոքի խաղալ	[voč vokʰí χaǵál]
punt (het)	միավոր	[miavór]
uitslag (de)	արդյունք	[ardjúnkʰ]
pauze (de)	ընդմիջում	[əndmidʒúm]
doping (de)	դոպինգ	[dopíng]
straffen (ww)	տուգանել	[tuganél]
diskwalificeren (ww)	որակազրկել	[vorakazrkél]
toestel (het)	մարզագործիք	[marzagortsíkʰ]
speer (de)	նիզակ	[nizák]

| kogel (de) | գունդ | [gund] |
| bal (de) | գնդակ | [gndak] |

doel (het)	նշանակետ	[nšanakét]
schietkaart (de)	նշանակետ	[nšanakét]
schieten (ww)	կրակել	[krakél]
precies (bijv. precieze schot)	ճշգրիտ	[čšgrit]

trainer, coach (de)	մարզիչ	[marzíč]
trainen (ww)	մարզել	[marzél]
zich trainen (ww)	մարզվել	[marzvél]
training (de)	մարզում	[marzúm]

gymnastiekzaal (de)	մարզադահլիճ	[marzadahlíč]
oefening (de)	վարժություն	[varʒutʰjún]
opwarming (de)	նախավարժանք	[naχavarʒánkʰ]

Onderwijs

142. School

school (de)	դպրոց	[dprotsʰ]
schooldirecteur (de)	դպրոցի տնօրեն	[dprotsʰí tnorén]
leerling (de)	աշակերտ	[ašakért]
leerlinge (de)	աշակերտուհի	[ašakertuhí]
scholier (de)	աշակերտ	[ašakért]
scholiere (de)	դպրոցական	[dprotsʰakán]
leren (lesgeven)	դասավանդել	[dasavandél]
studeren (bijv. een taal ~)	սովորել	[sovorél]
van buiten leren	անգիր անել	[angír anél]
leren (bijv. ~ tellen)	սովորել	[sovorél]
in school zijn (schooljongen zijn)	սովորել	[sovorél]
naar school gaan	դպրոց գնալ	[dprótsʰ gnal]
alfabet (het)	այբուբեն	[ajbubén]
vak (schoolvak)	առարկա	[ararká]
klaslokaal (het)	դասարան	[dasarán]
les (de)	դաս	[das]
pauze (de)	դասամիջոց	[dasam dzótsʰ]
bel (de)	զանգ	[zang]
schooltafel (de)	դասասեղան	[dasaseǵán]
schoolbord (het)	գրատախտակ	[grataxták]
cijfer (het)	թվանշան	[tʰvanšán]
goed cijfer (het)	լավ թվանշան	[lav tʰvanšán]
slecht cijfer (het)	վատ թվանշան	[vat tʰvanšán]
een cijfer geven	թվանշան նշանակել	[tʰvanšán nšanakél]
fout (de)	սխալ	[sxal]
fouten maken	սխալներ թույլ տալ	[sxalnér tʰujl tal]
corrigeren (fouten ~)	ուղղել	[uǵǵél]
spiekbriefje (het)	ծածկաթերթիկ	[tsatskatʰertík]
huiswerk (het)	տնային առաջադրանք	[tnajín aradzadránkʰ]
oefening (de)	վարժություն	[varʒutʰjún]
aanwezig zijn (ww)	ներկա լինել	[nerká linél]
absent zijn (ww)	բացակայել	[batsʰakaél]
bestraffen (een stout kind ~)	պատժել	[patʒél]
bestraffing (de)	պատիժ	[patíʒ]
gedrag (het)	վարք	[varkʰ]

cijferlijst (de)	օրագիր	[oragír]
potlood (het)	մատիտ	[matít]
gom (de)	ռետին	[retín]
krijt (het)	կավիճ	[kavíč]
pennendoos (de)	գրչատուփ	[grčatúpʰ]

boekentas (de)	դասապայուսակ	[dasapajusák]
pen (de)	գրիչ	[grič]
schrift (de)	տետր	[tetr]
leerboek (het)	դասագիրք	[dasagírkʰ]
passer (de)	կարկին	[karkín]

technisch tekenen (ww)	գծագրել	[gtsagrél]
technische tekening (de)	գծագիր	[gtsagír]

gedicht (het)	բանաստեղծություն	[banasteǵtsutʰjún]
van buiten (bw)	անգիր	[angír]
van buiten leren	անգիր անել	[angír anél]

vakantie (de)	արձակուրդներ	[ardzakurdnér]
met vakantie zijn	արձակուրդների մեջ լինել	[ardzakurdnerí médz linél]

toets (schriftelijke ~)	ստուգողական աշխատանք	[stugoǵakán ašχatánkʰ]
opstel (het)	շարադրություն	[šaradrutʰjún]
dictee (het)	թելադրություն	[tʰeladrutʰjún]

examen (het)	քննություն	[kʰnnutʰjún]
examen afleggen	քննություն հանձնել	[kʰnnutʰjún handznél]
experiment (het)	փորձ	[pʰordz]

143. Hogeschool. Universiteit

academie (de)	ակադեմիա	[akadémia]
universiteit (de)	համալսարան	[hamalsarán]
faculteit (de)	ֆակուլտետ	[fakultét]

student (de)	ուսանող	[usanóǵ]
studente (de)	ուսանողուհի	[usanoǵuhí]
leraar (de)	դասախոս	[dasaχós]

collegezaal (de)	լսարան	[lsarán]
afgestudeerde (de)	շրջանավարտ	[šrdzanavárt]

diploma (het)	դիպլոմ	[diplóm]
dissertatie (de)	դիսերտացիա	[disertátsʰia]

onderzoek (het)	հետազոտություն	[hetazotutʰjún]
laboratorium (het)	լաբորատորիա	[laboratória]

college (het)	դասախոսություն	[dasaχosutʰjún]
medestudent (de)	համակուրսեցի	[hamakursetsʰí]

studiebeurs (de)	կրթաթոշակ	[krtʰatʰošák]
academische graad (de)	գիտական աստիճան	[gitakán astičán]

144. Wetenschappen. Disciplines

wiskunde (de)	մաթեմատիկա	[matʰemátika]
algebra (de)	հանրահաշիվ	[hanrahašív]
meetkunde (de)	երկրաչափություն	[erkračapʰutʰjún]
astronomie (de)	աստղագիտություն	[astɢaɟitutʰjún]
biologie (de)	կենսաբանություն	[kensabanutʰjún]
geografie (de)	աշխարհագրություն	[ašχarhagrutʰjún]
geologie (de)	երկրաբանություն	[erkrabanutʰjún]
geschiedenis (de)	պատմություն	[patmutʰjún]
geneeskunde (de)	բժշկություն	[bʒšku·ʰjún]
pedagogiek (de)	մանկավարժություն	[mankavarʒutʰjún]
rechten (mv.)	իրավունք	[iravúnɕʰ]
fysica, natuurkunde (de)	ֆիզիկա	[fízika]
scheikunde (de)	քիմիա	[kʰímia]
filosofie (de)	փիլիսոփայություն	[pʰilisoɸajutʰjún]
psychologie (de)	հոգեբանություն	[hogebanutʰjún]

145. Schrift. Spelling

grammatica (de)	քերականություն	[kʰerakanutʰjún]
vocabulaire (het)	բառագիտություն	[baragitutʰjún]
fonetiek (de)	հնչյունաբանություն	[hnčjunabanutʰjún]
zelfstandig naamwoord (het)	գոյական	[gojakár]
bijvoeglijk naamwoord (het)	ածական	[atsakán]
werkwoord (het)	բայ	[baj]
bijwoord (het)	մակբայ	[makbáj]
voornaamwoord (het)	դերանուն	[deranúr]
tussenwerpsel (het)	ձայնարկություն	[dzajnarkutʰjún]
voorzetsel (het)	նախդիր	[naχdír]
stam (de)	արմատ	[armát]
achtervoegsel (het)	վերջավորություն	[verdʒavorutʰjún]
voorvoegsel (het)	նախածանց	[naχatsántsʰ]
lettergreep (de)	վանկ	[vank]
achtervoegsel (het)	վերջածանց	[verdʒatsántsʰ]
nadruk (de)	շեշտ	[šešt]
afkappingsteken (het)	ապաթարց	[apatʰártsʲ]
punt (de)	վերջակետ	[verdʒakéɫ]
komma (de/het)	ստորակետ	[storakét]
puntkomma (de)	միջակետ	[midʒakétˉ]
dubbelpunt (de)	բութ	[butʰ]
beletselteken (het)	բազմակետ	[bazmakéɫ]
vraagteken (het)	հարցական նշան	[hartsʰakáꞁ nšan]
uitroepteken (het)	բացականչական նշան	[batsʰakančakán nšán]

aanhalingstekens (mv.)	չակերտներ	[čakertnér]
tussen aanhalingstekens (bw)	չակերտների մեջ	[čakertnerí médʒ]
haakjes (mv.)	փակագծեր	[pʰakagtsér]
tussen haakjes (bw)	փակագծերի մեջ	[pʰakagtserí medʒ]

streepje (het)	միացման գիծ	[miatsʰmán gits]
gedachtestreepje (het)	անջատման գիծ	[andʒatmán gíts]
spatie	բաց	[batsʰ]
(~ tussen twee woorden)		

letter (de)	տառ	[tar]
hoofdletter (de)	մեծատառ	[metsatár]

klinker (de)	ձայնավոր	[dzajnavór]
medeklinker (de)	բաղաձայն	[baǵadzájn]

zin (de)	նախադասություն	[naχadasutʰjún]
onderwerp (het)	ենթակա	[entʰaká]
gezegde (het)	ստորոգյալ	[storogjál]

regel (in een tekst)	տող	[toǵ]
op een nieuwe regel (bw)	նոր տողից	[nor toǵítsʰ]
alinea (de)	պարբերություն	[parberutʰjún]

woord (het)	բառ	[bar]
woordgroep (de)	բառակապակցություն	[barakapaktsʰutʰjún]
uitdrukking (de)	արտահայտություն	[artahajtutʰjún]
synoniem (het)	հոմանիշ	[homaníš]
antoniem (het)	հականիշ	[hakaníš]

regel (de)	կանոն	[kanón]
uitzondering (de)	բացառություն	[batsʰarutʰjún]
correct (bijv. ~e spelling)	ճիշտ	[čišt]

vervoeging, conjugatie (de)	խոնարհում	[χonarhúm]
verbuiging, declinatie (de)	հոլովում	[holovúm]
naamval (de)	հոլով	[holóv]
vraag (de)	հարց	[hartsʰ]
onderstrepen (ww)	ընդգծել	[əndgtsél]
stippellijn (de)	կետագիծ	[ketagíts]

146. Vreemde talen

taal (de)	լեզու	[lezú]
vreemde taal (de)	օտար լեզու	[otár lezú]
leren (bijv. van buiten ~)	ուսումնասիրել	[usumnasirél]
studeren (Nederlands ~)	սովորել	[sovorél]

lezen (ww)	կարդալ	[kardál]
spreken (ww)	խոսել	[χosél]
begrijpen (ww)	հասկանալ	[haskanál]
schrijven (ww)	գրել	[grel]
snel (bw)	արագ	[arág]
langzaam (bw)	դանդաղ	[dandáǵ]

vloeiend (bw)	ազատ	[azát]
regels (mv.)	կանն	[kanón]
grammatica (de)	քերականություն	[kʰerakanutʰjún]
vocabulaire (het)	բառագիտություն	[baragitutʰjún]
fonetiek (de)	հնչյունաբանություն	[hnčjunabanutʰjún]

leerboek (het)	դասագիրք	[dasaɕírkʰ]
woordenboek (het)	բառարան	[bararan]
leerboek (het) voor zelfstudie	ինքնուսույց	[inkʰnusújtsʰ]
taalgids (de)	զրուցարան	[zrutsʰarán]

cassette (de)	ձայներիզ	[dzajneríz]
videocassette (de)	տեսաերիզ	[tesaeríz]
CD (de)	խտասկավառակ	[χtaskɛvarák]
DVD (de)	DVD-սկավառակ	[dividí skavarák]

alfabet (het)	այբուբեն	[ajbubén]
spellen (ww)	տառերով արտասանել	[tareróv artasanél]
uitspraak (de)	արտասանություն	[artasanutʰjún]

accent (het)	ակցենտ	[aktsʰént]
met een accent (bw)	ակցենտով	[aktsʰertóv]
zonder accent (bw)	առանց ակցենտ	[aránts aktsʰént]

| woord (het) | բառ | [bar] |
| betekenis (de) | իմաստ | [imást] |

cursus (de)	դասընթաց	[dasəntʰátsʰ]
zich inschrijven (ww)	գրանցվել	[grantsʰvél]
leraar (de)	ուսուցիչ	[usutsʰíč]

vertaling (een ~ maken)	թարգմանություն	[tʰargmɛnutʰjún]
vertaling (tekst)	թարգմանություն	[tʰargmɛnutʰjún]
vertaler (de)	թարգմանիչ	[tʰargmɛníč]
tolk (de)	թարգմանիչ	[tʰargmɛníč]

| polyglot (de) | պոլիգլոտ | [poliglót] |
| geheugen (het) | հիշողություն | [hišoǧutʰjún] |

147. Sprookjesfiguren

| Sinterklaas (de) | Սանթա Քլաուս | [sántʰa kʰláus] |
| zeemeermin (de) | ջրահարս | [dʒrahárs] |

magiër, tovenaar (de)	կախարդ	[kaχárd]
goede heks (de)	կախարդուհի	[kaχarduʰí]
magisch (bn)	կախարդական	[kaχardaʁán]
toverstokje (het)	կախարդական փայտիկ	[kaχardaʁán pʰajtík]

sprookje (het)	հեքիաթ	[hekʰiátʰ]
wonder (het)	հրաշք	[hraškʰ]
dwerg (de)	թզուկ	[tʰzuk]
veranderen in ... (anders worden)	... դառնալ	[... darnáɫ]

geest (de)	ուրվական	[urvakán]
spook (het)	ուրվական	[urvakán]
monster (het)	հրեշ	[hreš]
draak (de)	դև	[dev]
reus (de)	հսկա	[hska]

148. Dierenriem

Ram (de)	Խոյ	[xoj]
Stier (de)	Ցուլ	[tsʰul]
Tweelingen (mv.)	Երկվորյակներ	[erkvorjaknér]
Kreeft (de)	Խեցգետին	[xetsʰgetín]
Leeuw (de)	Առյուծ	[arjúts]
Maagd (de)	Կույս	[kujs]

Weegschaal (de)	Կշեռք	[kšerkʰ]
Schorpioen (de)	Կարիճ	[karíč]
Boogschutter (de)	Աղեղնավոր	[aǵeǵnavór]
Steenbok (de)	Այծեղջյուր	[ajtseǵdʒjúr]
Waterman (de)	Ջրհոս	[dʒrhos]
Vissen (mv.)	Ձկներ	[dzkner]

karakter (het)	բնավորություն	[bnavorutʰjún]
karaktertrekken (mv.)	բնավորության գծեր	[bnavorutʰján gtsér]
gedrag (het)	վարքագիծ	[varkʰagíts]
waarzeggen (ww)	գուշակել	[gušakél]
waarzegster (de)	գուշակ	[gušák]
horoscoop (de)	աստղագուշակ	[astǵagušák]

Kunst

149. Theater

theater (het)	թատրոն	[tʰatróʜ]
opera (de)	օպերա	[operá]
operette (de)	օպերետ	[operét]
ballet (het)	բալետ	[balét]
affiche (de/het)	ազդագիր	[azdaɕír]
theatergezelschap (het)	թատերախումբ	[tʰatʰeraχúmb]
tournee (de)	հյուրախաղեր	[hjuraχaġér]
op tournee zijn	հյուրախաղերով հանդես գալ	[hjuraχaġeróv handés gál]
repeteren (ww)	փորձ	[pʰordz]
repetitie (de)	փորձել	[pʰordzél]
repertoire (het)	խաղացանկ	[χaġatsʰánk]
voorstelling (de)	ներկայացում	[nerkajatsʰúm]
spektakel (het)	թատերական ներկայացում	[tʰatʰerakán nerkajatsʰúm]
toneelstuk (het)	պիես	[piés]
biljet (het)	տոմս	[toms]
kassa (de)	տոմսարկղ	[tomsárkġ]
foyer (de)	նախասրահ	[naχasʜáh]
garderobe (de)	հանդերձարան	[handerdzarán]
garderobe nummer (het)	համարապիտակ	[hamarapiták]
verrekijker (de)	հեռադիտակ	[heradiːák]
plaatsaanwijzer (de)	հսկիչ	[hskič]
parterre (de)	պարտեր	[partér]
balkon (het)	պատշգամբ	[patšgámb]
gouden rang (de)	դստիկոն	[dstikón]
loge (de)	օթյակ	[otʰják]
rij (de)	շարք	[šarkʰ]
plaats (de)	տեղ	[teġ]
publiek (het)	հասարակություն	[hasarakutʰjún]
kijker (de)	հանդիսատես	[handisatés]
klappen (ww)	ծափահարել	[tsapʰahʜarél]
applaus (het)	ծափահարություններ	[tsapʰahʜarutʰjúnnér]
ovatie (de)	բուռն ծափահարություններ	[búrn tsapʰaharutʰjúnnér]
toneel (op het ~ staan)	բեմ	[bem]
gordijn, doek (het)	վարագույր	[varagúʜr]
toneeldecor (het)	բեմանկար	[bemanʜár]
backstage (de)	կուլիսներ	[kulisnéʜ]
scène (de)	տեսարան	[tesarárʜ]
bedrijf (het)	ակտ	[akt]
pauze (de)	ընդմիջում	[əndmidʒúm]

150. Bioscoop

acteur (de)	դերասան	[derasán]
actrice (de)	դերասանուհի	[derasanuhí]
bioscoop (de)	կինո	[kinó]
speelfilm (de)	կինոնկար	[kinonkár]
aflevering (de)	սերիա	[séria]
detectivefilm (de)	դետեկտիվ	[detektív]
actiefilm (de)	մարտաֆիլմ	[martafílm]
avonturenfilm (de)	արկածային ֆիլմ	[arkatsajín fílm]
sciencefictionfilm (de)	ֆանտաստիկ ֆիլմ	[fantastík fílm]
griezelfilm (de)	սարսափ տեսաֆիլմ	[sarsápʰ film]
komedie (de)	կինոկատակերգություն	[kinokatakergutʰjún]
melodrama (het)	մելոդրամա	[melodráma]
drama (het)	դրամա	[dráma]
speelfilm (de)	գեղարվեստական կինոնկար	[geġarvestakán kinonkár]
documentaire (de)	փաստագրական կինոնկար	[pʰastagrakán kinonkár]
tekenfilm (de)	մուլտֆիլմ	[martafílm]
stomme film (de)	համր ֆիլմ	[hamr film]
rol (de)	դեր	[der]
hoofdrol (de)	գլխավոր դեր	[glχavór dér]
spelen (ww)	խաղալ	[χaġál]
filmster (de)	կինոաստղ	[kinoástġ]
bekend (bn)	հայտնի	[hajtní]
beroemd (bn)	հայտնի	[hajtní]
populair (bn)	հանրաճանաչ	[hanračanáč]
scenario (het)	սցենար	[stsʰenár]
scenarioschrijver (de)	սցենարի հեղինակ	[stsʰenarí heġinák]
regisseur (de)	ռեժիսոր	[reʒisjor]
filmproducent (de)	պրոդյուսեր	[prodjusér]
assistent (de)	օգնական	[ognakán]
cameraman (de)	օպերատոր	[operátor]
stuntman (de)	կասկադյոր	[kaskadjor]
een film maken	ֆիլմ նկարահանել	[fílm nkarahanél]
auditie (de)	փորձ	[pʰordz]
opnamen (mv.)	նկարահանումներ	[nkarahanumnér]
filmploeg (de)	նկարահանող խումբ	[nkarahanóġ χumb]
filmset (de)	նկարահանման հարթակ	[nkarahanmán hartʰák]
filmcamera (de)	տեսախցիկ	[tesaχtsʰík]
bioscoop (de)	կինոթատրոն	[kinotʰatrón]
scherm (het)	էկրան	[ēkrán]
een film vertonen	ֆիլմ ցուցադրել	[fílm tsʰutsʰadrél]
geluidsspoor (de)	հնչյունային ուղի	[hnčjunajín uġí]
speciale effecten (mv.)	հատուկ էֆեկտներ	[hatúk ēfektnér]

ondertiteling (de)	ենթագիր	[enthagír]
voortiteling, aftiteling (de)	մակագիր	[makεgír]
vertaling (de)	թարգմանություն	[thargmanuthjún]

151. Schilderij

kunst (de)	արվեստ	[arvésť]
schone kunsten (mv.)	գեղեցիկ արվեստներ	[geǵefshík arvestnér]
kunstgalerie (de)	ցուցասրահ	[tshutshasráh]
kunsttentoonstelling (de)	նկարների ցուցահանդես	[nkarnərí tshutshahandés]

schilderkunst (de)	գեղանկարչություն	[geǵar karčuthjún]
grafiek (de)	գծանկար	[gtsankár]
abstracte kunst (de)	աբստրակցիոնիզմ	[abstrεktshionízm]
impressionisme (het)	իմպրեսիոնիզմ	[impressionízm]

schilderij (het)	նկար	[nkar]
tekening (de)	նկար	[nkar]
poster (de)	ձգապաստառ	[dzgapastár]

illustratie (de)	պատկերազարդում	[patkerazardúm]
miniatuur (de)	մանրանկարչություն	[manrankarčuthjún]
kopie (de)	կրկնօրինակ	[krknor nák]
reproductie (de)	վերարտադրություն	[verartεdruthjún]

mozaïek (het)	խճանկար	[χčankár]
gebrandschilderd glas (het)	ապակենախշ	[apakenáχš]
fresco (het)	որմնանկար	[vormnankár]
gravure (de)	փորագրանկար	[phoragrankár]

buste (de)	կիսանդրի	[kisandrí]
beeldhouwwerk (het)	քանդակ	[khandáϗ]
beeld (bronzen ~)	արձան	[ardzán]
gips (het)	գիպս	[gips]
gipsen (bn)	գիպսե	[gipsé]

portret (het)	դիմանկար	[dimankár]
zelfportret (het)	ինքնապատկեր	[inkhnapatkér]
landschap (het)	բնապատկեր	[bnapatkér]
stilleven (het)	նատյուրմորտ	[natjurmórt]
karikatuur (de)	ծաղրանկար	[tsaǵranϗár]
schets (de)	ուրվանկար	[urvankέr]

verf (de)	ներկ	[nerk]
aquarel (de)	ջրաներկ	[dʒranérϗ]
olieverf (de)	յուղաներկ	[juǵanérϗ]
potlood (het)	մատիտ	[matít]
Oost-Indische inkt (de)	ստվերաներկ	[stveranérk]
houtskool (de)	ածխամատիտ	[atsχamεtít]

tekenen (met krijt)	նկարել	[nkarél]
schilderen (ww)	նկարել	[nkarél]
poseren (ww)	կեցվածք ընդունել	[ketshhvátskh əndunél]
naaktmodel (man)	բնորդ	[bnord]

naaktmodel (vrouw)	բնորդուհի	[bnorduhí]
kunstenaar (de)	նկարիչ	[nkaríč]
kunstwerk (het)	ստեղծագործություն	[steǵtsagortsutʰjún]
meesterwerk (het)	գլուխգործոց	[gluχgortsótsʰ]
studio, werkruimte (de)	արվեստանոց	[arvestanótsʰ]

schildersdoek (het)	կտավ	[ktav]
schildersezel (de)	նկարակալ	[nkarakál]
palet (het)	ներկապնակ	[nerkapnák]

lijst (een vergulde ~)	շրջանակ	[šrdʒanák]
restauratie (de)	վերականգնում	[verakangnúm]
restaureren (ww)	վերականգնել	[verakangnél]

152. Literatuur & Poëzie

literatuur (de)	գրականություն	[grakanutʰjún]
auteur (de)	հեղինակ	[heǵinák]
pseudoniem (het)	մականուն	[makanún]

boek (het)	գիրք	[girkʰ]
boekdeel (het)	հատոր	[hatór]
inhoudsopgave (de)	բովանդակություն	[bovandakutʰjún]
pagina (de)	էջ	[ēdʒ]
hoofdpersoon (de)	գլխավոր հերոս	[glχavór herós]
handtekening (de)	ինքնագիր	[inkʰnagír]

verhaal (het)	պատմվածք	[patmvátskʰ]
novelle (de)	վեպ	[vep]
roman (de)	սիրավեպ	[siravép]
werk (literatuur)	ստեղծագործություն	[steǵtsagortsutʰjún]
fabel (de)	առակ	[arák]
detectiveroman (de)	դետեկտիվ	[detektív]

gedicht (het)	բանաստեղծություն	[banasteǵtsutʰjún]
poëzie (de)	բանաստեղծություն	[banasteǵtsutʰjún]
epos (het)	պոեմ	[poém]
dichter (de)	բանաստեղծ	[banastéǵts]

fictie (de)	արձակագրություն	[ardzakagrutʰjún]
sciencefiction (de)	գիտական ֆանտաստիկա	[gitakán fantástika]
avonturenroman (de)	արկածներ	[arkatsnér]
opvoedkundige literatuur (de)	ուսուցողական գրականություն	[usutsʰoǵakán grakanutʰjún]
kinderliteratuur (de)	մանկական գրականություն	[mankakán grakanutʰjún]

153. Circus

circus (de/het)	կրկես	[krkes]
chapiteau circus (de/het)	շապիտո կրկես	[šapitó krkés]
programma (het)	ծրագիր	[tsragír]
voorstelling (de)	ներկայացում	[nerkajatsʰúm]

| nummer (circus ~) | համար | [hamár] |
| arena (de) | հրապարակ | [hraparák] |

| pantomime (de) | մնջախաղ | [mndʒaxáǵ] |
| clown (de) | ծաղրածու | [tsaǵratsú] |

acrobaat (de)	ակրոբատ	[akrobát]
acrobatiek (de)	ակրոբատիկա	[akrobátika]
gymnast (de)	մարմնամարզիկ	[marmnamarzík]
gymnastiek (de)	մարմնամարզություն	[marmnamarzutʰjún]
salto (de)	սալտո	[sálto]

sterke man (de)	ծանրամարտիկ	[tsanramartík]
temmer (de)	վարժեցնող	[varʒetsʰnóǵ]
ruiter (de)	հեծյալ	[hetsjá]
assistent (de)	օգնական	[ognakán]

stunt (de)	տրյուկ	[trjuk]
goocheltruc (de)	աճպարարություն	[ačpararutʰjún]
goochelaar (de)	աճպարար	[ačparér]

jongleur (de)	ձեռնածու	[dzernatsú]
jongleren (ww)	ձեռնածություն անել	[dzernatsutʰjún anél]
dierentrainer (de)	վարժեցնող	[varʒetsʰnóǵ]
dressuur (de)	վարժեցում	[vaʒetsʰúm]
dresseren (ww)	վարժեցնել	[varʒetsʰnél]

154. Muziek. Popmuziek

muziek (de)	երաժշտություն	[eraʒštutʰjún]
muzikant (de)	երաժիշտ	[eraʒíšt]
muziekinstrument (het)	երաժշտական գործիք	[eraʒštakán gortsíkʰ]
spelen (bijv. gitaar ~)	նվագել ...	[nvagél ...]

gitaar (de)	կիթառ	[kitʰár]
viool (de)	ջութակ	[dʒutʰák]
cello (de)	թավջութակ	[tʰavdʒutʰák]
contrabas (de)	կոնտրաբաս	[kontrabás]
harp (de)	տավիղ	[tavíǵ]

piano (de)	դաշնամուր	[dašnamúr]
vleugel (de)	դաշնամուր	[dašnamúr]
orgel (het)	երգեհոն	[ergehór]

blaasinstrumenten (mv.)	փողավոր գործիքներ	[pʰoǵavór gortsikʰnér]
hobo (de)	հոբոյ	[hobój]
saxofoon (de)	սաքսոֆոն	[sakʰsofćn]
klarinet (de)	կլարնետ	[klarnét]
fluit (de)	ֆլեյտա	[fléjta]
trompet (de)	շեփոր	[šepʰór]

accordeon (de/het)	ակորդեոն	[akordeón]
trommel (de)	թմբուկ	[tʰmbuk]
duet (het)	դուետ	[duét]

135

trio (het)	երյակ	[erják]
kwartet (het)	քառյակ	[kʰarják]
koor (het)	երգչախումբ	[ergčaχúmb]
orkest (het)	նվագախումբ	[nvagaχúmb]

popmuziek (de)	պոպ երաժշտություն	[pop eraʒštutʰjún]
rockmuziek (de)	ռոք երաժշտություն	[rokʰ eraʒštutʰjún]
rockgroep (de)	ռոք երաժշտական խումբ	[rokʰ eraʒštakán χúmb]
jazz (de)	ջազ	[dʒaz]

idool (het)	կուռք	[kurkʰ]
bewonderaar (de)	երկրպագու	[erkrpagú]

concert (het)	համերգ	[hamérg]
symfonie (de)	սիմֆոնիա	[simfónia]
compositie (de)	ստեղծագործություն	[steǵtsagortsutʰjún]
componeren (muziek ~)	ստեղծագործել	[steǵtsagortsél]

zang (de)	երգ	[erg]
lied (het)	երգ	[erg]
melodie (de)	մեղեդի	[meǵedí]
ritme (het)	ռիթմ	[ritʰm]
blues (de)	բլյուզ	[bljuz]

bladmuziek (de)	նոտաներ	[notanér]
dirigeerstok (baton)	փայտիկ	[pʰajtík]
strijkstok (de)	աղեղ	[aǵéǵ]
snaar (de)	լար	[lar]
koffer (de)	պատյան	[patján]

Rusten. Entertainment. Reizen

155. Trip. Reizen

toerisme (het)	զբոսաշրջություն	[zbosašrdʒutʰjún]
toerist (de)	զբոսաշրջիկ	[zbosašrdʒík]
reis (de)	ճանապարհորդություն	[čanaparhordutʰjún]
avontuur (het)	արկած	[arkáts]
tocht (de)	ուղևորություն	[uġevorutʰjún]

vakantie (de)	արձակուրդ	[ardza‹úrd]
met vakantie zijn	արձակուրդի մեջ լինել	[ardza‹urdí médʒ linél]
rust (de)	հանգիստ	[hangíst]

trein (de)	գնացք	[gnatsᵇkʰ]
met de trein	գնացքով	[gnatsᵇkʰóv]
vliegtuig (het)	ինքնաթիռ	[inkʰnɛtʰír]
met het vliegtuig	ինքնաթիռով	[inkʰnɛtʰiróv]
met de auto	ավտոմեքենայով	[avtorrekʰenajóv]
per schip (bw)	նավով	[navóv]

bagage (de)	ուղեբեռ	[uġebér]
valies (de)	ճամպրուկ	[čamprúk]
bagagekarretje (het)	սայլակ	[sajlák]

paspoort (het)	անձնագիր	[andznagír]
visum (het)	վիզա	[víza]
kaartje (het)	տոմս	[toms]
vliegticket (het)	ավիատոմս	[aviatóms]

reisgids (de)	ուղեցույց	[uġetsᵇújtsʰ]
kaart (de)	քարտեզ	[kʰartéz]
gebied (landelijk ~)	տեղանք	[teġánkʰ]
plaats (de)	տեղ	[teġ]

exotische bestemming (de)	էկզոտիկա	[ēkzótika]
exotisch (bn)	էկզոտիկ	[ēkzotí‹]
verwonderlijk (bn)	զարմանահրաշ	[zarmanahráš]

groep (de)	խումբ	[χumb]
rondleiding (de)	էքսկուրսիա	[ēkʰskúrsia]
gids (de)	էքսկուրսավար	[ēkʰskᵤrsavár]

156. Hotel

hotel (het)	հյուրանոց	[hjuranɔ́tsʰ]
motel (het)	մոթել	[motʰél]
3-sterren	երեք աստղանի	[erékʰ astġaní]

5-sterren	հինգ աստղանի	[hing astġaní]
overnachten (ww)	կանգ առնել	[káng arnél]

kamer (de)	համար	[hamár]
eenpersoonskamer (de)	մեկտեղանի համար	[mekteġaní hamár]
tweepersoonskamer (de)	երկտեղանի համար	[erkteġaní hamár]
een kamer reserveren	համար ամրագրել	[hamár amragrél]

halfpension (het)	կիսագիշերոթիկ	[kisagišerotʰík]
volpension (het)	լրիվ գիշերոթիկ	[lrív gišerotʰík]

met badkamer	լոգարանով	[logaranóv]
met douche	դուշով	[dušóv]
satelliet-tv (de)	արբանյակային հեռուստատեսություն	[arbanjakajín herustatesutʰjún]
airconditioner (de)	օդորակիչ	[odorakíč]
handdoek (de)	սրբիչ	[srbič]
sleutel (de)	բանալի	[banalí]

administrateur (de)	ադմինիստրատոր	[administrátor]
kamermeisje (het)	սպասավորուհի	[spasavoruhí]
piccolo (de)	բեռնակիր	[bernakír]
portier (de)	դռնապահ	[drnapáh]

restaurant (het)	ռեստորան	[restorán]
bar (de)	բար	[bar]
ontbijt (het)	նախաճաշ	[naχačáš]
avondeten (het)	ընթրիք	[ǝntʰríkʰ]
buffet (het)	շվեդական սեղան	[švedakán seġán]

lift (de)	վերելակ	[verelák]
NIET STOREN	ՁԱՆՀԱՆԳՍՏԱՑՆԵԼ	[čanhangstatsʰnél]
VERBODEN TE ROKEN!	ՉԾԽԵԼ	[čʰtsχél!]

157. Boeken. Lezen

boek (het)	գիրք	[girkʰ]
auteur (de)	հեղինակ	[heġinák]
schrijver (de)	գրող	[groġ]
schrijven (een boek)	գրել	[grel]

lezer (de)	ընթերցող	[ǝntʰertsʰóġ]
lezen (ww)	կարդալ	[kardál]
lezen (het)	ընթերցանություն	[ǝntʰertsʰanutʰjún]

stil (~ lezen)	մտքում	[mtkʰum]
hardop (~ lezen)	բարձրաձայն	[bardzradzájn]

uitgeven (boek ~)	հրատարակել	[hratarakél]
uitgeven (het)	հրատարակություն	[hratarakutʰjún]
uitgever (de)	հրատարակիչ	[hratarakíč]
uitgeverij (de)	հրատարակչություն	[hratarakčutʰjún]
verschijnen (bijv. boek)	լույս տեսնել	[lújs tesnél]
verschijnen (het)	լույս տեսնելը	[lújs tesnélǝ]

oplage (de)	տպաքանակ	[tpakʰanák]
boekhandel (de)	գրախանութ	[graχanútʰ]
bibliotheek (de)	գրադարան	[gradarán]

novelle (de)	վեպ	[vep]
verhaal (het)	պատմվածք	[patmvátskʰ]
roman (de)	սիրավեպ	[siravep]
detectiveroman (de)	դետեկտիվ	[detektív]

memoires (mv.)	հուշագրություններ	[hušagrutʰjunnér]
legende (de)	առասպել	[araspél]
mythe (de)	առասպել	[araspél]

gedichten (mv.)	բանաստեղծություններ	[banasteǵtsutʰjunnér]
autobiografie (de)	ինքնակենսագրություն	[inkʰnakensagrutʰjún]
bloemlezing (de)	ընտրանի	[əntrar í]
sciencefiction (de)	ֆանտաստիկա	[fantástika]
naam (de)	անվանում	[anvanúm]
inleiding (de)	ներածություն	[neratsutʰjún]
voorblad (het)	տիտղոսաթերթ	[titǵosɛtʰértʰ]

hoofdstuk (het)	գլուխ	[gluχ]
fragment (het)	հատված	[hatváts]
episode (de)	դրվագ	[drvag]

intrige (de)	սյուժե	[sjuʒé]
inhoud (de)	բովանդակություն	[bovandakutʰjún]
inhoudsopgave (de)	բովանդակություն	[bovandakutʰjún]
hoofdpersonage (het)	գլխավոր հերոս	[glχavó herós]

boekdeel (het)	հատոր	[hatór]
omslag (de/het)	կազմ	[kazm]
boekband (de)	կազմ	[kazm]
bladwijzer (de)	էջանիշ	[ēdʒaníš]

pagina (de)	էջ	[ēdʒ]
bladeren (ww)	թերթել	[tʰertʰél]
marges (mv.)	լուսանցքեր	[lusantsʰkʰnér]
annotatie (de)	նշում	[nšum]
opmerking (de)	ծանոթագրություն	[tsanotʰagrutʰjún]

tekst (de)	տեքստ	[tekʰst]
lettertype (het)	տառատեսակ	[taratesak]
drukfout (de)	տպասխալ	[tpasχál]

vertaling (de)	թարգմանություն	[tʰargmanutʰjún]
vertalen (ww)	թարգմանել	[tʰargmaˑél]
origineel (het)	բնագիր	[bnagír]

beroemd (bn)	հայտնի	[hajtní]
onbekend (bn)	անհայտ	[anhájt]
interessant (bn)	հետաքրքիր	[hetakʰrkˑír]
bestseller (de)	բեսթսելեր	[bestséler]
woordenboek (het)	բառարան	[bararán]
leerboek (het)	դասագիրք	[dasagírkʰ]
encyclopedie (de)	հանրագիտարան	[hanragitɜrán]

158. Jacht. Vissen

jacht (de)	որս	[vors]
jagen (ww)	որս անել	[vors anél]
jager (de)	որսորդ	[vorsórd]

schieten (ww)	կրակել	[krakél]
geweer (het)	հրացան	[hratsʰán]
patroon (de)	փամփուշт	[pʰampúšt]
hagel (de)	մանրագնդակ	[manragndák]
val (de)	թակարդ	[tʰakárd]
valstrik (de)	ծուղակ	[tsuǧák]
een val zetten	թակարդ դնել	[tʰakárd dnel]

stroper (de)	որսագող	[vorsagóǧ]
wild (het)	որսամիս	[vorsamís]
jachthond (de)	որսորդական շուն	[vorsordakán šún]
safari (de)	սաֆարի	[safári]
opgezet dier (het)	խրտվիլակ	[χrtvilák]

visser (de)	ձկնորս	[dzknors]
visvangst (de)	ձկնորսություն	[dzknorsutʰjún]
vissen (ww)	ձուկ որսալ	[dzuk vorsál]

hengel (de)	կարթ	[kartʰ]
vislijn (de)	կարթաթել	[kartʰatʰél]
haak (de)	կարթ	[kartʰ]
dobber (de)	լողան	[loǧán]
aas (het)	խայծ	[χajts]

de hengel uitwerpen	կարթը գցել	[kartʰə gtsʰel]
bijten (ov. de vissen)	բռնվել	[brnvel]
vangst (de)	որս	[vors]
wak (het)	սառցանցք	[sartsʰántsʰkʰ]

net (het)	ցանց	[tsʰantsʰ]
boot (de)	նավակ	[navák]
vissen met netten	ցանցով բռնել	[tsʰantsʰóv brnel]
het net uitwerpen	ցանցը գցել	[tsʰántsʰə gtsʰel]
het net binnenhalen	ցանցը հանել	[tsʰántsʰə hanél]

walvisvangst (de)	կետորս	[ketórs]
walvisvaarder (de)	կետորսական նավ	[ketorsakán náv]
harpoen (de)	որսատեգ	[vorsatéχ]

159. Spellen. Biljart

biljart (het)	բիլյարդ	[biljárd]
biljartzaal (de)	բիլյարդի սրահ	[biljardí srah]
biljartbal (de)	բիլյարդի գնդակ	[biljárd gndák]
een bal in het gat jagen	ներս խփել	[ners χpʰel]
keu (de)	խաղաձող	[χaǧadzóǧ]
gat (het)	գնդապարկ	[gndapárk]

160. Spellen. Speelkaarten

ruiten (mv.)	քարպինձ	[kʰarpˈndʒ]
schoppen (mv.)	ղառ	[ġar]
klaveren (mv.)	սիրտ	[sirt]
harten (mv.)	խաչ	[χač]

aas (de)	տուզ	[tuz]
koning (de)	թագավոր	[tʰagavór]
dame (de)	աղջիկ	[aġdʒík]
boer (de)	զինվոր	[zinvór]

speelkaart (de)	խաղաթուղթ	[χaġatʰúġtʰ]
kaarten (mv.)	խաղաթղթեր	[χaġatʰġtʰér]
troef (de)	հաղթաթուղթ	[haġtʰɛtʰúġtʰ]
pak (het) kaarten	կապուկ	[kapúk]

uitdelen (kaarten ~)	բաժանել	[baʒanél]
schudden (de kaarten ~)	խառնել	[χarnél]
beurt (de)	քայլ	[kʰajl]
valsspeler (de)	շուլեր	[šulér]

161. Casino. Roulette

casino (het)	խաղատուն	[χaġatún]
roulette (de)	պտտատախտ	[ptutaχaġ]

inzet (de)	դրույք	[drujkʰ]
een bod doen	դրույքներ կատարել	[drujkʰnɘr katarél]

rood (de)	կարմիր	[karmír]
zwart (de)	սև	[sev]

inzetten op rood	կարմիրի վրա դնել	[karmirí vrá dnél]
inzetten op zwart	սևի վրա դնել	[seví vra dnel]

croupier (de)	կրուպյե	[krupjé]
de cilinder draaien	պտտել անիվը	[ptɘtél aˀívə]

spelregels (mv.)	խաղի կանոններ	[χaġí kanonnér]
fiche (pokerfiche, etc.)	խաղանիշ	[χaġaníš]

winnen (ww)	շահել	[šahél]
winst (de)	շահում	[šahúm]

verliezen (ww)	տարվել	[tarvél]
verlies (het)	տարվածը	[tarvátsɘ]

speler (de)	խաղացող	[χaġatsʰćġ]
blackjack (kaartspel)	բլեք ջեք	[blek dʒéˤʰ]

dobbelspel (het)	զառախաղ	[zaraχáġ]
speelautomaat (de)	խաղային ավտոմատ	[χaġajín avtomát]

162. Rusten. Spellen. Diversen

wandelen (on.ww.)	զբոսնել	[zbosnél]
wandeling (de)	զբոսանք	[zbosánkʰ]
trip (per auto)	շրջագայություն	[šrȝagajutʰjún]
avontuur (het)	արկած	[arkáts]
picknick (de)	զբոսախնջույք	[zbosaxndȝújkʰ]

spel (het)	խաղ	[xaġ]
speler (de)	խաղացող	[xaġatsʰóġ]
partij (de)	պարտիա	[pártia]

collectioneur (de)	հավաքող	[havakʰóġ]
collectioneren (ww)	հավաքել	[havakʰél]
collectie (de)	հավաքածու	[havakʰatsú]

kruiswoordraadsel (het)	խաչբառ	[xačbár]
hippodroom (de)	ձիարշավարան	[dziaršavarán]
discotheek (de)	դիսկոտեկ	[diskoték]

| sauna (de) | սաունա | [sáuna] |
| loterij (de) | վիճակախաղ | [vičakaxáġ] |

trektocht (kampeertocht)	արշավ	[aršáv]
kamp (het)	ճամբար	[čambár]
tent (de)	վրան	[vran]
kompas (het)	կողմնացույց	[koġmnatsʰújtsʰ]
rugzaktoerist (de)	արշավորդ	[aršavórd]

bekijken (een film ~)	դիտել	[ditél]
kijker (televisie~)	հեռուստադիտող	[herustaditóġ]
televisie-uitzending (de)	հեռուստահաղորդում	[herustahaġordúm]

163. Fotografie

| fotocamera (de) | լուսանկարչական ապարատ | [lusankarčakán aparát] |
| foto (de) | լուսանկար | [lusankár] |

fotograaf (de)	լուսանկարիչ	[lusankaríč]
fotostudio (de)	ֆոտո ստուդիա	[fóto stúdia]
fotoalbum (het)	ֆոտոալբում	[fotoalbóm]

lens (de), objectief (het)	օբյեկտիվ	[obʺektív]
telelens (de)	տեսախցիկի օբյեկտիվ	[tesaxtsʰikí obʺektív]
filter (de/het)	ֆիլտր	[filtr]
lens (de)	ոսպնյակ	[vospnják]

optiek (de)	օպտիկա	[óptika]
diafragma (het)	դիաֆրագմա	[diafrágma]
belichtingstijd (de)	պահելու տեվողություն	[pahelú tevoġutʰjún]
zoeker (de)	դիտան	[ditán]
digitale camera (de)	թվային տեսախցիկ	[tʰvajín tesaxtsʰík]
statief (het)	ամրակալան	[amrakalán]

flits (de)	բռնկում	[brnkum]
fotograferen (ww)	լուսանկարել	[lusar karél]
foto's maken	լուսանկարել	[lusar karél]
zich laten fotograferen	լուսանկարվել	[lusar karvél]

focus (de)	ցայտունություն	[tsʰajtunutʰjún]
scherpstellen (ww)	ցայտուն դարձնել	[tsʰajtún dardznél]
scherp (bn)	ցայտուն	[tsʰajtún]
scherpte (de)	ցայտունություն	[tsʰajtunutʰjún]

| contrast (het) | ցայտագունություն | [tsʰajtagunutʰjún] |
| contrastrijk (bn) | ցայտունագույն | [tsʰajtunagújn] |

kiekje (het)	լուսանկար	[lusankár]
negatief (het)	նեգատիվ	[negatív]
filmpje (het)	ֆոտոժապավեն	[fotoӡapavén]
beeld (frame)	կադր	[kadr]
afdrukken (foto's ~)	տպել	[tpel]

164. Strand. Zwemmen

strand (het)	լողափ	[loǵápʰ]
zand (het)	ավազ	[aváz]
leeg (~ strand)	անապատային	[anapatajín]

bruine kleur (de)	արևառություն	[areva utʰjún]
zonnebaden (ww)	արևառ լինել	[arevá- linél]
gebruind (bn)	արևառ	[arevá-]
zonnecrème (de)	արևառության կրեմ	[areva utʰján krém]

bikini (de)	բիկինի	[bikíni]
badpak (het)	լողազգեստ	[loǵazgést]
zwembroek (de)	լողավարտիք	[loǵavartíkʰ]

zwembad (het)	լողավազան	[loǵavazán]
zwemmen (ww)	լողալ	[loǵál]
douche (de)	ցնցուղ	[tsʰntsʰ ɹǵ]
zich omkleden (ww)	զգեստափոխվել	[zgestapʰoχvél]
handdoek (de)	սրբիչ	[srbič]

| boot (de) | նավակ | [navák] |
| motorboot (de) | մոտորանավակ | [motoranavák] |

waterski's (mv.)	ջրային դահուկներ	[dӡrajír dahuknér]
waterfiets (de)	ջրային հեծանիվ	[dӡrajír hetsanív]
surfen (het)	սերֆինգ	[sérfing]
surfer (de)	սերֆինգիստ	[serfinçíst]

scuba, aqualong (de)	ակվալանգ	[akvaláng]
zwemvliezen (mv.)	լողաթաթեր	[loǵatʰatʰér]
duikmasker (het)	դիմակ	[dimák]
duiker (de)	ջրասույզ	[dӡrasújz]
duiken (ww)	սուզվել	[suzvél]
onder water (bw)	ջրի տակ	[dӡri ták]

parasol (de)	հովանոց	[hovanótsʰ]
ligstoel (de)	շեզլոնգ	[šezlóng]
zonnebril (de)	ակնոցներ	[aknotsʰnér]
luchtmatras (de/het)	լողամատրաս	[loğamatrás]

| spelen (ww) | խաղալ | [xağál] |
| gaan zwemmen (ww) | լողալ | [loğál] |

bal (de)	գնդակ	[gndak]
opblazen (oppompen)	փչել	[pʰčel]
lucht-, opblaasbare (bn)	փչովի	[pʰčoví]

golf (hoge ~)	ալիք	[alíkʰ]
boei (de)	լողան	[loğán]
verdrinken (ww)	խեղդվել	[xeğdvél]

redden (ww)	փրկել	[pʰrkel]
reddingsvest (de)	փրկագոտի	[pʰrkagotí]
waarnemen (ww)	հետևել	[hetevél]
redder (de)	փրկարար	[pʰrkarár]

TECHNISCHE APPARATUUR. VERVOER

Technische apparatuur

165. Computer

computer (de)	համակարգիչ	[hamakargíč]
laptop (de)	նոութբուք	[noutʰbúkʰ]
aanzetten (ww)	միացնել	[miatsʰnél]
uitzetten (ww)	անջատել	[andʒatél]
toetsenbord (het)	ստեղնաշար	[steġnašár]
toets (enter~)	ստեղն	[steġn]
muis (de)	մուկ	[muk]
muismat (de)	գորգ	[gorg]
knopje (het)	կոճակ	[kočák]
cursor (de)	սլաք	[slakʰ]
monitor (de)	մոնիտոր	[monitór]
scherm (het)	էկրան	[ēkrán]
harde schijf (de)	կոշտ սկավառակակիր	[košt skavarakakír]
volume (het)	կոշտ սկավառակի ծավալը	[košt skavarakakrí tsaválə]
van de harde schijf		
geheugen (het)	հիշողություն	[hišoġutʰjún]
RAM-geheugen (het)	օպերատիվ հիշողություն	[operatív hišoġutʰjún]
bestand (het)	ֆայլ	[fajl]
folder (de)	թղթապանակ	[tʰġtʰapaɹák]
openen (ww)	բացել	[batsʰél]
sluiten (ww)	փակել	[pʰakél]
opslaan (ww)	գրանցել	[grantsʰé]
verwijderen (wissen)	հեռացնել	[heratsʰnɕl]
kopiëren (ww)	պատճենել	[patčené]
sorteren (ww)	սորտավորել	[sortavorɕl]
overplaatsen (ww)	արտատպել	[artatpél]
programma (het)	ծրագիր	[tsragír]
software (de)	ծրագրային ապահովում	[tsragrajín apahovúm]
programmeur (de)	ծրագրավորող	[tsragravoróġ]
programmeren (ww)	ծրագրավորել	[tsragravorél]
hacker (computerkraker)	խակեր	[χakér]
wachtwoord (het)	անցագիր	[antsʰagír]
virus (het)	վիրուս	[virús]
ontdekken (virus ~)	հայտնաբերել	[hajtnaberél]

byte (de)	բայտ	[bajt]
megabyte (de)	մեգաբայտ	[megabájt]

data (de)	տվյալներ	[tvjalnér]
databank (de)	տվյալների բազա	[tvjalnerí báza]

kabel (USB-~, enz.)	մալուխ	[malúχ]
afsluiten (ww)	անջատել	[andʒatél]
aansluiten op (ww)	միացնել	[miatsʰnél]

166. Internet. E-mail

internet (het)	ինտերնետ	[internét]
browser (de)	ցանցախույզ	[tsʰantsʰaχújz]
zoekmachine (de)	որոնիչ համակարգ	[voroníč hamakárg]
internetprovider (de)	պրովայդեր	[provajdér]

webmaster (de)	վեբ-մաստեր	[veb máster]
website (de)	ինտերնետային կայք	[internetajín kajkʰ]
webpagina (de)	ինտերնետային էջ	[internetajín ēdʒ]

adres (het)	հասցե	[hastsʰé]
adresboek (het)	հասցեների գրքույկ	[hastsʰenerí grkʰújk]

postvak (het)	փոստարկղ	[pʰostárkġ]
post (de)	փոստ	[pʰost]

bericht (het)	հաղորդագրություն	[haġordagrutʰjún]
verzender (de)	ուղարկող	[uġarkóġ]
verzenden (ww)	ուղարկել	[uġarkél]
verzending (de)	ուղարկում	[uġarkúm]
ontvanger (de)	ստացող	[statsʰóġ]
ontvangen (ww)	ստանալ	[stanál]

correspondentie (de)	նամակագրություն	[namakagrutʰjún]
corresponderen (met …)	նամակագրական կապի մեջ լինել	[namakagrakán kapí médʒ linél]

bestand (het)	ֆայլ	[fajl]
downloaden (ww)	քաշել	[kʰašél]
creëren (ww)	ստեղծել	[steġtsél]
verwijderen (een bestand ~)	հեռացնել	[heratsʰnél]
verwijderd (bn)	հեռացված	[heratsʰváts]

verbinding (de)	կապ	[kap]
snelheid (de)	արագություն	[aragutʰjún]
modem (de)	մոդեմ	[modém]
toegang (de)	մուտք	[mutkʰ]
poort (de)	մուտ	[mut]

aansluiting (de)	միացում	[miatsʰúm]
zich aansluiten (ww)	միանալ	[mianál]
selecteren (ww)	ընտրել	[əntrél]
zoeken (ww)	փնտրել	[pʰntrel]

167. Elektriciteit

elektriciteit (de)	էլեկտրականություն	[ēlektrakanutʰjún]
elektrisch (bn)	էլեկտրական	[ēlektrakán]
elektriciteitscentrale (de)	էլեկտրակայան	[ēlektrakaján]
energie (de)	էներգիա	[ēnérgia]
elektrisch vermogen (het)	էլեկտրաէներգիա	[ēlektraēnérgia]

lamp (de)	լամպ	[lamp]
zaklamp (de)	լապտեր	[laptér]
straatlantaarn (de)	լուսարձակ	[lusardzák]

licht (elektriciteit)	լույս	[lujs]
aandoen (ww)	միացնել	[miatsʰnél]
uitdoen (ww)	անջատել	[andʒatél]
het licht uitdoen	լույսը հանգցնել	[lújsə hangtsʰnél]

doorbranden (gloeilamp)	վառվել	[varél]
kortsluiting (de)	կարճ միացում	[karč miatsʰúm]
onderbreking (de)	կտրվածք	[ktrvatskʰ]
contact (het)	միացում	[miatsʰúm]

schakelaar (de)	անջատիչ	[andʒatič]
stopcontact (het)	վարդակ	[vardák]
stekker (de)	խրոց	[xrotsʰ]
verlengsnoer (de)	երկարացուցիչ	[erkaratsʰutsʰíč]

zekering (de)	ապահովիչ	[apahovíč]
kabel (de)	լար	[lar]
bedrading (de)	էլեկտրացանց	[ēlektratsʰántsʰ]

ampère (de)	ամպեր	[ampér]
stroomsterkte (de)	հոսանքի ուժը	[hosankʰí úʒə]
volt (de)	վոլտ	[volt]
spanning (de)	լարում	[larúm]

elektrisch toestel (het)	էլեկտրական սարք	[ēlektrakán sárkʰ]
indicator (de)	ինդիկատոր	[indikátor]

elektricien (de)	էլեկտրիկ	[ēlektrík]
solderen (ww)	զոդել	[zodél]
soldeerbout (de)	զոդիչ	[zodíč]
stroom (de)	հոսանք	[hosánkʰ]

168. Gereedschappen

werktuig (stuk gereedschap)	գործիք	[gortsíkʰ]
gereedschap (het)	գործիքներ	[gortsikʰner]
uitrusting (de)	սարքավորում	[sarkʰavorúm]

hamer (de)	մուրճ	[murč]
schroevendraaier (de)	պտուտակահան	[ptutakahan]
bijl (de)	կացին	[katsʰín]

zaag (de)	սղոց	[sǵotsʰ]
zagen (ww)	սղոցել	[sǵotsʰél]
schaaf (de)	ռանդ	[rand]
schaven (ww)	ռանդել	[randél]
soldeerbout (de)	զոդիչ	[zodíč]
solderen (ww)	զոդել	[zodél]

vijl (de)	խարտոց	[χartótsʰ]
nijptang (de)	ունելի	[unelí]
combinatietang (de)	տափակաթերան աքցան	[tapʰakaberán akʰtsʰán]
beitel (de)	դուր	[dur]

boorkop (de)	գայլիկոն	[gajlikón]
boormachine (de)	շաղափիչ	[šaǵapʰíč]
boren (ww)	գայլիկոնել	[gajlikonél]

mes (het)	դանակ	[danák]
lemmet (het)	շեղբ	[šeǵb]

scherp (bijv. ~ mes)	սուր	[sur]
bot (bn)	բութ	[butʰ]
bot raken (ww)	բթանալ	[btʰanál]
slijpen (een mes ~)	սրել	[srel]

bout (de)	հեղույս	[heǵújs]
moer (de)	պտուտակամեր	[ptutakamér]
schroefdraad (de)	պարուրակ	[parurák]
houtschroef (de)	պտուտամեխ	[ptutaméχ]

spijker (de)	մեխ	[meχ]
kop (de)	գլուխ	[gluχ]

liniaal (de/het)	քանոն	[kʰanón]
rolmeter (de)	չափերիզ	[čapʰeríz]
waterpas (de/het)	մակարդակ	[makardák]
loep (de)	խոշորացույց	[χošoratsʰújtsʰ]

meetinstrument (het)	չափող գործիք	[čapʰóǵ gortsík']
opmeten (ww)	չափել	[čapʰél]
schaal (meetschaal)	սանդղակ	[sandǵák]
gegevens (mv.)	ցուցմունք	[tsʰutsʰmúnkʰ]

compressor (de)	կոմպրեսոր	[kompresór]
microscoop (de)	մանրադիտակ	[manraditák]

pomp (de)	պոմպ	[pomp]
robot (de)	ռոբոտ	[robót]
laser (de)	լազեր	[lazér]

moersleutel (de)	մանեկադարձակ	[manekadardzák]
plakband (de)	կպչուն ժապավեն	[kpčún ʒapavén]
lijm (de)	սոսինձ	[sosíndz]

schuurpapier (het)	շուշափութղ	[šušatʰúgtʰ]
veer (de)	զսպանակ	[zspanák]
magneet (de)	մագնիս	[magnís]

handschoenen (mv.)	ձեռնոցներ	[dzerrotsʰnér]
touw (bijv. henneptouw)	պարան	[parán]
snoer (het)	առասան	[arasέn]
draad (de)	լար	[lar]
kabel (de)	մալուխ	[malúχ]

moker (de)	կռան	[kran]
breekijzer (het)	լինգ	[ling]
ladder (de)	աստիճան	[astičέn]
trapje (inklapbaar ~)	աստիճան	[astičέn]

aanschroeven (ww)	պտուտակել, ձգել	[ptutakél, dzgel]
losschroeven (ww)	ետ պտուտացնել	[et pttatsʰnél]
dichtpersen (ww)	սեղմել	[seġmέl]
vastlijmen (ww)	կպցնել	[kptsʰnel]
snijden (ww)	կտրել	[ktrel]

defect (het)	անսարքություն	[ansarkʰutʰjún]
reparatie (de)	նորոգում	[norogúm]
repareren (ww)	վերանորոգել	[veranorogél]
regelen (een machine ~)	կարգավորել	[kargavorél]

checken (ww)	ստուգել	[stugél]
controle (de)	ստուգում	[stugún]
gegevens (mv.)	ցուցմունք	[tsʰutsʰmúnkʰ]

| degelijk (bijv. ~ machine) | հուսալի | [husalí] |
| ingewikkeld (bn) | բարդ | [bard] |

roesten (ww)	ժանգոտել	[ʒangotél]
roestig (bn)	ժանգոտ	[ʒangót]
roest (de/het)	ժանգ	[ʒang]

Vervoer

169. Vliegtuig

vliegtuig (het)	ինքնաթիռ	[inkʰnatʰír]
vliegticket (het)	ավիատոմս	[aviatóms]
luchtvaartmaatschappij (de)	ավիաընկերություն	[aviaənkerutʰjún]
luchthaven (de)	օդանավակայան	[odanavakaján]
supersonisch (bn)	գերձայնային	[gerdzajnajín]

gezagvoerder (de)	օդանավի հրամանատար	[odanaví hramanatár]
bemanning (de)	անձնակազմ	[andznakázm]
piloot (de)	օդաչու	[odačú]
stewardess (de)	ուղեկցորդուհի	[uġektsʰorduhí]
stuurman (de)	ղեկավետ	[ġekapét]

vleugels (mv.)	թևեր	[tʰevér]
staart (de)	պոչ	[poč]
cabine (de)	խցիկ	[xtsʰik]
motor (de)	շարժիչ	[šarʒíč]
landingsgestel (het)	շասսի	[šassí]
turbine (de)	տուրբին	[turbín]

propeller (de)	պրոպելլեր	[propellér]
zwarte doos (de)	սև արկղ	[sev árkġ]
stuur (het)	ղեկանիվ	[ġekanív]
brandstof (de)	վառելիք	[varelíkʰ]

veiligheidskaart (de)	ձեռնարկ	[dzernárk]
zuurstofmasker (het)	թթվածնային դիմակ	[tʰtʰvatsnajín dimák]
uniform (het)	համազգեստ	[hamazgést]

reddingsvest (de)	փրկագոտի	[pʰrkagotí]
parachute (de)	պարաշյուտ	[parašjút]

opstijgen (het)	թռիչք	[tʰričkʰ]
opstijgen (ww)	թռնել	[tʰrnel]
startbaan (de)	թռիչքուղի	[tʰričkʰuġí]

zicht (het)	տեսանելիություն	[tesaneliutʰjún]
vlucht (de)	թռիչք	[tʰričkʰ]

hoogte (de)	բարձրություն	[bardzrutʰjún]
luchtzak (de)	օդային փոս	[odajín pʰós]

plaats (de)	տեղ	[teġ]
koptelefoon (de)	ականջակալներ	[akandzakalnér]
tafeltje (het)	բացվող սեղանիկ	[batsʰvóġ seġaník]
venster (het)	իլյումինատոր	[iljuminátor]
gangpad (het)	անցուղի	[antsʰuġí]

170. Trein

trein (de)	գնացք	[gnatsʰkʰ]
elektrische trein (de)	էլեկտրագնացք	[ēlektragnátsʰkʰ]
sneltrein (de)	արագընթաց գնացք	[aragentʰátsʰ gnátsʰkʰ]
diessellocomotief (de)	ջերմաքարշ	[dʒermakʰárš]
stoomlocomotief (de)	շոգեքարշ	[šokekʰárš]

| rijtuig (het) | վագոն | [vagón] |
| restauratierijtuig (het) | վագոն-ռեստորան | [vagór restorán] |

rails (mv.)	գծեր	[gtser]
spoorweg (de)	երկաթգիծ	[erkatʰgíts]
dwarsligger (de)	կոճ	[koč]

perron (het)	կառամատույց	[karamatújtsʰ]
spoor (het)	ուղի	[uǵí]
semafoor (de)	նշանայուն	[nšanaɜjún]
halte (bijv. kleine treinhalte)	կայարան	[kajaráɑ]

machinist (de)	մեքենավար	[mekʰeɑavár]
kruier (de)	բեռնակիր	[bernakír]
conducteur (de)	ուղեկից	[uǵekítsʰ]
passagier (de)	ուղևոր	[uǵevór]
controleur (de)	հսկիչ	[hskič]

| gang (in een trein) | միջանցք | [midʒántsʰkʰ] |
| noodrem (de) | ավտոմատ կանգառման սարք | [avtomét kangarmán sárkʰ] |

coupé (de)	կուպե	[kupé]
bed (slaapplaats)	մահճակ	[mahčák]
bovenste bed (het)	վերևի մահճակատեղ	[vereví mahčakatéǵ]
onderste bed (het)	ներքևի մահճակատեղ	[nerkʰeví mahčakatéǵ]
beddengoed (het)	անկողին	[ankoǵír]

kaartje (het)	տոմս	[toms]
dienstregeling (de)	չվացուցակ	[čvatsʰutsʰák]
informatiebord (het)	ցուցատախտակ	[tsʰutsʰataɣták]

vertrekken (De trein vertrekt ...)	մեկնել	[meknél]
vertrek (ov. een trein)	մեկնում	[meknúm]
aankomen (ov. de treinen)	ժամանել	[ʒamané]
aankomst (de)	ժամանում	[ʒamanúm]

aankomen per trein	ժամանել գնացքով	[ʒamanél gnatsʰkʰóv]
in de trein stappen	գնացք նստել	[gnátsʰkʰ ɑstel]
uit de trein stappen	գնացքից իջնել	[gnatsʰkʰísʰ idʒnél]

treinwrak (het)	խորտակում	[ɣortakúrr]
stoomlocomotief (de)	շոգեքարշ	[šokekʰárš]
stoker (de)	հնոցապան	[hnotsʰapán]
stookplaats (de)	վառարան	[vararán]
steenkool (de)	ածուխ	[atsúɣ]

171. Schip

| schip (het) | նավ | [nav] |
| vaartuig (het) | նավ | [nav] |

stoomboot (de)	շոգենավ	[šogenáv]
motorschip (het)	շերմանավ	[dʒermanáv]
lijnschip (het)	լայներ	[lájner]
kruiser (de)	հածանավ	[hatsanáv]

jacht (het)	զբոսանավ	[zbosanáv]
sleepboot (de)	նավակառշ	[navakʰárš]
duwbak (de)	բեռնանավ	[bernanáv]
ferryboot (de)	լաստանավ	[lastanáv]

| zeilboot (de) | առագաստանավ | [aragastanáv] |
| brigantijn (de) | բրիգանտինա | [brigantína] |

| ijsbreker (de) | սառցահատ | [sartsʰapát] |
| duikboot (de) | սուզանավ | [suzanáv] |

boot (de)	նավակ	[navák]
sloep (de)	մակույկ	[makújk]
reddingssloep (de)	փրկարարական մակույկ	[pʰrkararakán makújk]
motorboot (de)	մոտորանավակ	[motoranavák]

kapitein (de)	նավապետ	[navapét]
zeeman (de)	նավաստի	[navastí]
matroos (de)	ծովային	[tsovajín]
bemanning (de)	անձնակազմ	[andznakázm]

bootsman (de)	բոցման	[botsʰmán]
scheepsjongen (de)	նավի փոքրավոր	[naví pʰokʰravór]
kok (de)	նավի խոհարար	[naví χoharár]
scheepsarts (de)	նավի բժիշկ	[naví bʒíšk]

dek (het)	տախտակամած	[taχtakamáts]
mast (de)	կայմ	[kajm]
zeil (het)	առագաստ	[aragást]

ruim (het)	նավամբար	[navambár]
voorsteven (de)	նավակթիթ	[navakʰítʰ]
achtersteven (de)	նավախել	[navaχél]
roeispaan (de)	թիակ	[tʰiak]
schroef (de)	պտուտակ	[ptuták]

kajuit (de)	նավասենյակ	[navasenják]
officierskamer (de)	ընդհանուր նավասենյակ	[əndhanúr navasenják]
machinekamer (de)	մեքենաների բաժանմունք	[mekenanerí baʒanmúnkʰ]
brug (de)	նավապետի կամրջակ	[navapetí kamrdʒák]
radiokamer (de)	ռադիոխցիկ	[radioχtsʰík]
radiogolf (de)	ալիք	[alíkʰ]
logboek (het)	նավամատյան	[navamatján]
verrekijker (de)	հեռադիտակ	[heraditák]
klok (de)	զանգ	[zang]

vlag (de)	դրոշ	[droš]
kabel (de)	մալուխ	[čopáʔ]
knoop (de)	հանգույց	[hangújtsʰ]

| leuning (de) | բռնածո | [brnaczóg] |
| trap (de) | նավասանդուղք | [navasandúǵkʰ] |

anker (het)	խարիսխ	[xarísχ]
het anker lichten	խարիսխը բարձրացնել	[xarísχə bardzratsʰnél]
het anker neerlaten	խարիսխը գցել	[xarísχə gtsʰél]
ankerketting (de)	խարսխաշղթա	[xarsχašǵtʰá]

haven (bijv. containerhaven)	նավահանգիստ	[navahangíst]
kaai (de)	նավամատույց	[navamatújtsʰ]
aanleggen (ww)	կառանել	[karanel]
wegvaren (ww)	մեկնել	[meknél]

reis (de)	ճանապարհորդություն	[čanaparhordutʰjún]
cruise (de)	ծովագնացություն	[tsovagʔatsʰutʰjún]
koers (de)	ուղղություն	[uǵutʰjún]
route (de)	երթուղի	[ertʰuǵíˉ

vaarwater (het)	նավարկուղի	[navarkɹǵí]
zandbank (de)	ծանծառուտ	[tsantsaɟút]
stranden (ww)	ծանծառուտ ընկնել	[tsantsaɟút ənknél]

storm (de)	փոթորիկ	[pʰotʰorí͞ӄ]
signaal (het)	ազդանշան	[azdanšán]
zinken (ov. een boot)	խորտակվել	[xortakvə́l]
SOS (noodsignaal)	SOS	[sos]
reddingsboei (de)	փրկագոտի	[pʰrkagotí]

172. Vliegveld

luchthaven (de)	օդանավակայան	[odanavakaján]
vliegtuig (het)	ինքնաթիռ	[inkʰnatʰíˉ]
luchtvaartmaatschappij (de)	ավիաընկերություն	[aviaənkerutʰjún]
luchtverkeersleider (de)	դիսպետչեր	[dispetčéɾ]

vertrek (het)	թռիչք	[tʰričkʰ]
aankomst (de)	ժամանում	[ʒamanúm]
aankomen (per vliegtuig)	ժամանել	[ʒamanél]

| vertrektijd (de) | թռիչքի ժամանակը | [tʰričkʰí ʒɛmanákə] |
| aankomstuur (het) | ժամանման ժամանակը | [ʒamanmán ʒamanákɛ] |

| vertraagd zijn (ww) | ուշանալ | [ušanál] |
| vluchtvertraging (de) | թռիչքի ուշացում | [tʰričkʰí ušatsʰúm] |

informatiebord (het)	տեղեկատվական վահանակ	[teǵekatvɛkán vahanák]
informatie (de)	տեղեկատվություն	[teǵekatvʰtʰjún]
aankondigen (ww)	հայտարարել	[hajtararél]
vlucht (bijv. KLM ~)	ռեյս	[rejs]
douane (de)	մաքսատուն	[makʰsatún]

douanier (de)	մաքսավոր	[makʰsavór]
douaneaangifte (de)	հայտարարագիր	[hajtararagír]
een douaneaangifte invullen	հայտարարագիր լրացնել	[hajtararagír Iratsʰnél]
paspoortcontrole (de)	անձնագրային ստուգում	[andznagrajín stugúm]

bagage (de)	ուղեբեռ	[uġebér]
handbagage (de)	ձեռքի ուղեբեռ	[dzerkʰí uġebér]
bagagekarretje (het)	սայլակ	[sajlák]

landing (de)	վայրէջք	[vajrēdʒkʰ]
landingsbaan (de)	վայրէջքի ուղի	[vajrēdʒkʰí uġí]
landen (ww)	վայրէջք կատարել	[vajrēdʒkʰ katarél]
vliegtuigtrap (de)	օդանավասանդուղք	[odanavasandúġkʰ]

inchecken (het)	գրանցում	[grantsʰúm]
incheckbalie (de)	գրանցատեղան	[grantsʰaseġán]
inchecken (ww)	գրանցվել	[grantsʰvél]
instapkaart (de)	տեղակտրոն	[teġaktrón]
gate (de)	ելք	[elkʰ]

transit (de)	տարանցիկ չվերթ	[tarantsʰík čvertʰ]
wachten (ww)	սպասել	[spasél]
wachtzaal (de)	սպասասրահ	[spasasráh]
begeleiden (uitwuiven)	ճանապարհել	[čanaparhél]
afscheid nemen (ww)	հրաժեշտ տալ	[hraʒéšt tál]

173. Fiets. Motorfiets

fiets (de)	հեծանիվ	[hetsanív]
bromfiets (de)	մոտոռոլլեր	[motoróller]
motorfiets (de)	մոտոցիկլ	[mototsʰíkl]

met de fiets rijden	հեծանիվ քշել	[hetsanív kʰšel]
stuur (het)	ղեկ	[ġek]
pedaal (de/het)	ոտնակ	[votnák]
remmen (mv.)	արգելակ	[argelák]
fietszadel (de/het)	թամբիկ	[tʰambík]

pomp (de)	պոմպ	[pomp]
bagagedrager (de)	բեռնախցիկ	[bernaxtsʰík]
fietslicht (het)	լապտեր	[laptér]
helm (de)	սաղավարտ	[saġavárt]

wiel (het)	անիվ	[anív]
spatbord (het)	թև	[tʰev]
velg (de)	անվագոտի	[anvagotí]
spaak (de)	ճաղ	[čaġ]

Auto's

174. Soorten auto's

auto (de)	ավտոմեքենա	[avtomekʰená]
sportauto (de)	սպորտային ավտոմեքենա	[sportajín avtomekʰená]
limousine (de)	լիմուզին	[limuzín]
terreinwagen (de)	արտաճանապարհային ավտոմեքենա	[artačanaparhajín avtomekʰená]
cabriolet (de)	կաբրիոլետ	[kabriolét]
minibus (de)	միկրոավտոբուս	[mikroavtobús]
ambulance (de)	շտապ օգնություն	[štáp oɟnutʰjún]
sneeuwruimer (de)	ձյունամաքրիչ մեքենա	[dzjunamakʰríč mekʼená]
vrachtwagen (de)	բեռնատար	[bernatár]
tankwagen (de)	բենզինատար	[benzinatár]
bestelwagen (de)	ֆուրգոն	[furgón]
trekker (de)	ավտոքարշակ	[avtokʰaršák]
aanhangwagen (de)	կցորդ	[ktsʰord]
comfortabel (bn)	հարմարավետ	[harmaravét]
tweedehands (bn)	օգտագործված	[ogtagortsváts]

175. Auto's. Carrosserie

motorkap (de)	ծածկոց	[tsatskótsʰ]
spatbord (het)	անվածածկոց	[anvatsatskótsʰ]
dak (het)	տանիք	[taníkʰ]
voorruit (de)	առջևի ապակի	[arɟeví apakí]
achterruit (de)	հետին դիտահայելի	[hetín ditahajelí]
ruitensproeier (de)	ապակի լվացող սարք	[apakí lvatsʰóɡ sárkʰ]
wisserbladen (mv.)	ապակեմաքրիչ	[apakemakʰríč]
zijruit (de)	կողային ապակի	[koġajín apakí]
raamlift (de)	ապակիների բարձրացնող սարք	[apakinerí bardzratsʰnóɡ sárkʰ]
antenne (de)	ալեհավաք	[alehavákʰ]
zonnedak (het)	լյուկ	[ljuk]
bumper (de)	բախարգել	[baxargél]
koffer (de)	բեռնախցիկ	[bernaxtsʰík]
portier (het)	դուռ	[dur]
handvat (het)	բռնիչ	[brnič]
slot (het)	փական	[pʰakán]
nummerplaat (de)	համարանիշ	[hamaraníš]

knalpot (de)	խլացուցիչ	[xlatsʰutsʰíč]
benzinetank (de)	բենզինաբաք	[benzinabákʰ]
uitlaatpijp (de)	արտածայրթքման խողովակ	[artaʒajtʰkʰmán χoġóvák]

gas (het)	գազ	[gaz]
pedaal (de/het)	ոտնակ	[votnák]
gaspedaal (de/het)	գազի ոտնակ	[gazí votnák]

rem (de)	արգելակ	[argelák]
rempedaal (de/het)	արգելակի ոտնակ	[argelakí votnák]
remmen (ww)	արգելակել	[argelakél]
handrem (de)	կայանային արգելակ	[kajanajín argelák]

koppeling (de)	կցորդիչ	[ktsʰordíč]
koppelingspedaal (de/het)	կցորդիչ ոտնակ	[ktsʰordíč votnák]
koppelingsschijf (de)	կցորդիչ սկավառակ	[ktsʰordíč skavarák]
schokdemper (de)	ամորտիզատոր	[amortizátor]

wiel (het)	անիվ	[anív]
reservewiel (het)	պահեստային անիվ	[pahestajín anív]
band (de)	ավտոդող	[avtodóġ]
wieldop (de)	կափարիչ	[kapʰaríč]

aandrijfwielen (mv.)	քարշակ անիվներ	[kʰaršák anivnér]
met voorwielaandrijving	առջևի քարշակ անիվներ	[arʤeví kʰaršák anivnér]
met achterwielaandrijving	ետևի քարշակ անիվներ	[etevi kʰaršák anivnér]
met vierwielaandrijving	չորս քարշակ անիվներ	[čórs kʰaršák anivnér]

versnellingsbak (de)	փոխանցատուփ	[poχantsʰatúpʰ]
automatisch (bn)	ավտոմատ	[avtomát]
mechanisch (bn)	մեխանիկական	[meχanikakán]
versnellingspook (de)	փոխանցատուփի լծակ	[pʰoχantsʰatupí ltsák]

voorlicht (het)	լուսարձակ	[lusardzák]
voorlichten (mv.)	լույսեր	[lujsér]

dimlicht (het)	մոտակա լույս	[motaká lújs]
grootlicht (het)	հեռակա լույս	[heraká lújs]
stoplicht (het)	ստոպ ազդանշան	[stóp azdanšán]

standlichten (mv.)	գաբարիտային լույսեր	[gabaritajín lujsér]
noodverlichting (de)	վթարային լույսեր	[vtʰarajín lujsér]
mistlichten (mv.)	հակամառախուղային լուսարձակներ	[hakamaraχuġajín lusardzaknér]
pinker (de)	շրջադարձի ցուցիչ	[šrʤadardzí tsʰutsʰíč]
achteruitrijdlicht (het)	ետընթացի ցուցիչ	[etəntatʰí tsʰutsʰíč]

176. Auto's. Passagiersruimte

interieur (het)	սրահ	[srah]
leren (van leer gemaak)	կաշեպատ	[kašepát]
fluwelen (abn)	թավշյա	[tʰavšjá]
bekleding (de)	պաստառ	[pastár]
toestel (het)	սարքավորում	[sarkʰavorúm]

instrumentenbord (het)	սարքավորումների վահանակ	[sarkʰavorumnerí vahar ák]
snelheidsmeter (de)	արագաչափ	[aragačápʰ]
pijltje (het)	սլաք	[slakʰ]

kilometerteller (de)	հաշվիչ	[hašvíč]
sensor (de)	գուցիչ	[tsʰutsʰíč]
niveau (het)	մակարդակ	[makaʳdák]
controlelampje (het)	լամպ	[lamp]

stuur (het)	ղեկ	[ġek]
toeter (de)	ազդանշան	[azdaršán]
knopje (het)	կոճակ	[kočák]
schakelaar (de)	փոխարկիչ	[pʰoχarkíč]

stoel (bestuurders~)	նստատեղ	[nstatéǵ]
rugleuning (de)	հենակ	[henák]
hoofdsteun (de)	գլխատեղ	[glχatéǵ]
veiligheidsgordel (de)	անվտանգության գոտի	[anvtar gutʰján gotí]
de gordel aandoen	ամրացնել անվտանգության գոտին	[amratsʰnél anvtangutʰján gotín]
regeling (de)	կարգավորում	[kargavorúm]

airbag (de)	օդային բարձիկ	[odajín ɔardzík]
airconditioner (de)	օդորակիչ	[odorakíč]

radio (de)	ռադիո	[rádio]
CD-speler (de)	SD-նվագարկիչ	[sidí nvagarkíč]
aanzetten (bijv. radio ~)	միացնել	[miatsʰnél]
antenne (de)	ալեհավաք	[alehavakʰ]
handschoenenkastje (het)	պահախցիկ	[pahaχtsʰík]
asbak (de)	մոխրաման	[moχramán]

177. Auto's. Motor

motor (de)	շարժիչ	[šarʒíč]
diesel- (abn)	դիզելային	[dizelajír]
benzine- (~motor)	բենզինային	[benzina ín]

motorinhoud (de)	շարժիչի ծավալ	[šarʒičí tsavál]
vermogen (het)	հզորություն	[hzorutʰjün]
paardenkracht (de)	ձիաուժ	[dziaúʒ]
zuiger (de)	մխոց	[mχotsʰ]
cilinder (de)	գլան	[glan]
klep (de)	փական	[pʰakán]

injectie (de)	ինժեկտոր	[inʒektór]
generator (de)	գեներատոր	[generatɔr]
carburator (de)	կարբյուրատոր	[karbjuratɔr]
motorolie (de)	շարժիչի յուղ	[šarʒičí juǵ]

radiator (de)	ռադիատոր	[radiatór]
koelvloeistof (de)	սառեցնող հեղուկ	[saretsʰnóǵ heġúk]
ventilator (de)	օդափոխիչ	[ɔdapʰoχíč]

accu (de)	մարտկոց	[martkótsʰ]
starter (de)	ընթացաշարժիչ	[əntʰatsʰašarʒíč]
contact (ontsteking)	լուցկի	[lutsʰíč]
bougie (de)	շարժիչի մոմիկ	[šarʒičí momík]

pool (de)	սեղմակ	[seǵmák]
positieve pool (de)	պլյուս	[pljus]
negatieve pool (de)	մինուս	[mínus]
zekering (de)	ապահովիչ	[apahovíč]

luchtfilter (de)	օդի ֆիլտր	[odí filtr]
oliefilter (de)	յուղի ֆիլտր	[juǵí filtr]
benzinefilter (de)	վառելիքային ֆիլտր	[varelikʰajín fíltr]

178. Auto's. Botsing. Reparatie

auto-ongeval (het)	վթար	[vtʰar]
verkeersongeluk (het)	ճանապարհային պատահար	[čanaparhajín patahár]
aanrijden	բախվել	[baχvél]
(tegen een boom, enz.)		

verongelukken (ww)	վնասվածքներ ստանալ	[vnasvatskʰnér stanál]
beschadiging (de)	վնաս	[vnas]
heelhuids (bn)	ողջ	[voǵʒ]

| kapot gaan (zijn gebroken) | փչանալ | [pʰčanál] |
| sleeptouw (het) | քարշակառան | [kʰaršakarán] |

lek (het)	ծակում	[tsakúm]
lekke krijgen (band)	օդը դուրս գալ	[ódə durs gal]
oppompen (ww)	փչել	[pʰčel]
druk (de)	ճնշում	[čnšum]
checken (ww)	ստուգել	[stugél]

reparatie (de)	նորոգում	[norogúm]
garage (de)	արհեստանոց	[arhestanótsʰ]
wisselstuk (het)	պահեստամաս	[pahestamás]
onderdeel (het)	մաս	[mas]

bout (de)	հեղույս	[heǵújs]
schroef (de)	պողոսակ	[poǵosák]
moer (de)	պտուտակամեր	[ptutakamér]
sluitring (de)	մեջդիր	[medʒdír]
kogellager (de/het)	առանցքակալ	[arantsʰkʰakál]

pijp (de)	խողովակիկ	[χoǵovakík]
pakking (de)	միջադիր	[midʒadír]
kabel (de)	լար	[lar]

dommekracht (de)	ամբարձակ	[ambardzák]
moersleutel (de)	մանեկադարձակ	[manekadardzák]
hamer (de)	մուրճ	[murč]
pomp (de)	պոմպ	[pomp]
schroevendraaier (de)	պտուտակահան	[ptutakahán]
brandblusser (de)	կրակմարիչ	[krakmaríč]

gevarendriehoek (de)	վթարային կանգ	[vtʰarɛjín káng]
afslaan	մարել	[maréː]
(ophouden te werken)		
uitvallen (het)	կանգ առնելը	[káng arnél]
zijn gebroken	կոտրված լինել	[kotrvɛ́ts linél]

oververhitten (ww)	գերտաքանալ	[gertakʰanál]
verstopt raken (ww)	խցանվել	[χtsʰanwél]
bevriezen (autodeur, enz.)	սառչել	[sarčél]
barsten (leidingen, enz.)	ճակվել	[tsakvél]

druk (de)	ճնշում	[čnšuṙ]
niveau (bijv. olieniveau)	մակարդակ	[makardák]
slap (de drijfriem is ~)	թույլ	[tʰujl]

deuk (de)	փոս ընկած տեղ	[pʰós ənkáts tég]
geklop (vreemde geluiden)	թխկոց	[tʰχkotsʲa]
barst (de)	ճեղք	[čeǵkʰ]
kras (de)	քերծվածք	[kertsvɛ́tskʰ]

179. Auto's. Weg

weg (de)	ճանապարհ	[čanapárh]
snelweg (de)	մայրուղի	[majruǵí]
autoweg (de)	խճուղի	[χčuǵí]
richting (de)	ուղղություն	[uǵutʰjún]
afstand (de)	հեռավորություն	[heravorutʰjún]

brug (de)	կամուրջ	[kamúrdʒ]
parking (de)	ավտոկայանատեղի	[avtokajanateǵí]
plein (het)	հրապարակ	[hraparáⱪ]
verkeersknooppunt (het)	հանգուցալուծում	[hangutsʲalutsúm]
tunnel (de)	թունել	[tʰunél]

benzinestation (het)	ավտոլցակայան	[avtoltsʰakaján]
parking (de)	ավտոկայանատեղի	[avtokajanateǵí]
benzinepomp (de)	բենզալցակայան	[benzaltsʲakaján]
garage (de)	արհեստանոց	[arhestar óts]
tanken (ww)	լցավորում	[ltsʰavorúm]
brandstof (de)	վառելիք	[varelíkʰ]
jerrycan (de)	թիթեղ	[tʰitʰéǵ]

asfalt (het)	ասֆալտ	[asfált]
markering (de)	նշագիծ	[nšagíts]
trottoirband (de)	մայթեզր	[majtʰézr]
geleiderail (de)	պատվար	[patvár]
greppel (de)	խրամատ	[χramáru]
vluchtstrook (de)	ճամփեզր	[čampʰézr]
lichtmast (de)	սյուն	[sjun]

besturen (een auto ~)	վարել	[varél]
afslaan (naar rechts ~)	թեքվել	[tʰekʰvél]
U-bocht maken (ww)	ետ դառնալ	[et darnál]
achteruit (de)	էտընթացք	[etəntʰátsʰⱪʰ]

toeteren (ww)	ազդանշանել	[azdanšanél]
toeter (de)	ձայնային ազդանշան	[dzajnajín azdanšán]
vastzitten (in modder)	մնալ	[mnal]
spinnen (wielen gaan ~)	քաշել	[kʰašél]
uitzetten (ww)	անջատել	[andzatél]

snelheid (de)	արագություն	[aragutʰjún]
een snelheidsovertreding maken	արագությունը գերազանցել	[aragutʰjúnə gerazantsʰél]
bekeuren (ww)	տուգանել	[tuganél]
verkeerslicht (het)	լուսակիր	[lusakír]
rijbewijs (het)	վարորդական իրավունքներ	[varordakán iravunkʰnér]

overgang (de)	շրջանցում	[šrdzantsʰúm]
kruispunt (het)	խաչմերուկ	[xačmerúk]
zebrapad (oversteekplaats)	հետիոտնի անցում	[hetiotní antsʰúm]
bocht (de)	ոլորան	[volorán]
voetgangerszone (de)	հետիոտն ճանապարհ	[hetiótn čanapárh]

180. Verkeersborden

verkeersregels (mv.)	ճանապարհային երթևեկության կանոններ	[čanaparhajín ertʰevekutʰján kanonnér]
verkeersbord (het)	նշան	[nšan]
inhalen (het)	վազանց	[vazántsʰ]
bocht (de)	շրջադարձ	[šrdzadárdz]
U-bocht, kering (de)	հետադարձ	[hetadárdz]
Rotonde (de)	շրջանաձև երթևեկություն	[šrdzanadzév ertʰevekutʰjún]

Verboden richting	մուտքն արգելվում է	[mutkʰn argelvúm ē]
Verboden toegang	շարժումն արգելվում է	[šaržúmn argelvúm ē]
Inhalen verboden	վազանցն արգելվում է	[vazántsʰn argelvúm ē]
Parkeerverbod	կանգառն արգելվում է	[kangárn argelvúm ē]
Verbod stil te staan	կայանելն արգելվում է	[kajanéln argelvúm ē]

Gevaarlijke bocht	վտանգավոր շրջադարձ	[vtangavór šrdzadárdz]
Gevaarlijke daling	կտրուկ վայրէջք	[ktruk vajrēdzkʰ]
Eenrichtingsweg	միակողմանի երթևեկություն	[miakoğmaní ertʰevekutʰjún]
Voetgangers	հետիոտն անցում	[hetiotní antsʰúm]
Slipgevaar	սահուն ճանապարհ	[sahún čanapárh]
Voorrang verlenen	ճանապարհը զիջի	[čanapárhə zidzí]

MENSEN. GEBEURTENISSEN IN HET LEVEN

Gebeurtenissen in het leven

181. Vakanties. Evenement

feest (het)	տոն	[ton]
nationale feestdag (de)	ազգային տոն	[azgajin tón]
feestdag (de)	տոնական օր	[tonakan or]
herdenken (ww)	տոնել	[tonél]
gebeurtenis (de)	դեպք	[depkʰ]
evenement (het)	միջոցառում	[midʒotsʰarúm]
banket (het)	ճաշկերույթ	[čaškerújtʰ]
receptie (de)	ընդունելություն	[əndunəlutʰjún]
feestmaal (het)	խնջույք	[xndʒujˁʰ]
verjaardag (de)	տարեդարձ	[taredá·dz]
jubileum (het)	հոբելյան	[hobeljan]
vieren (ww)	նշել	[nšel]
Nieuwjaar (het)	Ամանոր	[amanór]
Gelukkig Nieuwjaar!	Շնորհավոր Ամանոր	[šnorhavór amanór]
Kerstfeest (het)	Սուրբ ծնունդ	[surb tsnund]
Vrolijk kerstfeest!	Ուրախ Սուրբ ծննունդ	[uráx surb tsnúnd]
kerstboom (de)	տոնածառ	[tonatsár]
vuurwerk (het)	հրավառություն	[hravarutʰjún]
bruiloft (de)	հարսանիք	[harsan kʰ]
bruidegom (de)	փեսացու	[pʰesatsˁú]
bruid (de)	հարսնացու	[harsnatsʰú]
uitnodigen (ww)	հրավիրել	[hravirél]
uitnodigingskaart (de)	հրավիրատոմս	[hraviratóms]
gast (de)	հյուր	[hjur]
op bezoek gaan	հյուր գնալ	[hjur gnal]
gasten verwelkomen	հյուրերին դիմավորել	[hjurerín dimavorél]
geschenk, cadeau (het)	նվեր	[nver]
geven (iets cadeau ~)	նվիրել	[nvirél]
geschenken ontvangen	նվերներ ստանալ	[nvernér stanál]
boeket (het)	ծաղկեփունջ	[tsaġkepʰúndʒ]
felicitaties (mv.)	շնորհավորանք	[šnorhavoránkʰ]
feliciteren (ww)	շնորհավորել	[šnorhavorél]
wenskaart (de)	շնորհավորական բացիկ	[šnorhavorakán batsʰí·]
een kaartje versturen	բացիկ ուղարկել	[batsʰík ułarkél]

een kaartje ontvangen	բացիկ ստանալ	[batsʰík stanál]
toast (de)	կենաց	[kenátsʰ]
aanbieden (een drankje ~)	հյուրասիրել	[hjurasirél]
champagne (de)	շամպայն	[šampájn]

plezier hebben (ww)	զվարճանալ	[zvarčanál]
plezier (het)	զվարճանք	[zvarčánkʰ]
vreugde (de)	ուրախություն	[uraχutʰjún]

| dans (de) | պար | [par] |
| dansen (ww) | պարել | [parél] |

| wals (de) | վալս | [vals] |
| tango (de) | տանգո | [tángo] |

182. Begrafenissen. Begrafenis

kerkhof (het)	գերեզմանոց	[gerezmanótsʰ]
graf (het)	գերեզման	[gerezmán]
kruis (het)	խաչ	[χač]
grafsteen (de)	տապանաքար	[tapanakʰár]
omheining (de)	ցանկապատ	[tsʰankapát]
kapel (de)	մատուռ	[matúr]

dood (de)	մահ	[mah]
sterven (ww)	մահանալ	[mahanál]
overledene (de)	հանգուցյալ	[hangutsʰjál]
rouw (de)	սուգ	[sug]

begraven (ww)	թաղել	[tʰaġél]
begrafenisonderneming (de)	թաղման բյուրո	[tʰaġmán bjuró]
begrafenis (de)	թաղման արարողություն	[tʰaġmán araroġutʰjún]

krans (de)	պսակ	[psak]
doodskist (de)	դագաղ	[dagáġ]
lijkwagen (de)	դիակառք	[diakárkʰ]
lijkkleed (de)	սավան	[sav–n]

| urn (de) | աճյունասափոր | [ačunasapʰór] |
| crematorium (het) | դիակիզարան | [diakizarán] |

overlijdensbericht (het)	մահախոսական	[mahaχosakán]
huilen (wenen)	լացել	[latsʰél]
snikken (huilen)	ողբալ	[voġbál]

183. Oorlog. Soldaten

peloton (het)	դասակ	[dasák]
compagnie (de)	վաշտ	[vašt]
regiment (het)	գունդ	[gund]
leger (armee)	բանակ	[banák]
divisie (de)	դիվիզիա	[divízia]

sectie (de)	չոկատ	[dʒokát]
troep (de)	զորք	[zorkʰ]
soldaat (militair)	զինվոր	[zinvór]
officier (de)	սպա	[spa]
soldaat (rang)	շարքային	[šarkʰajín]
sergeant (de)	սերժանտ	[serʒánt]
luitenant (de)	լեյտենանտ	[lejtenánt]
kapitein (de)	կապիտան	[kapitén]
majoor (de)	մայոր	[majór]
kolonel (de)	գնդապետ	[gndapét]
generaal (de)	գեներալ	[generál]
matroos (de)	ծովային	[tsovaj n]
kapitein (de)	կապիտան	[kapitán]
bootsman (de)	բոցման	[botsʰmán]
artillerist (de)	հրետանավոր	[hretanavór]
valschermjager (de)	դեսանտային	[desantajín]
piloot (de)	օդաչու	[odačú]
stuurman (de)	ղեկավար	[ġekapét]
mecanicien (de)	մեխանիկ	[meχaník]
sappeur (de)	սակրավոր	[sakravór]
parachutist (de)	պարաշյուտիստ	[parašutíst]
verkenner (de)	հետախույզ	[hetaχúz]
scherpschutter (de)	սնայպեր	[snájper]
patrouille (de)	պարեկ	[parék]
patrouilleren (ww)	պարեկել	[parekél]
wacht (de)	ժամապահ	[ʒamapah]
krijger (de)	ռազմիկ	[razmík]
patriot (de)	հայրենասեր	[hajrenasér]
held (de)	հերոս	[herós]
heldin (de)	հերոսուհի	[herosuhí]
verrader (de)	դավաճան	[davačán]
deserteur (de)	դասալիք	[dasalíkʰ]
deserteren (ww)	դասալքել	[dasalkʰél]
huurling (de)	վարձկան	[vardzkán]
rekruut (de)	նորակոչիկ	[norakoč k]
vrijwilliger (de)	կամավոր	[kamavór]
gedode (de)	սպանված	[spanvátse]
gewonde (de)	վիրավոր	[viravór]
krijgsgevangene (de)	գերի	[gerí]

184. Oorlog. Militaire acties. Deel 1

oorlog (de)	պատերազմ	[paterázm]
oorlog voeren (ww)	պատերազմել	[paterazmél]

burgeroorlog (de)	քաղաքացիական պատերազմ	[kʰaġakatsʰiakán paterázm]
achterbaks (bw)	ետնքողեն	[nengorén]
oorlogsverklaring (de)	հայտարարում	[hajtararúm]
verklaren (de oorlog ~)	հայտարարել	[hajtararél]
agressie (de)	ագրեսիա	[agrésia]
aanvallen (binnenvallen)	հարձակվել	[hardzakvél]

binnenvallen (ww)	զավթել	[zavtʰél]
invaller (de)	զավթիչ	[zavtʰíč]
veroveraar (de)	նվաճող	[nvačóġ]

verdediging (de)	պաշտպանություն	[paštpanutʰjún]
verdedigen (je land ~)	պաշտպանել	[paštpanél]
zich verdedigen (ww)	պաշտպանվել	[paštpanvél]

vijand (de)	թշնամի	[tʰšnamí]
tegenstander (de)	հակառակորդ	[hakarakórd]
vijandelijk (bn)	թշնամական	[tʰšnamakán]

strategie (de)	ռազմավարություն	[razmavarutʰjún]
tactiek (de)	մարտավարություն	[martavarutʰjún]

order (de)	հրաման	[hramán]
bevel (het)	հրաման	[hramán]
bevelen (ww)	հրամայել	[hramajél]
opdracht (de)	առաջադրանք	[aradzadránkʰ]
geheim (bn)	գաղտնի	[gaġtní]

slag (de)	ճակատամարտ	[čakatamárt]
strijd (de)	մարտ	[mart]

aanval (de)	հարձակում	[hardzakúm]
bestorming (de)	գրոհ	[groh]
bestormen (ww)	գրոհել	[grohél]
bezetting (de)	պաշարում	[pašarúm]

aanval (de)	հարձակում	[hardzakúm]
in het offensief te gaan	հարձակվել	[hardzakvél]

terugtrekking (de)	նահանջ	[nahándz]
zich terugtrekken (ww)	նահանջել	[nahandzél]

omsingeling (de)	շրջապատում	[šrdzapatúm]
omsingelen (ww)	շրջապատել	[šrdzapatél]

bombardement (het)	ռմբակոծություն	[rmbakotsutʰjún]
een bom gooien	ռումբ նետել	[rúmb netél]
bombarderen (ww)	ռմբակոծել	[rmbakotsél]
ontploffing (de)	պայթյուն	[pajtʰjún]

schot (het)	կրակոց	[krakótsʰ]
een schot lossen	կրակել	[krakél]
schieten (het)	հրաձգություն	[hradzgutʰjún]
mikken op (ww)	նշան բռնել	[nšán brnel]
aanleggen (een wapen ~)	ուղղել	[uġġél]

treffen (doelwit ~)	դիպչել	[dipčél]
zinken (tot zinken brengen)	խորտակել	[xorta‹él]
kogelgat (het)	ճեղքվածք	[čeġkʷátskʰ]
zinken (gezonken zijn)	ընդհատակ գնալ	[əndhaták gnal]

front (het)	ճակատ	[čakát]
evacuatie (de)	էվակուացիա	[ēvakɫátsʰia]
evacueren (ww)	էվակուացնել	[ēvakɫatsʰnél]

loopgraaf (de)	խրամատ	[xramét]
prikkeldraad (de)	փշալար	[pʰšalár]
verdedigingsobstakel (het)	փակոց	[pʰakótsʰ]
wachttoren (de)	աշտարակ	[aštarák]

hospitaal (het)	գոսպիտալ	[gospitál]
verwonden (ww)	վիրավորել	[viravorél]
wond (de)	վերք	[verkʰ]
gewonde (de)	վիրավոր	[viravóɪ]
gewond raken (ww)	վիրավորվել	[viravorvél]
ernstig (~e wond)	ծանր	[tsanr]

185. Oorlog. Militaire acties. Deel 2

krijgsgevangenschap (de)	գերություն	[gerutʰjűn]
krijgsgevangen nemen	գերի վերցնել	[gerí vertsʰnél]
krijgsgevangene zijn	գերի լինել	[gerí linel]
krijgsgevangen genomen worden	գերի ընկնել	[gerí ənknél]

| concentratiekamp (het) | համակենտրոնացման ճամբար | [hamakɛntronatsʰmán čambár] |

| krijgsgevangene (de) | գերի | [gerí] |
| vluchten (ww) | փախչել | [pʰaxčél] |

verraden (ww)	դավաճանել	[davačanél]
verrader (de)	դավաճան	[davačár]
verraad (het)	դավաճանություն	[davačar utʰjún]

| fusilleren (executeren) | գնդակահարել | [gndakaɬarél] |
| executie (de) | գնդակահարություն | [gndakaɬarutʰjún] |

uitrusting (de)	հանդերձանք	[handerdzánkʰ]
schouderstuk (het)	ուսադիր	[usadír]
gasmasker (het)	հակագազ	[hakagáz]

portofoon (de)	ռադիոկայան	[radiokajén]
geheime code (de)	գաղտնագիր	[gaġtnagíɪ]
samenzwering (de)	կոնսպիրացիա	[konspirátsʰia]
wachtwoord (het)	նշանաբառ	[nšanabáɪ]

mijn (landmijn)	ական	[akán]
ondermijnen (legden mijnen)	ականապատել	[akanapatél]
mijnenveld (het)	ականային դաշտ	[akanajín dášt]
luchtalarm (het)	օդային տագնապ	[odajín taɡnáp]

alarm (het)	տագնապ	[tagnáp]
signaal (het)	ազդանշան	[azdanšán]
vuurpijl (de)	ազդանշանային հրթիռ	[azdanšanajín hrtʰir]

staf (generale ~)	շտաբ	[štab]
verkenning (de)	հետախուզություն	[hetaχuzutʰjún]
toestand (de)	իրադրություն	[iradrutʰjún]
rapport (het)	զեկուցագիր	[zekutsʰagír]
hinderlaag (de)	դարան	[darán]
versterking (de)	օգնություն	[ognutʰjún]

doel (bewegend ~)	նշանակետ	[nšanakét]
proefterrein (het)	հրաձգարան	[hradzgarán]
manoeuvres (mv.)	զորավարժություններ	[zoravarʒutʰjunnér]

paniek (de)	խուճապ	[χučáp]
verwoesting (de)	ավերմունք	[avermúnkʰ]
verwoestingen (mv.)	ավիրածություններ	[avirvatsutʰjunnér]
verwoesten (ww)	ավիրել	[avirél]

overleven (ww)	կենդանի մնալ	[kendaní mnal]
ontwapenen (ww)	զինաթափել	[zinatʰapʰél]
behandelen (een pistool ~)	վարվել	[varvél]

Geeft acht!	Զգա՛ստ	[zgast!]
Op de plaats rust!	Ազա՛տ	[azát!]

heldendaad (de)	հերոսագործություն	[herosagortsutʰjún]
eed (de)	երդում	[erdúm]
zweren (een eed doen)	երդվել	[erdvél]

decoratie (de)	պարգևանշան	[pargevanšán]
onderscheiden	պարգևատրել	[pargevatrél]
(een ereteken geven)		
medaille (de)	մեդալ	[medál]
orde (de)	շքանշան	[škʰanšán]

overwinning (de)	հաղթանակ	[haġtʰanák]
verlies (het)	պարտություն	[partutʰjún]
wapenstilstand (de)	զինադադար	[zinadadár]

wimpel (vaandel)	դրոշ	[droš]
roem (de)	փառք	[pʰarkʰ]
parade (de)	զորահանդես	[zorahandés]
marcheren (ww)	երթապայլել	[ertʰakʰajlél]

186. Wapens

wapens (mv.)	զենք	[zenkʰ]
vuurwapens (mv.)	հրազեն	[hrazén]
koude wapens (mv.)	սառը զենք	[sáre zenkʰ]

chemische wapens (mv.)	քիմիական զենք	[kimiakán zénkʰ]
kern-, nucleair (bn)	միջուկային	[midʒukajín]

kernwapens (mv.)	միջուկային զենք	[midʒukajín zénkʰ]
bom (de)	ռումբ	[rumb]
atoombom (de)	ատոմային ռումբ	[atomajín rúmb]

pistool (het)	ատրճանակ	[atrčanák]
geweer (het)	հրացան	[hratsʰán]
machinepistool (het)	ավտոմատ	[avtomát]
machinegeweer (het)	գնդացիր	[gndatsʰír]

loop (schietbuis)	փողաբերան	[pʰoġaɔerán]
loop (bijv. geweer met kortere ~)	փող	[pʰoġ]
kaliber (het)	տրամաչափ	[tramačápʰ]

trekker (de)	հրահան	[hrahán]
korrel (de)	նշան	[nšan]
magazijn (het)	պահեստատուփ	[pahesːatúpʰ]
geweerkolf (de)	կոթ	[kotʰ]

granaat (handgranaat)	նռնակ	[nrnak]
explosieven (mv.)	պայթուցիկ	[pajtʰutsʰík]

kogel (de)	գնդակ	[gndak]
patroon (de)	փամփուշտ	[pʰampúšt]
lading (de)	լից	[litsʰ]
ammunitie (de)	զինամթերք	[zinamtʰérkʰ]

bommenwerper (de)	ռմբակոծիչ	[rmbakɔtsíč]
straaljager (de)	կործանիչ	[kortsaníč]
helikopter (de)	ուղղաթիռ	[uġatʰír]

afweergeschut (het)	զենիթային թնդանոթ	[zenitʰajín tʰndanótʰ]
tank (de)	տանկ	[tank]
kanon (tank met een ~ van 76 mm)	թնդանոթ	[tʰndanótʰ]

artillerie (de)	հրետանի	[hretaní]
aanleggen (een wapen ~)	ուղղել	[uġġél]

projectiel (het)	արկ	[ark]
mortiergranaat (de)	ական	[akán]
mortier (de)	ականանետ	[akananet]
granaatscherf (de)	բեկոր	[bekór]

duikboot (de)	սուզանավ	[suzanáv]
torpedo (de)	տորպեդ	[torpéd]
raket (de)	հրթիռ	[hrtʰir]

laden (geweer, kanon)	լցնել	[ltsʰnel]
schieten (ww)	կրակել	[krakél]
richten op (mikken)	նշան բռնել	[nšán brnel]
bajonet (de)	սվին	[svin]

degen (de)	սուսեր	[susér]
sabel (de)	սուր	[sur]
speer (de)	նիզակ	[nizák]

167

boog (de)	աղեղ	[aġéġ]
pijl (de)	նետ	[net]
musket (de)	մուշկետ	[muškét]
kruisboog (de)	աղեղնազեն	[aġeġnazén]

187. Oude mensen

primitief (bn)	նախնադարյան	[naχnadarján]
voorhistorisch (bn)	նախապատմական	[naχapatmakán]
eeuwenoude (~ beschaving)	հին	[hin]

Steentijd (de)	քարե դար	[kʰaré dár]
Bronstijd (de)	բրոնզե դար	[bronzé dár]
IJstijd (de)	սառցե դարաշրջան	[sartsʰé darašrdʒán]

stam (de)	ցեղ	[tsʰeġ]
menseneter (de)	մարդակեր	[mardakér]
jager (de)	որսորդ	[vorsórd]
jagen (ww)	որս անել	[vors anél]
mammoet (de)	մամոնտ	[mamónt]
grot (de)	քարանձավ	[kʰarandzáv]
vuur (het)	կրակ	[krak]
kampvuur (het)	խարույկ	[χarújk]
rotstekening (de)	ժայռանկար	[ʒajrapatkér]

werkinstrument (het)	աշխատանքի գործիք	[ašχatankí gortsíkʰ]
speer (de)	նիզակ	[nizák]
stenen bijl (de)	քարե կացին	[kʰaré katsʰín]
oorlog voeren (ww)	պատերազմել	[paterazmél]
temmen (bijv. wolf ~)	ընտելացնել	[əntelatsʰnél]
idool (het)	կուռք	[kurkʰ]
aanbidden (ww)	պաշտել	[paštél]
bijgeloof (het)	սնապաշտություն	[snapaštutʰjún]

evolutie (de)	էվոլյուցիա	[ēvoljútsʰia]
ontwikkeling (de)	զարգացում	[zargatsʰúm]
verdwijning (de)	անհետացում	[anhetatsʰúm]
zich aanpassen (ww)	ընտելանալ	[əntelanál]

archeologie (de)	հնեաբանություն	[hnēabanutʰjún]
archeoloog (de)	հնեագետ	[hnagét]
archeologisch (bn)	հնեաբանական	[hnēabanakán]

opgravingsplaats (de)	պեղումներ	[peġumnér]
opgravingen (mv.)	պեղումներ	[peġumnér]
vondst (de)	գտածո	[gtatsó]
fragment (het)	բեկոր	[bekór]

188. Middeleeuwen

| volk (het) | ժողովուրդ | [ʒoġovúrd] |
| volkeren (mv.) | ժողովուրդներ | [ʒoġovurdnér] |

stam (de)	գեղ	[tsʰeg]
stammen (mv.)	գեղեր	[tsʰegér]

barbaren (mv.)	բարբարոսներ	[barbarosnér]
Galliërs (mv.)	գալլեր	[gallé·]
Goten (mv.)	գոտեր	[gotér]
Slaven (mv.)	սլավոններ	[slavonnér]
Vikings (mv.)	վիկինգներ	[vikinčnér]

Romeinen (mv.)	հռոմեացիներ	[hromeatsʰinér]
Romeins (bn)	հռոմեական	[hromeakán]

Byzantijnen (mv.)	բարելոնացիներ	[babelɔnatsʰinér]
Byzantium (het)	Բարելոն	[babelɔ́n]
Byzantijns (bn)	բարելոնյան	[babelonakán]

keizer (bijv. Romeinse ~)	կայսր	[kajsr]
opperhoofd (het)	առաջնորդ	[aradʒnórd]
machtig (bn)	հզոր	[hzor]
koning (de)	թագավոր	[tʰagavór]
heerser (de)	ղեկավար	[ģekavár]

ridder (de)	ասպետ	[aspét]
feodaal (de)	ավատատեր	[avatatér]
feodaal (bn)	ավատատիրական	[avatatirakán]
vazal (de)	վասսալ	[vassál̄]

hertog (de)	դուքս	[dukʰs]
graaf (de)	կոմս	[koms]
baron (de)	բարոն	[barón]
bisschop (de)	եպիսկոպոս	[episkopós]

harnas (het)	զենք ու զրահ	[zenkʰ u zrah]
schild (het)	վահան	[vahán]
zwaard (het)	թուր	[tʰur]
vizier (het)	երեսկալ	[ereskál̄]
maliënkolder (de)	օղազրահ	[oģazráh]

kruistocht (de)	խաչակրաց արշավանք	[xačakrétsʰ aršavánkʰ]
kruisvaarder (de)	խաչակիր	[xačakír]

gebied (bijv. bezette ~en)	տարածք	[tarátskʰ]
aanvallen (binnenvallen)	հարձակկվել	[hardzakvél]
veroveren (ww)	զրավել	[gravél]
innemen (binnenvallen)	զավթել	[zavtʰél]

bezetting (de)	պաշարում	[pašarúm]
belegerd (bn)	պաշարված	[pašarvás]
belegeren (ww)	պաշարել	[pašarél]

inquisitie (de)	հավատաքննություն	[havatakʰnnutʰjún]
inquisiteur (de)	հավատաքննիչ	[havatakʰnníč]
foltering (de)	խոշտանգում	[xoštangúm]
wreed (bn)	դաժան	[daʒán]
ketter (de)	հերետիկոս	[heretikós]
ketterij (de)	հերետիկոսություն	[heretikutʰjún]

zeevaart (de)	ծովագնացություն	[tsovagnatsʰutʰjún]
piraat (de)	ծովահեն	[tsovahén]
piraterij (de)	ծովահենություն	[tsovahenutʰjún]
enteren (het)	նավագրում	[navagzerúm]
buit (de)	որս	[vors]
schatten (mv.)	գանձեր	[gandzér]

ontdekking (de)	հայտնագործություն	[hajtnagortsutʰjún]
ontdekken (bijv. nieuw land)	հայտնագործել	[hajtnagortsél]
expeditie (de)	արշավ	[aršáv]

musketier (de)	հրացանակիր	[hratsʰanakír]
kardinaal (de)	կարդինալ	[kardinál]
heraldiek (de)	զինանշանագիտություն	[zinanišagitutʰjún]
heraldisch (bn)	զինանշանագիտական	[zinanišagitakán]

189. Leider. Baas. Autoriteiten

koning (de)	թագավոր	[tʰagavór]
koningin (de)	թագուհի	[tʰaguhí]
koninklijk (bn)	թագավորական	[tʰagavorakán]
koninkrijk (het)	թագավորություն	[tʰagavorutʰjún]

prins (de)	արքայազն	[arkʰajázn]
prinses (de)	արքայադուստր	[arkʰajadústr]

president (de)	նախագահ	[naχagáh]
vicepresident (de)	փոխնախագահ	[pʰoχnaχagáh]
senator (de)	սենատոր	[senatór]

monarch (de)	միապետ	[marzpét]
heerser (de)	ղեկավար	[ġekavár]
dictator (de)	դիկտատոր	[diktatór]
tiran (de)	բռնապետ	[brnapét]
magnaat (de)	մագնատ	[magnát]

directeur (de)	տնօրեն	[tnorén]
chef (de)	շեֆ	[šef]
beheerder (de)	կառավարիչ	[karavaríč]
baas (de)	պետ	[pet]
eigenaar (de)	տեր	[ter]

hoofd (bijv. ~ van de delegatie)	գլուխ	[gluχ]
autoriteiten (mv.)	իշխանություններ	[išχanutʰjunnér]
superieuren (mv.)	ղեկավարություն	[ġekavarutʰjún]

gouverneur (de)	գուբերնատոր	[gubernátor]
consul (de)	հյուպատոս	[hjupatós]
diplomaat (de)	դիվանագետ	[divanagét]
burgemeester (de)	քաղաքապետ	[kʰaġakapét]
sheriff (de)	ոստիկանապետ	[vostikanapét]
keizer (bijv. Romeinse ~)	կայսր	[kajsr]
tsaar (de)	թագավոր	[tʰagavór]

| farao (de) | փարավոն | [pʰaravón] |
| kan (de) | խան | [χan] |

190. Weg. Weg. Routebeschrijving

| weg (de) | ճանապարհ | [čanapárh] |
| route (de kortste ~) | ուղի | [uǵí] |

autoweg (de)	խճուղի	[χčuǵí]
snelweg (de)	մայրուղի	[majruǵí]
rijksweg (de)	ազգային ճանապարհ	[azgajín čanapárh]

| hoofdweg (de) | գլխավոր ճանապարհ | [glχavór čanapárh] |
| landweg (de) | գյուղական ճանապարհ | [gjuǵakán čanapárh] |

| pad (het) | արահետ | [arahét] |
| paadje (het) | կածան | [katsán] |

Waar?	Որտե՞ղ	[vortéǵ?]
Waarheen?	Ո՞ւր	[ur?]
Waarvandaan?	Որտեղի՞g	[vorteǵísʰ?]

| richting (de) | ուղղություն | [uǵutʰjún] |
| aanwijzen (de weg ~) | ցույց տալ | [tsʰújtsʰ tal] |

naar links (bw)	ձախ	[dzaχ]
naar rechts (bw)	աջ	[adʒ]
rechtdoor (bw)	ուղիղ	[uǵíǵ]
terug (bijv. ~ keren)	ետ	[et]

bocht (de)	ոլորան	[volocán]
afslaan (naar rechts ~)	թեքվել	[tʰekʰvél]
U-bocht maken (ww)	ետ դառնալ	[et darnal]

| zichtbaar worden (ww) | երևալ | [erevál] |
| verschijnen (in zicht komen) | երևալ | [erevál] |

stop (korte onderbreking)	կանգ	[kang]
zich verpozen (uitrusten)	հանգստանալ	[hangstanál]
rust (de)	հանգիստ	[hangíst]

verdwalen (de weg kwijt zijn)	մոլորվել	[molorvél]
leiden naar ... (de weg)	տանել դեպի ...	[tanél depí ...]
bereiken (ergens aankomen)	դուրս գալ ... մոտ	[durs gal ... mot]
deel (~ van de weg)	հատված	[hatváts]

asfalt (het)	ասֆալտ	[asfált]
trottoirband (de)	մայթեզր	[majtʰézr]
greppel (de)	առու	[arú]
putdeksel (het)	ljուկ	[ljuk]
vluchtstrook (de)	ճամփեզր	[čampʰézr]
kuil (de)	փոս	[pʰos]
gaan (te voet)	գնալ	[gnal]
inhalen (voorbijgaan)	առաջ անցնել	[arádʒ antsʰnél]

171

stap (de)	քայլ	[kʰajl]
te voet (bw)	ոտքով	[votkʰóv]

blokkeren (de weg ~)	անց«ւնել	[andʒatél]
slagboom (de)	արգելափակոց	[argelapʰakóʦʰ]
doodlopende straat (de)	փակուղի	[pʰakuġí]

191. De wet overtreden. Criminelen. Deel 1

bandiet (de)	ավազակ	[avazák]
misdaad (de)	հանցագործություն	[hanʦʰagorʦutʰjún]
misdadiger (de)	հանցագործ	[hanʦʰagórʦ]

dief (de)	գող	[goġ]
stelen (ww)	գողանալ	[goġanál]
stelen, diefstal (de)	գողություն	[goġutʰjún]

kidnappen (ww)	առևանգել	[arevangél]
kidnapping (de)	առևանգում	[arevangúm]
kidnapper (de)	առևանգող	[arevangóġ]

losgeld (het)	փրկագին	[pʰrkagín]
eisen losgeld (ww)	փրկագին պահանջել	[pʰrkagín pahandʒél]

overvallen (ww)	կողոպտել	[koġoptél]
overvaller (de)	կողոպտիչ	[koġoptíč]

afpersen (ww)	շորթել	[šortʰél]
afperser (de)	շորթիչ	[šortʰíč]
afpersing (de)	շորթում	[šortʰúm]

vermoorden (ww)	սպանել	[spanél]
moord (de)	սպանություն	[spanutʰjún]
moordenaar (de)	մարդասպան	[mardaspán]

schot (het)	կրակոց	[krakóʦʰ]
een schot lossen	կրակել	[krakél]
neerschieten (ww)	կրակել	[krakél]
schieten (ww)	կրակել	[krakél]
schieten (het)	հրաձգություն	[hradzgutʰjún]

ongeluk (gevecht, enz.)	պատահար	[patahár]
gevecht (het)	կռիվ	[kriv]
slachtoffer (het)	զոհ	[zoh]

beschadigen (ww)	վնաս հասցնել	[vnas hasʦʰnél]
schade (de)	վնաս	[vnas]
lijk (het)	դիակ	[diák]
zwaar (~ misdrijf)	ծանր	[ʦanr]

aanvallen (ww)	հարձակում կատարել	[hardzakúm katarél]
slaan (iemand ~)	հարվածել	[harvaʦél]
in elkaar slaan (toetakelen)	ծեծել	[ʦeʦél]
ontnemen (beroven)	խլել	[χlel]

steken (met een mes)	մորթել	[mortʰél]
verminken (ww)	խեղանդամացնել	[xeǵandamatsʰnél]
verwonden (ww)	վիրավորել	[viravorél]

chantage (de)	շորթում	[šortʰúm]
chanteren (ww)	շորթել	[šortʰél]
chanteur (de)	շորթումնագործ	[šortʰᴸmnagórts]

afpersing (de)	դրամաշորթություն	[dramašhortʰutʰjún]
afperser (de)	դրամաշորթ	[dramašórtʰ]
gangster (de)	ավազակ	[avazák]
maffia (de)	մաֆիա	[máfia]

kruimeldief (de)	գրպանահատ	[grpanahát]
inbreker (de)	կոտրակ կատարող	[kotránkʰ kataróǵ]
smokkelen (het)	մաքսանենգություն	[makʰsanengutʰjún]
smokkelaar (de)	մաքսանենգ	[makʰsanéng]

namaak (de)	կեղծիք	[keǵtsíᐸʰ]
namaken (ww)	կեղծել	[keǵtsél]
namaak-, vals (bn)	կեղծ	[keǵts]

192. De wet overtreden. Criminelen. Deel 2

verkrachting (de)	բռնաբարություն	[brnabarutʰjún]
verkrachten (ww)	բռնաբարել	[brnabarél]
verkrachter (de)	բռնաբարող	[brnabaróǵ]
maniak (de)	մոլագար	[molagár]

prostituee (de)	պոռնիկ	[porník]
prostitutie (de)	պոռնկություն	[pornkᴸtʰjún]
pooier (de)	կավատ	[kavát]

drugsverslaafde (de)	թմրամոլ	[tʰmramól]
drugshandelaar (de)	թմրավաճառ	[tʰmravačár]

opblazen (ww)	պայթեցնել	[pajtʰetsʰnél]
explosie (de)	պայթյուն	[pajtʰjún]
in brand steken (ww)	հրկիզել	[hrkizél]
brandstichter (de)	հրկիզող	[hrkizóǵ]

terrorisme (het)	ահաբեկչություն	[ahabekčutʰjún]
terrorist (de)	ահաբեկիչ	[ahabekíč]
gijzelaar (de)	պատանդ	[patánd]

bedriegen (ww)	խաբել	[xabél]
bedrog (het)	խաբեություն	[xabeutʰjún]
oplichter (de)	խարդախ	[xardáx]

omkopen (ww)	կաշառել	[kašarél]
omkoperij (de)	կաշառք	[kašárkʰ]
smeergeld (het)	կաշառք	[kašárkʰ]
vergif (het)	թույն	[tʰujn]
vergiftigen (ww)	թունավորել	[tʰunavorél]

vergif innemen (ww)	թունավորել	[tʰunavorél]
zelfmoord (de)	ինքնասպանություն	[inkʰnaspanutʰjún]
zelfmoordenaar (de)	ինքնասպան	[inkʰnaspán]

bedreigen (bijv. met een pistool)	սպառնալ	[sparnál]
bedreiging (de)	սպառնալիք	[sparnalíkʰ]
een aanslag plegen	մահափորձ կատարել	[mahapʰórdz katarél]
aanslag (de)	մահափորձ	[mahapʰórdz]

| stelen (een auto) | առևանգել | [arevangél] |
| kapen (een vliegtuig) | առևանգել | [arevangél] |

| wraak (de) | վրեժ | [vreʒ] |
| wreken (ww) | վրեժ լուծել | [vreʒ lutsél] |

martelen (gevangenen)	խոշտանգել	[xoštangél]
foltering (de)	խոշտանգում	[xoštangúm]
folteren (ww)	խոշտանգել	[xoštangél]

piraat (de)	ծովահեն	[tsovahén]
straatschender (de)	խուլիգան	[xuligán]
gewapend (bn)	զինված	[zinváts]
geweld (het)	բռնություն	[brnutʰjún]

| spionage (de) | լրտեսություն | [lrtesutʰjún] |
| spioneren (ww) | լրտեսել | [lrtesél] |

193. Politie. Wet. Deel 1

| justitie (de) | դատ | [dat] |
| gerechtshof (het) | դատարան | [datarán] |

rechter (de)	դատավոր	[datavór]
jury (de)	ատենակալ	[atenakál]
juryrechtspraak (de)	ատենակալների դատարան	[atenakalnerí datarán]
berechten (ww)	դատել	[datél]

advocaat (de)	փաստաբան	[pʰastabán]
beklaagde (de)	ամբաստանյալ	[ambastanjál]
beklaagdenbank (de)	ամբաստանյալների աթոռ	[ambastanjalnerí atʰór]

| beschuldiging (de) | մեղադրանք | [meġadránkʰ] |
| beschuldigde (de) | մեղադրյալ | [meġadrjál] |

| vonnis (het) | դատավճիռ | [datavčír] |
| veroordelen (in een rechtszaak) | դատապարտել | [datapartél] |

schuldige (de)	հանցավոր	[hantsʰavór]
straffen (ww)	պատժել	[patʒél]
bestraffing (de)	պատժամիջոց	[patʒamidʒótsʰ]
boete (de)	տուգանք	[tugánkʰ]
levenslange opsluiting (de)	գմահ բանտարկություն	[tsʰmáh bantarkutʰjún]

doodstraf (de)	մահապատիժ	[mahapatíʒ]
elektrische stoel (de)	էլեկտրական աթոռ	[ēlektˑakán atʰór]
schavot (het)	կախաղան	[kaχaȷán]

| executeren (ww) | մահապատժի ենթարկել | [mahapatʒí entʰarkél] |
| executie (de) | մահապատիժ | [mahɛpatíʒ] |

| gevangenis (de) | բանտ | [bant] |
| cel (de) | բանտախցիկ | [bantaχtsʰík] |

konvooi (het)	պահակախումբ	[pahakaχúmb]
gevangenisbewaker (de)	հսկիչ	[hskič]
gedetineerde (de)	բանտարկյալ	[bantaˑkjál]

| handboeien (mv.) | ձեռնաշղթաներ | [dzernašgtʰanér] |
| handboeien omdoen | ձեռնաշղթաներ հագցնել | [dzernašgtʰanér haçtsʰnél] |

ontsnapping (de)	փախուստ	[pʰaχúst]
ontsnappen (ww)	փախչել	[pʰaχčél]
verdwijnen (ww)	անհայտանալ	[anhajtanál]
vrijlaten (uit de gevangenis)	ազատել	[azatél]
amnestie (de)	ներում	[nerúm]

politie (de)	ոստիկանություն	[vostikɛnutʰjún]
politieagent (de)	ոստիկան	[vostikán]
politiebureau (het)	ոստիկանության բաժանմունք	[vostikanutʰján baʒanmúnkʰ]
knuppel (de)	ռետինե մահակ	[retiné ʀahák]
megafoon (de)	խոսափող	[χosapʰóg]

patrouilleerwagen (de)	պարեկային ավտոմեքենա	[parekajín avtomekʰɛná]
sirene (de)	շչak	[ščak]
de sirene aansteken	շչակը միացնել	[ščákə ʀiatsʰnél]
geloei (het) van de sirene	շչակի ոռնոց	[ščakí vornótsʰ]

plaats delict (de)	դեպքի վայր	[depkʰí ʌajr]
getuige (de)	վկա	[vka]
vrijheid (de)	ազատություն	[azatutʰjún]
handlanger (de)	հանցակից	[hantsʰakíts]
ontvluchten (ww)	փախչել	[pʰaχčél]
spoor (het)	հետք	[hetkʰ]

194. Politie. Wet. Deel 2

opsporing (de)	հետախնություն	[hetakʰnʀutʰjún]
opsporen (ww)	փնտրել	[pʰntrel]
verdenking (de)	կասկած	[kaskáts]
verdacht (bn)	կասկածելի	[kaskatselí]
aanhouden (stoppen)	կանգնեցնել	[kangnetsʰnél]
tegenhouden (ww)	ձերբակալել	[dzerbakalél]

strafzaak (de)	գործ	[gorts]
onderzoek (het)	հետախնություն	[hetakʰnnutʰjún]
detective (de)	խուզարկու	[χuzarkú]

onderzoeksrechter (de)	քննիչ	[kʰnnič]
versie (de)	վարկած	[varkáts]

motief (het)	շարժուիք	[šarʒarítʰ]
verhoor (het)	հարցաքննություն	[hartsʰakʰnnutʰjún]
ondervragen (door de politie)	հարվաքնել	[hartsakʰnnél]
ondervragen (omstanders ~)	հարցաքնել	[hartsʰakʰnnél]
controle (de)	ստուգում	[stugúm]

razzia (de)	շուրջկալ	[šurdʒkál]
huiszoeking (de)	խուզարկություն	[χuzarkutʰjún]
achtervolging (de)	հետապնդում	[hetapndúm]
achtervolgen (ww)	հետապնդել	[hetapndél]
opsporen (ww)	հետևել	[hetevél]

arrest (het)	ձերբակալություն	[dzerbakalutʰjún]
arresteren (ww)	ձերբակալել	[dzerbakalél]
vangen, aanhouden (een dief, enz.)	բռնել	[brnel]
aanhouding (de)	բռնելը	[brnelə]

document (het)	փաստաթուղթ	[pʰastatʰúģtʰ]
bewijs (het)	ապացույց	[apatsʰújtsʰ]
bewijzen (ww)	ապացուցել	[apatsʰutsʰél]
voetspoor (het)	հետք	[hetkʰ]
vingerafdrukken (mv.)	մատնահետքեր	[matnahetkʰér]
bewijs (het)	հանգանշան	[hantsʰanšán]

alibi (het)	ալիբի	[álibi]
onschuldig (bn)	անմեղ	[anméģ]
onrecht (het)	անարդարություն	[anardarutʰjún]
onrechtvaardig (bn)	անարդար	[anardár]

crimineel (bn)	քրեական	[kʰreakán]
confisqueren (in beslag nemen)	բռնագրավել	[brnagravél]
drug (de)	թմրանյութ	[tʰmranjútʰ]
wapen (het)	զենք	[zenkʰ]
ontwapenen (ww)	զինաթափել	[zinatʰapʰél]
bevelen (ww)	հրամայել	[hramajél]
verdwijnen (ww)	անհետանալ	[anhetanál]

wet (de)	օրենք	[orénkʰ]
wettelijk (bn)	օրինական	[orinakán]
onwettelijk (bn)	անօրինական	[anorinakán]

verantwoordelijkheid (de)	պատասխանատվություն	[patasχanatvutʰjún]
verantwoordelijk (bn)	պատասխանատու	[patasχanatú]

NATUUR

De Aarde. Deel 1

195. De kosmische ruimte

kosmos (de)	տիեզերք	[tiezérk·ʰ]
kosmisch (bn)	տիեզերական	[tiezerakán]
kosmische ruimte (de)	տիեզերական տարածություն	[tiezerɛkán taratsuːʰjún]
wereld (de)	աշխարհ	[ašχárʰ]
heelal (het)	տիեզերք	[tiezérk·ʰ]
sterrenstelsel (het)	գալակտիկա	[galákti‹a]
ster (de)	աստղ	[astġ]
sterrenbeeld (het)	համաստեղություն	[hamasːeġutʰjún]
planeet (de)	մոլորակ	[molorá‹]
satelliet (de)	արբանյակ	[arbanjɛ́k]
meteoriet (de)	երկնաքար	[erknak·ʰár]
komeet (de)	գիսաստղ	[gisástġ]
asteroïde (de)	աստղակերպ	[astġakérp]
baan (de)	ուղեծիր	[uġetsír]
draaien (om de zon, enz.)	պտտվել	[ptətvél]
atmosfeer (de)	մթնոլորտ	[mtʰnolóːt]
Zon (de)	արեգակ	[aregák]
zonnestelsel (het)	արեգակնային համակարգ	[aregaknajín hamakárg]
zonsverduistering (de)	արևի խավարում	[areví χɑvarúm]
Aarde (de)	Երկիր	[erkír]
Maan (de)	Լուսին	[lusín]
Mars (de)	Մարս	[mars]
Venus (de)	Վեներա	[venéra]
Jupiter (de)	Յուպիտեր	[jupíter]
Saturnus (de)	Սատուրն	[satúrn]
Mercurius (de)	Մերկուրի	[merkúri]
Uranus (de)	Ուրան	[urán]
Neptunus (de)	Նեպտուն	[neptún]
Pluto (de)	Պլուտոն	[plutón]
Melkweg (de)	Կաթնածիր	[katʰnatsír]
Grote Beer (de)	Մեծ Արջ	[mets ardʒ]
Poolster (de)	Բևեռային Աստղ	[beverajín ástġ]
marsmannetje (het)	Մարսի բնակիչ	[marsí bnɛkíč]

177

buitenaards wezen (het)	այլմոլորակային	[ajlmolorakajín]
bovenaards (het)	երկնр	[ekvór]
vliegende schotel (de)	թռչող ափսե	[tʰrčóġ apʰsé]

ruimtevaartuig (het)	տիեզերանավ	[tiezeragnáts]
ruimtestation (het)	ուղեծրային կայան	[uġetsrajín kaján]
start (de)	մեկնաթռիչք	[meknatʰríčkʰ]

motor (de)	շարժիչ	[šarʒíč]
straalpijp (de)	փողելք	[pʰoġélkʰ]
brandstof (de)	վառելիք	[varelíkʰ]

cabine (de)	խցիկ	[xtsʰik]
antenne (de)	ալեհավաք	[alehavákʰ]
patrijspoort (de)	իլյումինատոր	[iljuminátor]
zonnebatterij (de)	արևային մարտկոց	[arevajín martkótsʰ]
ruimtepak (het)	սկաֆանդр	[skafándr]

gewichtloosheid (de)	անկշռություն	[ankšrutʰjún]
zuurstof (de)	թթվածին	[tʰtʰvatsín]

koppeling (de)	միակցում	[miaktsʰúm]
koppeling maken	միակցում կատարել	[miaktsʰúm katarél]

observatorium (het)	աստղադիտարան	[astġaditarán]
telescoop (de)	աստղադիտակ	[astġaditák]
waarnemen (ww)	հետևել	[hetevél]
exploreren (ww)	հետազոտել	[hetazotél]

196. De Aarde

Aarde (de)	Երկիր	[erkír]
aardbol (de)	երկրագունդ	[erkragúnd]
planeet (de)	մոլորակ	[molorák]

atmosfeer (de)	մթնոլորт	[mtʰnolórt]
aardrijkskunde (de)	աշխարհագրություն	[ašχarhagrutʰjún]
natuur (de)	բնություն	[bnutʰjún]

wereldbol (de)	գլոբուս	[globús]
kaart (de)	քարտեզ	[kʰartéz]
atlas (de)	ատլաս	[atlás]

Europa (het)	Եվրոպա	[evrópa]
Azië (het)	Ասիա	[ásia]
Afrika (het)	Աֆրիկա	[áfrika]
Australië (het)	Ավստրալիա	[avstrália]

Amerika (het)	Ամերիկա	[amérika]
Noord-Amerika (het)	Հյուսիսային Ամերիկա	[hjusisajín amérika]
Zuid-Amerika (het)	Հարավային Ամերիկա	[haravajín amérika]

Antarctica (het)	Անտարկտիդա	[antarktída]
Arctis (de)	Արկտիկա	[árktika]

197. Windrichtingen

noorden (het)	հյուսիս	[hjusís]
naar het noorden	դեպի հյուսիս	[depí ŋjusís]
in het noorden	հյուսիսում	[hjusisúm]
noordelijk (bn)	հյուսիսային	[hjusisajín]
zuiden (het)	հարավ	[haráv]
naar het zuiden	դեպի հարավ	[depí haráv]
in het zuiden	հարավում	[haravúm]
zuidelijk (bn)	հարավային	[haravajín]
westen (het)	արևմուտք	[arevmútkʰ]
naar het westen	դեպի արևմուտք	[depí ɛrevmútkʰ]
in het westen	արևմուտքում	[arevmutkʰúm]
westelijk (bn)	արևմտյան	[arevmtján]
oosten (het)	արևելք	[arevélkʰ]
naar het oosten	դեպի արևելք	[depí arevélkʰ]
in het oosten	արևելքում	[arevelkʰúm]
oostelijk (bn)	արևելյան	[arevelán]

198. Zee. Oceaan

zee (de)	ծով	[tsov]
oceaan (de)	օվկիանոս	[ovkianós]
golf (baai)	ծոց	[tsotsʰ]
straat (de)	նեղուց	[neǵútsʰ]
grond (vaste grond)	ցամաք	[tsʰamákʰ]
continent (het)	մայրցամաք	[majrtsʰamákʰ]
eiland (het)	կղզի	[kǵzi]
schiereiland (het)	թերակղզի	[tʰerakǵzí]
archipel (de)	արշիպելագ	[aršipelag]
baai, bocht (de)	ծովախորշ	[tsovaχórš]
haven (de)	նավահանգիստ	[navahaŋgíst]
lagune (de)	ծովալճակ	[tsovalčak]
kaap (de)	հրվանդան	[hrvandan]
atol (de)	ատոլ	[atól]
rif (het)	խութ	[χutʰ]
koraal (het)	մարջան	[mardʒán]
koraalrif (het)	մարջանախութ	[mardʒanaχútʰ]
diep (bn)	խորը	[χórə]
diepte (de)	խորություն	[χorutʰjún]
diepzee (de)	անդունդ	[andúnd]
trog (bijv. Marianentrog)	ծովախորշ	[tsovaχórš]
stroming (de)	հոսանք	[hosánkʰ]
omspoelen (ww)	ողողել	[voǵoǵél]
oever (de)	ափ	[apʰ]

kust (de)	ծովափ	[tsovápʰ]
vloed (de)	մակընթացություն	[makəntʰatsʰutʰjún]
eb (de)	տեղատվություն	[teǵatvutʰjún]
ondiepte (ondiep water)	առափնյա ծանծաղուտ	[arapʰnjá tsantsaǵút]
bodem (de)	հատակ	[haták]
golf (hoge ~)	ալիք	[alíkʰ]
golfkam (de)	ալիքի կատար	[alikʰí katár]
schuim (het)	փրփուր	[pʰrpʰur]
storm (de)	փոթորիկ	[pʰotʰorík]
orkaan (de)	մրրիկ	[mrrik]
tsunami (de)	ցունամի	[tsʰunámi]
windstilte (de)	խաղաղություն	[xaǵaǵutʰjún]
kalm (bijv. ~e zee)	հանգիստ	[hangíst]
pool (de)	բևեռ	[bevér]
polair (bn)	բևեռային	[beverajín]
breedtegraad (de)	լայնություն	[lajnutʰjún]
lengtegraad (de)	երկարություն	[erkarutʰjún]
parallel (de)	զուգահեռական	[zugaherakán]
evenaar (de)	հասարակած	[hasarakáts]
hemel (de)	երկինք	[erkínkʰ]
horizon (de)	հորիզոն	[horizón]
lucht (de)	օդ	[od]
vuurtoren (de)	փարոս	[pʰarós]
duiken (ww)	սուզվել	[suzvél]
zinken (ov. een boot)	խորտակվել	[xortakvél]
schatten (mv.)	գանձեր	[gandzér]

199. Namen van zeeën en oceanen

Atlantische Oceaan (de)	Ատլանտյան օվկիանոս	[atlantján ovkianós]
Indische Oceaan (de)	Հնդկական օվկիանոս	[hndkakán ovkianós]
Stille Oceaan (de)	Խաղաղ օվկիանոս	[xaǵáǵ ovkianós]
Noordelijke IJszee (de)	Հյուսիսային Սառուցյալ օվկիանոս	[hjusisajín sarutsʰjál ovkianós]
Zwarte Zee (de)	Սև ծով	[sev tsov]
Rode Zee (de)	Կարմիր ծով	[karmír tsóv]
Gele Zee (de)	Դեղին ծով	[deǵín tsov]
Witte Zee (de)	Սպիտակ ծով	[spiták tsóv]
Kaspische Zee (de)	Կասպից ծով	[kaspítsʰ tsov]
Dode Zee (de)	Մեռյալ ծով	[merjál tsov]
Middellandse Zee (de)	Միջերկրական ծով	[midʒerkrakán tsov]
Egeïsche Zee (de)	Էգեյան ծով	[ēgeján tsov]
Adriatische Zee (de)	Ադրիատիկ ծով	[adriatík tsov]
Arabische Zee (de)	Արաբական ծով	[arabakán tsov]
Japanse Zee (de)	Ճապոնական ծով	[čaponakán tsov]

| Beringzee (de) | Բերինգի ծով | [beringí tsóv] |
| Zuid-Chinese Zee (de) | Արևելա-Չինական ծով | [arevelá činakán tsov] |

Koraalzee (de)	Կորալյան ծով	[koral án tsov]
Tasmanzee (de)	Տասմանյան ծով	[tasmanján tsov]
Caribische Zee (de)	Կարիբյան ծով	[karibján tsóv]

| Barentszzee (de) | Բարենցյան ծով | [barer tsʰján tsóv] |
| Karische Zee (de) | Կարսի ծով | [karsí tsóv] |

Noordzee (de)	Հյուսիսային ծով	[hjusisajín tsóv]
Baltische Zee (de)	Բալթիկ ծով	[baltʰík tsov]
Noorse Zee (de)	Նորվեգյան ծով	[norvegján tsóv]

200. Bergen

berg (de)	լեռ	[ler]
bergketen (de)	լեռնաշղթա	[lernašǰtʰá]
gebergte (het)	լեռնագագաթ	[lernagagátʰ]

bergtop (de)	գագաթ	[gagátʰ]
bergpiek (de)	լեռնագագաթ	[lernagagátʰ]
voet (ov. de berg)	ստորոտ	[storót]
helling (de)	սարալանջ	[saralándʒ]

vulkaan (de)	հրաբուխ	[hrabúx]
actieve vulkaan (de)	գործող հրաբուխ	[gortsóǵ hrabúx]
uitgedoofde vulkaan (de)	հանգած հրաբուխ	[hangáts hrabúx]

uitbarsting (de)	ժայթքում	[ʒajtʰkʰúm]
krater (de)	խառնարան	[xarnarén]
magma (het)	մագմա	[mágma]
lava (de)	լավա	[láva]
gloeiend (~e lava)	շիկացած	[šikatsʰáʿs]

kloof (canyon)	խնձահովիտ	[xndzahovít]
bergkloof (de)	կիրճ	[kirč]
spleet (de)	նեղ կիրճ	[neǵ kirč]

bergpas (de)	լեռնանցք	[lernántsʰkʰ]
plateau (het)	սարահարթ	[sarahártʰ]
klip (de)	ժայռ	[ʒajr]
heuvel (de)	բլուր	[blur]

gletsjer (de)	սառցադաշտ	[sartsʰadašt]
waterval (de)	ջրվեժ	[dʒrveʒ]
geiser (de)	գեյզեր	[géjzer]
meer (het)	լիճ	[lič]

vlakte (de)	հարթավայր	[hartʰaváj·]
landschap (het)	բնատեսարան	[bnatesarán]
echo (de)	արձագանք	[ardzagánkʰ]
alpinist (de)	լեռնագնաց	[lernagnátsʰ]
bergbeklimmer (de)	ժայռամագլցող	[ʒajramaglitsʰóǵ]

| trotseren (berg ~) | գերել | [gerél] |
| beklimming (de) | վերելք | [verélkʰ] |

201. Bergen namen

Alpen (de)	Ալպեր	[alpér]
Mont Blanc (de)	Մոնբլան	[monblán]
Pyreneeën (de)	Պիրինեյներ	[pirinejnér]

Karpaten (de)	Կարպատներ	[karpatnér]
Oeralgebergte (het)	Ուրալյան լեռներ	[uralján lernér]
Kaukasus (de)	Կովկաս	[kovkás]
Elbroes (de)	Էլբրուս	[ēlbrús]

Altaj (de)	Ալտայ	[altáj]
Tiensjan (de)	Սյան Շան	[tjan šan]
Pamir (de)	Պամիր	[pamír]
Himalaya (de)	Հիմալայներ	[himalajnér]
Everest (de)	Էվերեստ	[ēverést]

| Andes (de) | Անդեր | [andér] |
| Kilimanjaro (de) | Կիլիմանջարո | [kilimandʒáro] |

202. Rivieren

rivier (de)	գետ	[get]
bron (~ van een rivier)	աղբյուր	[aġbjúr]
rivierbedding (de)	հուն	[hun]
rivierbekken (het)	ջրավազան	[dʒravazán]
uitmonden in ...	թափվել	[tʰapʰvél]

| zijrivier (de) | վտակ | [vtak] |
| oever (de) | ափ | [apʰ] |

stroming (de)	հոսանք	[hosánkʰ]
stroomafwaarts (bw)	հոսանքն ի վայր	[hosánkʰn í vájr]
stroomopwaarts (bw)	հոսանքն ի վեր	[hosánkʰn í vér]

overstroming (de)	հեղեղում	[heġeġúm]
overstroming (de)	վարարություն	[vararutʰjún]
buiten zijn oevers treden	վարարել	[vararél]
overstromen (ww)	հեղեղել	[heġeġél]

| zandbank (de) | ծանծաղուտ | [tsantsaġút] |
| stroomversnelling (de) | սահանք | [sahánkʰ] |

dam (de)	ամբարտակ	[ambarták]
kanaal (het)	ջրանցք	[dʒrántsʰkʰ]
spaarbekken (het)	ջրամբար	[dʒrambár]
sluis (de)	ջրագելակ	[dʒragelák]
waterlichaam (het)	ջրավազան	[dʒravazán]
moeras (het)	ճահիճ	[čahíč]

broek (het)	Ճ̌uhánin	[čahčút]
draaikolk (de)	hnpՃulniun	[hordzanút]

stroom (de)	unnι	[arú]
drink- (abn)	̌ulti̧nι	[xmelú]
zoet (~ water)	puŋgpuhuuí	[kʰaġtsʰrahám]

ijs (het)	uunnι̧g	[sarújtsʰ]
bevriezen (rivier, enz.)	uuņtι̧	[sarčél]

203. Namen van rivieren

Seine (de)	Utŭuu	[séna]
Loire (de)	Lnιupuu	[luára]

Theems (de)	Թtıfquu	[tʰémzɛ]
Rijn (de)	Ռtjŭ	[rejn]
Donau (de)	̌nιŭuuj	[dunáj]

Wolga (de)	̌nιquu	[vólga]
Don (de)	̌nŭ	[don]
Lena (de)	Լtŭuu	[léna]

Gele Rivier (de)	Ւnιuuŭьŭt	[xuanχé]
Blauwe Rivier (de)	Ẑuŭgqŭ	[jantsʰze]
Mekong (de)	Utկnŭq	[mekóng]
Ganges (de)	Ɋuuŭqtu	[gangés]

Nijl (de)	Ъtŋnu	[neġós]
Kongo (de)	̌nŭqn	[kóngo]
Okavango (de)	Oկuuĵuuŭqn	[okavángo]
Zambezi (de)	Ԛuuŭtqŭ	[zambézi]
Limpopo (de)	Լĵuĵnuŋn	[limpopó]
Mississippi (de)	Uĵuĵuĵuĵĵ	[misisipí]

204. Bos

bos (het)	uŭuuun	[antár]
bos- (abn)	uŭuuunuujŭŭ	[antarajír]

oerwoud (dicht bos)	puuĵnιn	[tʰavút]
bosje (klein bos)	ujnιpuuկ	[purák]
open plek (de)	puuguuun	[batsʰát]

struikgewas (het)	úuuguuunιn	[matsʰarúː]
struiken (mv.)	թĵŭnιn	[tʰpʰut]

paadje (het)	կuuẑuŭ	[katsán]
ravijn (het)	̌npuuկ	[dzorák]

boom (de)	̌uun	[tsar]
blad (het)	ıntpŭ	[terév]

gebladerte (het)	տերևներ	[terevnér]
vallende bladeren (mv.)	տերևաթափի	[terevatʰápʰ]
vallen (ov. de bladeren)	թափվել	[tʰapʰvél]
boomtop (de)	կատար	[katár]

tak (de)	ճյուղ	[čjuġ]
ent (de)	ոստ	[vost]
knop (de)	բողբոջ	[boġbóʤ]
naald (de)	փուշ	[pʰuš]
dennenappel (de)	եղնդ	[elúnd]

boom holte (de)	փչակ	[pʰčak]
nest (het)	բույն	[bujn]
hol (het)	որջ	[vorʤ]

stam (de)	բուն	[bun]
wortel (bijv. boom~s)	արմատ	[armát]
schors (de)	կեղև	[keġév]
mos (het)	մամուռ	[mamúr]

ontwortelen (een boom)	արմատախիլ անել	[armataχíl anél]
kappen (een boom ~)	հատել	[hatél]
ontbossen (ww)	անտառահատել	[antarahatél]
stronk (de)	կոճղ	[kočġ]

kampvuur (het)	խարույկ	[χarújk]
bosbrand (de)	հրդեհ	[hrdeh]
blussen (ww)	հանգցնել	[hangtsʰnél]

boswachter (de)	անտառապահ	[antarapáh]
bescherming (de)	պահպանություն	[pahpanutʰjún]
beschermen (bijv. de natuur ~)	պահպանել	[pahpanél]
stroper (de)	որսագող	[vorsagóġ]
val (de)	թակարդ	[tʰakárd]

| plukken (vruchten, enz.) | հավաքել | [havakʰél] |
| verdwalen (de weg kwijt zijn) | մոլորվել | [molorvél] |

205. Natuurlijke hulpbronnen

natuurlijke rijkdommen (mv.)	բնական ռեսուրսներ	[bnakán resursnér]
delfstoffen (mv.)	օգտակար հանածոներ	[ogtakár hanatsonér]
lagen (mv.)	հանքաշերտ	[hankʰašért]
veld (bijv. olie~)	հանքավայր	[hankʰavájr]

winnen (uit erts ~)	արդյունահանել	[ardjunahanél]
winning (de)	արդյունահանում	[ardjunahanúm]
erts (het)	հանքաքար	[hankʰakʰár]
mijn (bijv. kolenmijn)	հանք	[hankʰ]
mijnschacht (de)	հորան	[horán]
mijnwerker (de)	հանքափոր	[hankʰapʰór]
gas (het)	գազ	[gaz]
gasleiding (de)	գազատար	[gazatár]

olie (aardolie)	նավթ	[navtʰ]
olieleiding (de)	նավթատար	[navtʰatár]
oliebron (de)	նավթային աշտարակ	[navtʰajín aštarák]
boortoren (de)	հորատման աշտարակ	[horatmán aštarák]
tanker (de)	լցանավ	[ltsʰanáv]

zand (het)	ավազ	[aváz]
kalksteen (de)	կրաքար	[krakʰár]
grind (het)	խիճ	[χič]
veen (het)	տորֆ	[torf]
klei (de)	կավ	[kav]
steenkool (de)	ածուխ	[atsúχ]

ijzer (het)	երկաթ	[erkátʰ]
goud (het)	ոսկի	[voskí]
zilver (het)	արծաթ	[artsátʰ]
nikkel (het)	նիկել	[nikél]
koper (het)	պղինձ	[pġindz]

zink (het)	ցինկ	[tsʰink]
mangaan (het)	մանգան	[mangán]
kwik (het)	սնդիկ	[sndik]
lood (het)	արճիճ	[arčíč]

mineraal (het)	հանքանյութ	[hankʰanjútʰ]
kristal (het)	բյուրեղ	[bjuréġ]
marmer (het)	մարմար	[marmár]
uraan (het)	ուրան	[urán]

De Aarde. Deel 2

206. Weer

weer (het)	եղանակ	[eġanák]
weersvoorspelling (de)	եղանակի տեսություն	[eġanakí tesutʰjún]
temperatuur (de)	ջերմաստիճան	[dʒermastičán]
thermometer (de)	ջերմաչափ	[dʒermačápʰ]
barometer (de)	ծանրաչափ	[ʦanračápʰ]
vochtigheid (de)	խոնավություն	[χonavutʰjún]
hitte (de)	տապ	[tap]
heet (bn)	շոգ	[šog]
het is heet	շոգ է	[šog ē]
het is warm	տաք է	[takʰ ē]
warm (bn)	տաք	[takʰ]
het is koud	ցուրտ է	[ʦʰúrt ē]
koud (bn)	սառը	[sárə]
zon (de)	արև	[arév]
schijnen (de zon)	շողալ	[šoġál]
zonnig (~e dag)	արևային	[arevajín]
opgaan (ov. de zon)	ծագել	[ʦagél]
ondergaan (ww)	մայր մտնել	[majr mtnel]
wolk (de)	ամպ	[amp]
bewolkt (bn)	ամպամած	[ampamáʦ]
regenwolk (de)	թուխպ	[tʰuχp]
somber (bn)	ամպամած	[ampamáʦ]
regen (de)	անձրև	[andzrév]
het regent	անձրև է գալիս	[andzrév ē galís]
regenachtig (bn)	անձրևային	[andzrevajín]
motregenen (ww)	մաղել	[maġél]
plensbui (de)	տեղատարափ անձրև	[teġatarápʰ andzrév]
stortbui (de)	տեղատարափ անձրև	[teġatarápʰ andzrév]
hard (bn)	տարափ	[tarápʰ]
plas (de)	ջրակույտ	[dʒrakújt]
nat worden (ww)	թրջվել	[tʰrdʒvel]
mist (de)	մառախուղ	[maraχúġ]
mistig (bn)	մառախլապատ	[maraχlapát]
sneeuw (de)	ձյուն	[dzjun]
het sneeuwt	ձյուն է գալիս	[dzjún ē galís]

207. Zwaar weer. Natuurrampen

noodweer (storm)	փոթորիկ	[pʰotʰorík]
bliksem (de)	կայծակ	[kajtsak]
flitsen (ww)	փայլատակել	[pʰajletakél]

donder (de)	որոտ	[vorót⁻
donderen (ww)	որոտալ	[vorotál]
het dondert	ամպերը որոտում են	[ampérə vorotúm éŋ]

| hagel (de) | կարկուտ | [karkú:] |
| het hagelt | կարկուտ է գալիս | [karkú⁻ ē galís] |

| overstromen (ww) | հեղեղել | [heǵeček] |
| overstroming (de) | հեղեղում | [heǵečúm] |

aardbeving (de)	երկրաշարժ	[erkrašárʒ]
aardschok (de)	ցնցում	[tsʰntsʰum]
epicentrum (het)	էպիկենտրոն	[ēpiker trón]

| uitbarsting (de) | ժայթքում | [ʒajtʰkʰ'm] |
| lava (de) | լավա | [láva] |

wervelwind (de)	մրրկասյուն	[mrrkasjún]
windhoos (de)	տորնադո	[tornádo]
tyfoon (de)	տայֆուն	[tajfún]

orkaan (de)	մրրիկ	[mrrik]
storm (de)	փոթորիկ	[pʰotʰorik]
tsunami (de)	ցունամի	[tsʰunámi]

cycloon (de)	ցիկլոն	[tsʰiklón⁻
onweer (het)	վատ եղանակ	[vat eǵanák]
brand (de)	հրդեհ	[hrdeh]
ramp (de)	աղետ	[aǵét]
meteoriet (de)	երկնաքար	[erknakʰár]

lawine (de)	հուսին	[husín]
sneeuwverschuiving (de)	ձնահյուս	[dznahjús]
sneeuwjacht (de)	բուք	[bukʰ]
sneeuwstorm (de)	բորան	[borán]

208. Geluiden. Geluiden

stilte (de)	լռություն	[lrutʰjún]
geluid (het)	ձայն	[dzajn]
lawaai (het)	աղմուկ	[aǵmúk]
lawaai maken (ww)	աղմկել	[aǵmkél]
lawaaierig (bn)	աղմկոտ	[aǵmkót]

luid (~ spreken)	բարձր	[bardzr]
luid (bijv. ~e stem)	բարձր	[bardzr]
aanhoudend (voortdurend)	անընդմեջ	[anəndmédʒ]

schreeuw (de)	ճիչ	[čič]
schreeuwen (ww)	ճչալ	[čəčál]
gefluister (het)	շշուկ	[šəšúk]
fluisteren (ww)	փսփսալ	[pʰəspʰəsál]

geblaf (het)	հաչոց	[hačótsʰ]
blaffen (ww)	հաչել	[hačél]

gekreun (het)	տնքոց	[tnkʰotsʰ]
kreunen (ww)	տնքալ	[tnkʰal]
hoest (de)	հազ	[haz]
hoesten (ww)	հազալ	[hazál]

gefluit (het)	սուլոց	[sulótsʰ]
fluiten (op het fluitje blazen)	սուլել	[sulél]
geklop (het)	թխկոց	[tʰχkotsʰ]
kloppen (aan een deur)	թակել	[tʰakél]

kraken (hout, ijs)	ճարճատել	[čarčatél]
gekraak (het)	ճարճատյուն	[čarčatjún]

sirene (de)	շչակ	[ščak]
fluit (stoom ~)	սուլիչ	[sulíč]
fluiten (schip, trein)	սուլել	[sulél]
toeter (de)	ազդանշան	[azdanšán]
toeteren (ww)	ազդանշանել	[azdanšanél]

209. Winter

winter (de)	ձմեռ	[dzmer]
winter- (abn)	ձմեռային	[dzmerajín]
in de winter (bw)	ձմռանը	[dzmráne]

sneeuw (de)	ձյուն	[dzjun]
het sneeuwt	ձյուն է գալիս	[dzjún ē galís]
sneeuwval (de)	ձյունատեղում	[dzjunateġúm]
sneeuwhoop (de)	ձյունակույտ	[dzjunakújt]

sneeuwvlok (de)	փաթիլ	[pʰatʰíl]
sneeuwbal (de)	ձյունիկ	[dzjuník]
sneeuwman (de)	ձնե մարդ	[dzne mard]
ijspegel (de)	սառցալեզվակ	[sartsʰalezvák]

december (de)	դեկտեմբեր	[dektembér]
januari (de)	հունվար	[hunvár]
februari (de)	փետրվար	[pʰetrvár]

vorst (de)	սառնամանիք	[sarnamaníkʰ]
vries- (abn)	սառնամանիքային	[sarnamanikʰajín]

onder nul (bw)	զրոից ցածր	[zrojítsʰ tsʰátsr]
eerste vorst (de)	գրտահարություն	[tsʰᵗrtaharutʰjún]
rijp (de)	եղյամ	[eġjám]
koude (de)	ցուրտ	[tsʰurt]

het is koud	զուրտ է	[tsʰúrt ē]
bontjas (de)	մուշտակ	[mušták]
wanten (mv.)	ձեռնոց	[dzernótsʰ]

ziek worden (ww)	հիվանդանալ	[hivandanál]
verkoudheid (de)	մրսածություն	[mrsatsutʰjún]
verkouden raken (ww)	մրսել	[mrsel]

ijs (het)	սառույց	[sarújtsʰ]
ijzel (de)	սառցասառ	[sartsʰatsátsk]
bevriezen (rivier, enz.)	սառչել	[sarčél]
ijsschol (de)	սառցաբեկոր	[sartsʰabekór]

ski's (mv.)	դահուկներ	[dahuknér]
skiër (de)	դահուկորդ	[dahukórd]
skiën (ww)	դահուկներով սահել	[dahukneróv sahél]
schaatsen (ww)	չմուշկներով սահել	[čmuškneróv sahél]

Fauna

210. Zoogdieren. Roofdieren

roofdier (het)	գիշատիչ	[gišatíč]
tijger (de)	վագր	[vagr]
leeuw (de)	առյուծ	[arjúts]
wolf (de)	գայլ	[gajl]
vos (de)	աղվես	[aǵvés]
jaguar (de)	հովազ	[hováz]
luipaard (de)	ընձառյուծ	[əndzarjúts]
jachtluipaard (de)	շնակատու	[šnakatú]
panter (de)	հովազ	[hováz]
poema (de)	կուգուար	[kuguár]
sneeuwluipaard (de)	ձյունաճերմակ հովազ	[dzjunačermák hováz]
lynx (de)	լուսան	[lusán]
coyote (de)	կոյոտ	[kojót]
jakhals (de)	շնագայլ	[šnagájl]
hyena (de)	բորենի	[borení]

211. Wilde dieren

dier (het)	կենդանի	[kendaní]
beest (het)	գազան	[gazán]
eekhoorn (de)	սկյուռ	[skjur]
egel (de)	ոզնի	[vozní]
haas (de)	նապաստակ	[napasták]
konijn (het)	ճագար	[čagár]
das (de)	փորսուղ	[pʰorsúǵ]
wasbeer (de)	ջրարջ	[dʒrardʒ]
hamster (de)	գետնամկնիկ	[germanamúk]
marmot (de)	արջամուկ	[ardʒamúk]
mol (de)	խլուրդ	[χlurd]
muis (de)	մուկ	[muk]
rat (de)	առնետ	[arnét]
vleermuis (de)	չղջիկ	[čǧdʒik]
hermelijn (de)	կնգում	[kngum]
sabeldier (het)	սամույր	[samújr]
marter (de)	կզաքիս	[kzakʰís]
wezel (de)	աքիս	[akʰís]
nerts (de)	ջրաքիս	[dʒrakʰís]

bever (de)	կուղբ	[kuǵb]
otter (de)	ջրասամույր	[dʒrasamújr]
paard (het)	ձի	[dzi]
eland (de)	որմզդեղն	[vormzdéǵn]
hert (het)	եղջերու	[eǵdʒerú]
kameel (de)	ուղտ	[uǵt]
bizon (de)	բիզոն	[bizón]
wisent (de)	վայրի գոմեշ	[vajrí tsʰul]
buffel (de)	գոմեշ	[goméš]
zebra (de)	գեբր	[zebr]
antilope (de)	այծեղջերու	[ajtseǵdʒerú]
ree (de)	այծյամ	[ajtsjám]
damhert (het)	եղնիկ	[eǵník]
gems (de)	բարայծ	[kʰarájs]
everzwijn (het)	վարազ	[varáz]
walvis (de)	կետ	[ket]
rob (de)	փոկ	[pʰok]
walrus (de)	ծովափիղ	[tsovapʰíǵ]
zeebeer (de)	ծովարջ	[tsovárdʒ]
dolfijn (de)	դելֆին	[delfín]
beer (de)	արջ	[ardʒ]
ijsbeer (de)	սպիտակ արջ	[spiták árdʒ]
panda (de)	պանդա	[pánda]
aap (de)	կապիկ	[kapík]
chimpansee (de)	շիմպանզե	[šimpanzé]
orang-oetan (de)	օրանգուտանգ	[orangutáng]
gorilla (de)	գորիլլա	[gorílla]
makaak (de)	մակակա	[makáka]
gibbon (de)	գիբբոն	[gibbór]
olifant (de)	փիղ	[pʰíǵ]
neushoorn (de)	ռնգեղջյուր	[rngeǵdʒjúr]
giraffe (de)	ընձուղտ	[əndzúgt]
nijlpaard (het)	գետաձի	[getadzí]
kangoeroe (de)	ագևազ	[agaváz]
koala (de)	կոալա	[koála]
mangoest (de)	մանգուստ	[mangúst]
chinchilla (de)	շինշիլա	[šinšíla]
stinkdier (het)	սկունս	[skuns]
stekelvarken (het)	խոզուկ	[χozúk]

212. Huisdieren

poes (de)	կատու	[katú]
kater (de)	կատու	[katú]
hond (de)	շուն	[šun]

paard (het)	ձի	[dzi]
hengst (de)	հովատակ	[hováták]
merrie (de)	զամբիկ	[zambík]

koe (de)	կով	[kov]
bul, stier (de)	ցուլ	[tsʰul]
os (de)	եզ	[ez]

schaap (het)	ոչխար	[vočχár]
ram (de)	խոյ	[χoj]
geit (de)	այծ	[ajts]
bok (de)	այծ	[ajts]

| ezel (de) | ավանակ | [avanák] |
| muilezel (de) | ջորի | [džorí] |

varken (het)	խոզ	[χoz]
biggetje (het)	գոճի	[gočí]
konijn (het)	ճագար	[čagár]

| kip (de) | հավ | [hav] |
| haan (de) | աքլոր | [akʰlór] |

eend (de)	բադ	[bad]
woerd (de)	բադակլոր	[badakʰlór]
gans (de)	սագ	[sag]

| kalkoen haan (de) | հնդկահավ | [hndkaháv] |
| kalkoen (de) | հնդկահավ | [hndkaháv] |

huisdieren (mv.)	ընտանի կենդանիներ	[əntaní kendaninér]
tam (bijv. hamster)	ձեռնասուն	[dzernasún]
temmen (tam maken)	ընտելացնել	[əntelatsʰnél]
fokken (bijv. paarden ~)	բուծել	[butsél]

boerderij (de)	ֆերմա	[férma]
gevogelte (het)	ընտանի թռչուններ	[əntaní tʰrčunnér]
rundvee (het)	անասուն	[anasún]
kudde (de)	նախիր	[naχír]

paardenstal (de)	ախոռ	[aχór]
zwijnenstal (de)	խոզանոց	[χozanótsʰ]
koeienstal (de)	գոմ	[gom]
konijnenhok (het)	ճագարանոց	[čagaranótsʰ]
kippenhok (het)	հավանոց	[havanótsʰ]

213. Honden. Hondenrassen

hond (de)	շուն	[šun]
herdershond (de)	հովվաշուն	[hovvašún]
poedel (de)	պուդել	[pudél]
teckel (de)	տապսա	[tákʰsa]
buldog (de)	բուլդոգ	[buldóg]
boxer (de)	բոքսյոր	[bokʰsjor]

mastiff (de)	մաստիֆ	[mastíf]
rottweiler (de)	ռոտվեյլեր	[rotvéjler]
doberman (de)	դոբերման	[dobermán]

basset (de)	բասսեթ	[bássetʰ]
bobtail (de)	բոբտեյլ	[bobtéjl]
dalmatiër (de)	դալմատինեց	[dalmatínetsʰ]
cockerspaniël (de)	կոկեր-սպանիել	[kokér spaniél]

| Newfoundlander (de) | նյունֆաունդլենդ | [njufáᴜndlend] |
| sint-bernard (de) | սենբեռնար | [senbᴇrnár] |

husky (de)	խասկի	[χáski]
chowchow (de)	չաու-չաու	[čáu čau]
spits (de)	շպից	[špitsʰ]
mopshond (de)	մոպս	[mops]

214. Dierengeluiden

geblaf (het)	հաչոց	[hačótsˀ]
blaffen (ww)	հաչել	[hačél]
miauwen (ww)	մլավել	[mlavél˙
spinnen (katten)	մլավոց	[mlavótsʰ]

loeien (ov. een koe)	բառաչել	[baračé]
brullen (stier)	մռնչալ	[mrnčal˙
grommen (ov. de honden)	գռմռալ	[grmral]

gehuil (het)	ոռնոց	[vornótsˀ]
huilen (wolf, enz.)	ոռնալ	[vornál]
janken (ov. een hond)	վնգստալ	[vngstal˙

mekkeren (schapen)	մկկալ	[mkəkál]
knorren (varkens)	խռնչալ	[χrnčal]
gillen (bijv. varken)	կաղկանձել	[kaǵkandzél]

kwaken (kikvorsen)	կռկռալ	[krkral]
zoemen (hommel, enz.)	բզզալ	[bzzal]
tjirpen (sprinkhanen)	ճռճռալ	[črčral]

215. Jonge dieren

jong (het)	ձագ	[dzag]
poesje (het)	կատվի ձագ	[katví dzag]
muisje (het)	մկան ձագ	[mkan dzag]
puppy (de)	թուլա	[tʰulá]

jonge haas (de)	նապաստակի ձագ	[napastakí dzag]
konijntje (het)	ճագարի ձագ	[čagarí dzag]
wolfje (het)	գայլի ձագ	[gajlí dzác̣]
vosje (het)	աղվեսի ձուտ	[aǵvesí dzág]
beertje (het)	արջի թոթոթ	[ardʒí kʰotˀótʰ]

leeuwenjong (het)	առյուծի ձագ	[arjutsí dzág]
tijgertje (het)	վագրի ձագ	[vagrí dzag]
olifantenjong (het)	փղի ձագ	[pʰǵi dzág]

biggetje (het)	գոճի	[gočí]
kalf (het)	հորթ	[hortʰ]
geitje (het)	ուլիկ	[ulík]
lam (het)	գառ	[gar]
reekalf (het)	եղջերվաձագ	[eǵdʒervadzág]
jonge kameel (de)	ուղտի ձագ	[uǵtí dzág]

| slangenjong (het) | օձի ձագ | [odzí dzág] |
| kikkertje (het) | գորտի ձագ | [gortí dzag] |

vogeltje (het)	թռչնի ձագ	[tʰrčni dzág]
kuiken (het)	ճուտիկ	[čutík]
eendje (het)	բադի ճուտ	[badí čút]

216. Vogels

vogel (de)	թռչուն	[tʰrčun]
duif (de)	աղավնի	[aǵavní]
mus (de)	ճնճղուկ	[čnčǵuk]
koolmees (de)	երաշտահավ	[eraštaháv]
ekster (de)	կաչաղակ	[kačaǵák]

raaf (de)	ագռավ	[agráv]
kraai (de)	ագռավ	[agráv]
kauw (de)	ճայակ	[čaják]
roek (de)	սերմնագռավ	[sermnagráv]

eend (de)	բադ	[bad]
gans (de)	սագ	[sag]
fazant (de)	փասիան	[pʰasián]

arend (de)	արծիվ	[artsív]
havik (de)	շահեն	[šahén]
valk (de)	բազե	[bazé]
gier (de)	անգղ	[angǵ]
condor (de)	պասկուճ	[paskúč]

zwaan (de)	կարապ	[karáp]
kraanvogel (de)	կռունկ	[krunk]
ooievaar (de)	արագիլ	[aragíl]

papegaai (de)	թութակ	[tʰutʰák]
kolibrie (de)	կոլիբրի	[kolíbri]
pauw (de)	սիրամարգ	[siramárg]

struisvogel (de)	ջայլամ	[dʒajlám]
reiger (de)	ձկնկուլ	[dzknkul]
flamingo (de)	վարդաթևիկ	[vardatʰevík]
pelikaan (de)	հավալուսն	[havalúsn]
nachtegaal (de)	սոխակ	[soχák]

zwaluw (de)	ծիծեռնակ	[tsitse·nák]
lijster (de)	կեռնեխ	[kernéχ]
zanglijster (de)	երգող կեռնեխ	[ergóǧ kernéχ]
merel (de)	սև կեռնեխ	[sév kərnéχ]

gierzwaluw (de)	ջրածիծառ	[dʒratsitsár]
leeuwerik (de)	արտույտ	[artújt]
kwartel (de)	լոր	[lor]

specht (de)	փայտփորիկ	[pʰajtpʰorík]
koekoek (de)	կկու	[kəkú]
uil (de)	բու	[bu]
oehoe (de)	բվեճ	[bveč]
auerhoen (het)	խլահավ	[χlaháv]
korhoen (het)	գայխապլոր	[tsʰaχa‹ʰlór]
patrijs (de)	կաքավ	[kakʰáv]

spreeuw (de)	սարյակ	[sarják]
kanarie (de)	դեղձանիկ	[deǧdzaník]
hazelhoen (het)	ապար	[akʰár]
vink (de)	սերինոս	[serinós]
goudvink (de)	խածկտիկ	[χatsktík]

meeuw (de)	ճայ	[čaj]
albatros (de)	ալբատրոս	[albatrós]
pinguïn (de)	պինգվին	[pingvín]

217. Vogels. Zingen en geluiden

fluiten, zingen (ww)	դայլայլել	[dajlajlél]
schreeuwen (dieren, vogels)	կանչել	[kančél]
kraaien (ov. een haan)	ծուղրուղու կանչել	[tsuǧruǧú kančél]
kukeleku	ծուղրուղու	[tsuǧruǧú]

klokken (hen)	կրթկրթալ	[krtʰkrtʰa]
krassen (kraai)	կռկռալ	[krkral]
kwaken (eend)	կռնչալ	[krnčal]
piepen (kuiken)	ծվծվալ	[tsvtsval]
tjilpen (bijv. een mus)	ճվողել	[črvoǧél]

218. Vis. Zeedieren

brasem (de)	բրամ	[bram]
karper (de)	գետածածան	[getatsatsán]
baars (de)	պերկես	[perkés]
meerval (de)	լոքո	[lokʰó]
snoek (de)	գայլածուկ	[gajladzúk]

zalm (de)	սաղման	[saǧmán]
steur (de)	թառափ	[tʰarápʰ]
haring (de)	ծովատառեխ	[tsovataré‹]
atlantische zalm (de)	սաղման ձուկ	[saǧmán dzuk]

makreel (de)	թյունիկ	[tʰjuník]
platvis (de)	տափակաձուկ	[tapʰakaʣúk]

snoekbaars (de)	շիղաձուկ	[šiġaʣúk]
kabeljauw (de)	ձողաձուկ	[ʣoġaʣúk]
tonijn (de)	թյունոս	[tʰjunnós]
forel (de)	իշխան	[išχán]

paling (de)	օձաձուկ	[oʣaʣúk]
sidderrog (de)	էլեկտրավոր կատվաձուկ	[ēlektravór katvaʣúk]
murene (de)	մուրենա	[muréna]
piranha (de)	պիրանյա	[piránja]

haai (de)	շնաձուկ	[šnaʣúk]
dolfijn (de)	դելֆին	[delfín]
walvis (de)	կետ	[ket]

krab (de)	ծովախեցգետին	[ʦovaχeʦʰgetín]
kwal (de)	մեդուզա	[medúza]
octopus (de)	ութոտնուկ	[utʰotnúk]

zeester (de)	ծովաստղ	[ʦovástġ]
zee-egel (de)	ծովոզնի	[ʦovoʒní]
zeepaardje (het)	ծովաձի	[ʦovaʣí]

oester (de)	ոստրե	[vostré]
garnaal (de)	մանր ծովախեցգետին	[mánr ʦovaχeʦʰgetín]
kreeft (de)	օմար	[omár]
langoest (de)	լանգուստ	[langúst]

219. Amfibieën. Reptielen

slang (de)	օձ	[oʣ]
giftig (slang)	թունավոր	[tʰunavór]

adder (de)	իժ	[iʒ]
cobra (de)	կոբրա	[kóbra]
python (de)	պիթոն	[pitʰón]
boa (de)	վիշապoձ	[višapóʣ]
ringslang (de)	լորտու	[lortú]
ratelslang (de)	խարամանի	[χaramaní]
anaconda (de)	անակոնդա	[anakónda]

hagedis (de)	մողես	[moġés]
leguaan (de)	իգուանա	[iguána]
varaan (de)	վարան	[varán]
salamander (de)	սալամանդր	[salamándr]
kameleon (de)	քամելեոն	[kʰameleón]
schorpioen (de)	կարիճ	[karíč]

schildpad (de)	կրիա	[kriá]
kikker (de)	գորտ	[gort]
pad (de)	դոդոշ	[dodóš]
krokodil (de)	կոկորդիլոս	[kokordilós]

220. Insecten

insect (het)	միջատ	[midʒat]
vlinder (de)	թիթեռ	[tʰitʰér]
mier (de)	մրջյուն	[mrdʒun]
vlieg (de)	ճանճ	[čanč]
mug (de)	մոծակ	[motsak]
kever (de)	բզեզ	[bzez]

wesp (de)	իշամեղու	[išameġú]
bij (de)	մեղու	[meġú]
hommel (de)	կրետ	[kret]
horzel (de)	բոռ	[bor]

spin (de)	սարդ	[sard]
spinnenweb (het)	սարդոստայն	[sardostájn]

libel (de)	ճպուռ	[čpur]
sprinkhaan (de)	մորեխ	[moréx]
nachtvlinder (de)	թիթեռնիկ	[tʰitʰerník]

kakkerlak (de)	ուտիճ	[utič]
teek (de)	տիզ	[tiz]
vlo (de)	լու	[lu]
kriebelmug (de)	մլակ	[mlak]

treksprinkhaan (de)	մարախ	[maráx]
slak (de)	խխունջ	[xəxúrdʒ]
krekel (de)	ծղրիդ	[tsġrid]
glimworm (de)	լուսատիտիկ	[lusatitík]
lieveheersbeestje (het)	զատիկ	[zatík]
meikever (de)	մայիսյան բզեզ	[majisján bzez]

bloedzuiger (de)	տզրուկ	[tzruk]
rups (de)	թրթուր	[tʰrtʰur]
aardworm (de)	որդ	[vord]
larve (de)	թրթուր	[tʰrtʰur]

221. Dieren. Lichaamsdelen

snavel (de)	կտուց	[ktutsʰ]
vleugels (mv.)	թևեր	[tʰevér]
poot (ov. een vogel)	տոտիկ	[totík]
verenkleed (het)	փետրավորություն	[pʰetravorutʰjún]
veer (de)	փետուր	[pʰetúr]
kuifje (het)	փունջ	[pʰompʼól]

kieuwen (mv.)	խռիկներ	[xriknér]
kuit, dril (de)	ձկնկիթ	[dzknkiʰ]
larve (de)	թրթուր	[tʰrtʰur]
vin (de)	լողափեն	[loġatʰév]
schubben (mv.)	թեփուկ	[tʰepʰúk]
slagtand (de)	ժանիք	[ʒaníkʰ]

poot (bijv. ~ van een kat)	թաթ	[tʰatʰ]
muil (de)	մռութ	[mrutʰ]
bek (mond van dieren)	երախ	[eráχ]
staart (de)	պոչ	[poč]
snorharen (mv.)	բեղեր	[beǵér]

| hoef (de) | սմբակ | [smbak] |
| hoorn (de) | կոտոշ | [kotóš] |

schild (schildpad, enz.)	վահան	[vahán]
schelp (de)	խեցեմորթ	[χetsʰemórtʰ]
eierschaal (de)	կեղև	[keǵév]

| vacht (de) | բուրդ | [burd] |
| huid (de) | մորթի | [mortʰí] |

222. Acties van de dieren

vliegen (ww)	թռչել	[tʰrčel]
cirkelen (vogel)	պտույտներ տալ	[ptujtnér tal]
wegvliegen (ww)	թռչել	[tʰrčel]
klapwieken (ww)	թափահարել	[tʰapʰaharél]

pikken (vogels)	կտցել	[kttsʰel]
broeden (de eend zit te ~)	թուխս նստել	[tʰuχs nstel]
uitbroeden (ww)	ձվից դուրս գալ	[dzvitsʰ durs gal]
een nest bouwen	հյուսել	[hjusél]

kruipen (ww)	սողալ	[soǵál]
steken (bij)	խայթել	[χajtʰél]
bijten (de hond, enz.)	կծել	[ktsel]

snuffelen (ov. de dieren)	հոտոտել	[hototél]
blaffen (ww)	հաչել	[hačél]
sissen (slang)	ֆշշացնել	[fššatsʰnél]
doen schrikken (ww)	վախեցնել	[vaχetsʰnél]
aanvallen (ww)	հարձակվել	[hardzakvél]

knagen (ww)	կրծել	[krtsel]
schrammen (ww)	ճանկռել	[čankrél]
zich verbergen (ww)	թաքնվել	[tʰakʰnvél]

spelen (ww)	խաղալ	[χaǵál]
jagen (ww)	որս անել	[vors anél]
winterslapen	ձմեռության մեջ լինել	[kʰnatapʰutʰján médz linél]
uitsterven (dinosauriërs, enz.)	վերանալ	[veranál]

223. Dieren. Leefomgevingen

leefgebied (het)	միջավայր	[midzavájr]
migratie (de)	միգրացիա	[migrátsʰia]
berg (de)	լեռ	[ler]

| rif (het) | խութ | [χutʰ] |
| klip (de) | ժայռ | [ʒajr] |

bos (het)	անտառ	[antár]
jungle (de)	ջունգլի	[dʒunglí]
savanne (de)	սավաննա	[savánna]
toendra (de)	տունդրա	[túndra]

steppe (de)	տափաստան	[tapʰastán]
woestijn (de)	անապատ	[anapat]
oase (de)	օազիս	[oázis]

zee (de)	ծով	[tsov]
meer (het)	լիճ	[lič]
oceaan (de)	օվկիանոս	[ovkiar ós]

moeras (het)	ճահիճ	[čahíč]
zoetwater- (abn)	քաղցրահամ	[kʰaġtsʰrahám]
vijver (de)	լճակ	[lčak]
rivier (de)	գետ	[get]

berenhol (het)	որջ	[vordʒ]
nest (het)	բույն	[bujn]
boom holte (de)	փչակ	[pʰčak]
hol (het)	որջ	[vordʒ]
mierenhoop (de)	մրջնաբույն	[mrdʒnɛbújn]

224. Dierverzorging

| dierentuin (de) | կենդանաբանական այգի | [kendanɔbanakán ajgí] |
| natuurreservaat (het) | արգելանոց | [argelanótsʰ] |

fokkerij (de)	բուծարան	[butsarán]
openluchtkooi (de)	մեծավանդակ	[metsavandák]
kooi (de)	վանդակ	[vandák]
hondenhok (het)	շնաբույն	[šnabújn]

duiventil (de)	աղավնատուն	[aġavnatún]
aquarium (het)	ակվարիում	[akvárium]
dolfinarium (het)	դելֆինարիում	[delfinariúm]

fokken (bijv. honden ~)	բուծել	[butsél]
nakomelingen (mv.)	սերունդ	[serúnd]
temmen (tam maken)	ընտելացնել	[ɛntelatsʰnél]
dresseren (ww)	վարժեցնել	[varʒetsʰnél]

| voeding (de) | կեր | [ker] |
| voederen (ww) | կերակրել | [kerakrél] |

dierenwinkel (de)	կենդանաբանական խանութ	[kendanabanakán χanútʰ]
muilkorf (de)	դնչակալ	[dnčakál]
halsband (de)	վզակապ	[vzakáp]
naam (ov. een dier)	մականուն	[makanún]
stamboom (honden met ~)	տոհմածառ	[tohmatsár]

199

225. Dieren. Diversen

meute (wolven)	նախիր	[vohmák]
zwerm (vogels)	երամ	[erám]
school (vissen)	վտառ	[vtar]
kudde (wilde paarden)	երամակ	[eramák]

mannetje (het)	արու	[arú]
vrouwtje (het)	էգ	[ēg]

hongerig (bn)	քաղցած	[kʰaġtsʰáts]
wild (bn)	վայրի	[vajrí]
gevaarlijk (bn)	վտանգավոր	[vtangavór]

226. Paarden

ras (het)	ցեղատեսակ	[tsʰeġatesák]
veulen (het)	քուռակ	[kʰurák]
merrie (de)	զամբիկ	[zambík]

mustang (de)	մուստանգ	[mustáng]
pony (de)	պոնի	[póni]
koudbloed (de)	ծանրաբարձ	[tsanrakʰárš]

manen (mv.)	բաշ	[baš]
staart (de)	պոչ	[poč]

hoef (de)	սմբակ	[smbak]
hoefijzer (het)	պայտ	[pajt]
beslaan (ww)	պայտել	[pajtél]
paardensmid (de)	դարբին	[darbín]

zadel (het)	թամբ	[tʰamb]
stijgbeugel (de)	ասպանդակ	[aspandák]
breidel (de)	սանձ	[sandz]
leidsels (mv.)	երասանակ	[erasanák]
zweep (de)	մտրակ	[mtrak]

ruiter (de)	հեծյալ	[hetsjál]
zadelen (ww)	թամբել	[tʰambél]
een paard bestijgen	թամբին նստել	[tʰambín nstel]

galop (de)	քառասմբակ վազք	[karasmbák vazkʰ]
galopperen (ww)	քառարշավ սլանալ	[kʰararšáv slanál]
draf (de)	վարգ	[varg]
in draf (bw)	վարգով	[vargóv]

renpaard (het)	արշավածի	[aršavadzí]
paardenrace (de)	մրցարշավ	[mrtsʰaršáv]

paardenstal (de)	ախոռ	[aχór]
voederen (ww)	կերակրել	[kerakrél]
hooi (het)	խոտ	[χot]

| water geven (ww) | ջուր տալ | [dʒur ˈal] |
| wassen (paard ~) | մաբրել | [makʰˈél] |

grazen (gras eten)	արածել	[aratsel]
hinniken (ww)	վրնçալ	[vrndʒal]
een trap geven	աբացել	[akʰatsʰˈél]

Flora

227. Bomen

boom (de)	ծառ	[tsar]
loof- (abn)	սաղարթավոր	[saġartʰavór]
dennen- (abn)	փշատերև	[pʰšaterév]
groenblijvend (bn)	մշտադալար	[mštadalár]

appelboom (de)	խնձորենի	[xndzorení]
perenboom (de)	տանձենի	[tandzení]
zoete kers (de)	կեռասենի	[kerasení]
zure kers (de)	բալենի	[balení]
pruimelaar (de)	սալորենի	[salorení]

berk (de)	կեչի	[kečí]
eik (de)	կաղնի	[kaġní]
linde (de)	լորի	[lorí]
esp (de)	կաղամախի	[kaġamaxí]
esdoorn (de)	թխկի	[tʰxki]
spar (de)	եղևնի	[eġevní]
den (de)	սոճի	[sočí]
lariks (de)	կուենի	[kuení]
zilverspar (de)	բրգաձև սոճի	[brgadzév sočí]
ceder (de)	մայրի	[majrí]

populier (de)	բարդի	[bardí]
lijsterbes (de)	սնձենի	[sndzení]
wilg (de)	ուռենի	[urení]
els (de)	լաստենի	[lastení]
beuk (de)	հաճարենի	[hačarení]
iep (de)	ծփի	[tspʰi]
es (de)	հացենի	[hatsʰení]
kastanje (de)	շագանակենի	[šaganakení]

magnolia (de)	կղբի	[kġbi]
palm (de)	արմավենի	[armavení]
cipres (de)	նոճի	[nočí]

mangrove (de)	մանգրածառ	[mangratsár]
baobab (apenbroodboom)	բաոբաբ	[baobáb]
eucalyptus (de)	էվկալիպտ	[ēvkalípt]
mammoetboom (de)	սեկվոյա	[sekvója]

228. Heesters

struik (de)	թուփ	[tʰupʰ]
heester (de)	թփուտ	[tʰpʰut]

| wijnstok (de) | խաղող | [xaġóġ] |
| wijngaard (de) | խաղողի այգի | [xaġoʒí ajgí] |

frambozenstruik (de)	մորի	[morí]
rode bessenstruik (de)	կարմիր հաղարջ	[karm'r haġárdʒ]
kruisbessenstruik (de)	հաղարջ	[haġá'dʒ]

acacia (de)	ակացիա	[akáts'ia]
zuurbes (de)	ծորենի	[tsorení]
jasmijn (de)	հասմիկ	[hasmík]

jeneverbes (de)	գիհի	[gihí]
rozenstruik (de)	վարդենի	[vardení]
hondsroos (de)	մասուր	[masú']

229. Champignons

paddenstoel (de)	սունկ	[sunk]
eetbare paddenstoel (de)	ուտելու սունկ	[utelú súnk]
giftige paddenstoel (de)	թունավոր սունկ	[tʰunaʌór sunk]
hoed (de)	գլխարկ	[glxark]
steel (de)	տոտիկ	[totík]

eekhoorntjesbrood (het)	սպիտակ սունկ	[spiták súnk]
rosse populierboleet (de)	կարմրագլուխ սունկ	[karmraglúx súnk]
berkenboleet (de)	ժանտասունկ	[ʒantasúnk]
cantharel (de)	ձվասունկ	[dzvasúnk]
russula (de)	դառնամատիտեղ	[darnamatitéġ]

morielje (de)	մորխ	[morx]
vliegenzwam (de)	ճանճասպան	[čančaspán]
groene knolamaniet (de)	թունավոր սունկ	[tʰunavór sunk]

230. Vruchten. Bessen

appel (de)	խնծոր	[xndzor]
peer (de)	տանձ	[tandz]
pruim (de)	սալոր	[salór]

aardbei (de)	ելակ	[elák]
zure kers (de)	բալ	[bal]
zoete kers (de)	կեռաս	[kerás]
druif (de)	խաղող	[xaġóġ]

framboos (de)	մորի	[morí]
zwarte bes (de)	սև հաղարջ	[sév haġárdʒ]
rode bes (de)	կարմիր հաղարջ	[karmír haġárdʒ]
kruisbes (de)	հաղարջ	[haġárdʒ]
veenbes (de)	լոռամրգի	[loramrgí]

| sinaasappel (de) | նարինջ | [naríndʒ] |
| mandarijn (de) | մանդարին | [mandarín] |

ananas (de)	արքայախնձոր	[arkʰajaҳndzór]
banaan (de)	բանան	[banán]
dadel (de)	արմավ	[armáv]

citroen (de)	կիտրոն	[kitrón]
abrikoos (de)	ծիրան	[tsirán]
perzik (de)	դեղձ	[deġdz]
kiwi (de)	կիվի	[kívi]
grapefruit (de)	գրեյպֆրուտ	[grejpfrút]

bes (de)	հատապտուղ	[hataptúġ]
bessen (mv.)	հատապտուղներ	[hataptuġnér]
vossenbes (de)	հապալաս	[hapalás]
bosaardbei (de)	վայրի ելակ	[vajrí elák]
blauwe bosbes (de)	հապալաս	[hapalás]

231. Bloemen. Planten

bloem (de)	ծաղիկ	[tsaġík]
boeket (het)	ծաղկեփունջ	[tsaġkepʰúndʒ]

roos (de)	վարդ	[vard]
tulp (de)	վարդակակաչ	[vardakakáč]
anjer (de)	մեխակ	[meҳák]
gladiool (de)	թրաշուշան	[tʰrašušán]

korenbloem (de)	կապույտ տերեփուկ	[kapújt terepʰúk]
klokje (het)	զանգակ	[zangák]
paardenbloem (de)	կաթնուկ	[katʰnúk]
kamille (de)	երիցուկ	[eritsʰúk]

aloë (de)	ալոե	[alóe]
cactus (de)	կակտուս	[káktus]
ficus (de)	ֆիկուս	[fíkus]

lelie (de)	շուշան	[šušán]
geranium (de)	խորդենի	[ҳordení]
hyacint (de)	հակինթ	[hakíntʰ]

mimosa (de)	պատկարուկ	[patkarúk]
narcis (de)	նարգիզ	[nargíz]
Oost-Indische kers (de)	շրկոտեմ	[dʒrkotém]

orchidee (de)	խոլորձ	[ҳolórdz]
pioenroos (de)	բացվարդ	[kʰadʒvárd]
viooltje (het)	մանուշակ	[manušák]

driekleurig viooltje (het)	եռագույն մանուշակ	[eragújn manušák]
vergeet-mij-nietje (het)	անմոռուկ	[anmorúk]
madeliefje (het)	մարգարտածաղիկ	[margartatsaġík]

papaver (de)	կակաչ	[kakáč]
hennep (de)	կանեփ	[kanépʰ]
munt (de)	անանուխ	[ananúҳ]

| lelietje-van-dalen (het) | hովտաշուշան | [hovtɛšušán] |
| sneeuwklokje (het) | ձնծաղիկ | [dznts ̧aǵík] |

brandnetel (de)	եղինջ	[eǵínc ̧]
veldzuring (de)	թրթնջուկ	[tʰrtʰndʒuk]
waterlelie (de)	շրաշուշան	[dʒraš ̗šán]
varen (de)	ձարխոտ	[dzarχ ́ɔt]
korstmos (het)	քարաքոս	[kʰarakʰós]

oranjerie (de)	ջերմոց	[dʒerrótsʰ]
gazon (het)	գազոն	[gazór]
bloemperk (het)	ծաղկապուլպ	[tsaǵkɛtʰúmb]

plant (de)	բույս	[bujs]
gras (het)	խոտ	[χot]
grasspriet (de)	խոտիկ	[χotík]

blad (het)	տերև	[terév]
bloemblad (het)	թերթիկ	[tʰertʰík]
stengel (de)	ցողուն	[ts ̧oǵún]
knol (de)	պալար	[palár]

| scheut (de) | ծիլ | [tsil] |
| doorn (de) | փուշ | [pʰuš] |

bloeien (ww)	ծաղկել	[tsaǵkél]
verwelken (ww)	թոշնել	[tʰršnel]
geur (de)	բուրմունք	[burmúr kʰ]
snijden (bijv. bloemen ~)	կտրել	[ktrel]
plukken (bloemen ~)	պոկել	[pokél]

232. Granen, graankorrels

graan (het)	հացահատիկ	[hatsʰahatík]
graangewassen (mv.)	հացահատիկային բույսեր	[hatsʰahatikajín bujsér]
aar (de)	հասկ	[hask]

tarwe (de)	ցորեն	[ts ̧orén]
rogge (de)	տարեկան	[tarekán]
haver (de)	վարսակ	[varsák]

| gierst (de) | կորեկ | [korék] |
| gerst (de) | գարի | [garí] |

maïs (de)	եգիպտացորեն	[egiptatsʰorén]
rijst (de)	բրինձ	[brindz]
boekweit (de)	հնդկացորեն	[hndkatsʰorén]

| erwt (de) | սիսեռ | [sisér] |
| nierboon (de) | լոբի | [lobí] |

soja (de)	սոյա	[sojá]
linze (de)	ոսպ	[vosp]
bonen (mv.)	լոբազգիներ	[lobazginér]

233. Groenten. Groene groenten

| groenten (mv.) | բանջարեղեն | [bandʒareǵén] |
| verse kruiden (mv.) | կանաչի | [kanačí] |

tomaat (de)	լոլիկ	[lolík]
augurk (de)	վարունգ	[varúng]
wortel (de)	գազար	[gazár]
aardappel (de)	կարտոֆիլ	[kartofíl]
ui (de)	սոխ	[soχ]
knoflook (de)	սխտոր	[sχtor]

kool (de)	կաղամբ	[kaǵámb]
bloemkool (de)	ծաղկակաղամբ	[tsaǵkakaǵámb]
spruitkool (de)	բրյուսելյան կաղամբ	[brjuseljánkaǵámb]

rode biet (de)	բազուկ	[bazúk]
aubergine (de)	բադրիջան	[badridʒán]
courgette (de)	դդմիկ	[ddmik]
pompoen (de)	դդում	[ddum]
knolraap (de)	շաղգամ	[šaǵgám]

peterselie (de)	մաղադանոս	[maǵadanós]
dille (de)	սամիթ	[samítʰ]
sla (de)	սալաթ	[salátʰ]
selderij (de)	նեխուր	[neχúr]
asperge (de)	ծնեբեկ	[tsnebék]
spinazie (de)	սպինատ	[spinát]

erwt (de)	սիսեռ	[sisér]
bonen (mv.)	լոբի	[lobí]
maïs (de)	եգիպտացորեն	[egiptatsʰorén]
nierboon (de)	լոբի	[lobí]

peper (de)	պղպեղ	[pǵpeǵ]
radijs (de)	բողկ	[boǵk]
artisjok (de)	արտիճուկ	[artičúk]

REGIONALE AARDRIJKSKUNDE

Landen. Nationaliteiten

234. West-Europa

Europa (het)	Եվրոպա	[evrópa]
Europese Unie (de)	Եվրոմիություն	[evrom utʰjún]
Europeaan (de)	Եվրոպացի	[evropɛtsʰí]
Europees (bn)	Եվրոպական	[evropɛkán]
Oostenrijk (het)	Ավստրիա	[avstrial]
Oostenrijker (de)	ավստրիացի	[avstria sʰí]
Oostenrijkse (de)	ավստրուհի	[avstruɦ í]
Oostenrijks (bn)	ավստրիական	[avstriakán]
Groot-Brittannië (het)	Մեծ Բրիտանիա	[mets británia]
Engeland (het)	Անգլիա	[ánglia]
Engelsman (de)	անգլիացի	[angliatsʰí]
Engelse (de)	անգլուհի	[angluhí]
Engels (bn)	անգլիական	[angliakán]
België (het)	Բելգիա	[bélgia]
Belg (de)	բելգիացի	[belgiatsʰí]
Belgische (de)	բելգիացի կին	[belgiatsʰí kín]
Belgisch (bn)	բելգիական	[belgiakán]
Duitsland (het)	Գերմանիա	[germánia]
Duitser (de)	գերմանացի	[germanatsʰí]
Duitse (de)	գերմանուհի	[germanuhí]
Duits (bn)	գերմանական	[germanakán]
Nederland (het)	Նիդերլանդներ	[niderlandnér]
Holland (het)	Հոլանդիա	[holándia]
Nederlander (de)	հոլանդացի	[holandatsʰí]
Nederlandse (de)	հոլանդուհի	[holanduhí]
Nederlands (bn)	հոլանդական	[holandakán]
Griekenland (het)	Հունաստան	[hunastár]
Griek (de)	հույն	[hujn]
Griekse (de)	հույնուհի	[hujnuhí]
Grieks (bn)	հունական	[hunakán]
Denemarken (het)	Դանիա	[dánia]
Deen (de)	դանիացի	[daniatsʰí]
Deense (de)	դանիուհի	[daniuhí]
Deens (bn)	դանիական	[daniakán]
Ierland (het)	Իռլանդիա	[irlándia]
Ier (de)	իռլանդացի	[irlandatsʰí]

| Ierse (de) | իռլանդուհի | [irlanduhí] |
| Iers (bn) | իռլանդական | [irlandakán] |

IJsland (het)	Իսլանդիա	[islándia]
IJslander (de)	իսլանդացի	[islandatsʰí]
IJslandse (de)	իսլանդուհի	[islanduhí]
IJslands (bn)	իսլանդական	[islandakán]

Spanje (het)	Իսպանիա	[ispánia]
Spanjaard (de)	իսպանացի	[ispanatsʰí]
Spaanse (de)	իսպանուհի	[ispanuhí]
Spaans (bn)	իսպանական	[ispanakán]

Italië (het)	Իտալիա	[itália]
Italiaan (de)	իտալացի	[italatsʰí]
Italiaanse (de)	իտալուհի	[italuhí]
Italiaans (bn)	իտալական	[italakán]

Cyprus (het)	Կիպրոս	[kiprós]
Cyprioot (de)	կիպրոսցի	[kiprostsʰí]
Cypriotische (de)	կիպրոսուհի	[kiprosuhí]
Cypriotisch (bn)	կիպրոսական	[kiprosakán]

Malta (het)	Մալթա	[máltʰa]
Maltees (de)	մալթացի	[maltʰatsʰí]
Maltese (de)	մալթուհի	[maltʰuhí]
Maltees (bn)	մալթական	[maltʰakán]

Noorwegen (het)	Նորվեգիա	[norvégia]
Noor (de)	նորվեգացի	[norvegatsʰí]
Noorse (de)	նորվեգուհի	[norveguhí]
Noors (bn)	նորվեգիական	[norvegakán]

Portugal (het)	Պորտուգալիա	[portugália]
Portugees (de)	պորտուգալացի	[portugalatsʰí]
Portugese (de)	պորտուգալուհի	[portugaluhí]
Portugees (bn)	պորտուգալական	[portugalakán]

Finland (het)	Ֆինլանդիա	[finlándia]
Fin (de)	ֆինլանդացի	[finlandatsʰí]
Finse (de)	ֆինլանդուհի	[finlanduhí]
Fins (bn)	ֆինլանդական	[finlandakán]

Frankrijk (het)	Ֆրանսիա	[fránsia]
Fransman (de)	ֆրանսիացի	[fransiatsʰí]
Française (de)	ֆրանսուհի	[fransuhí]
Frans (bn)	ֆրանսիական	[fransiakán]

Zweden (het)	Շվեդիա	[švédia]
Zweed (de)	շվեդացի	[švedatsʰí]
Zweedse (de)	շվեդուհի	[šveduhí]
Zweeds (bn)	շվեդական	[švedakán]

Zwitserland (het)	Շվեյցարիա	[švejtsʰária]
Zwitser (de)	շվեյցարացի	[švejtsʰaratsʰí]
Zwitserse (de)	շվեյցարուհի	[švejtsʰaruhí]

Zwitsers (bn)	Շվեյցարական	[švejtsʰarakán]
Schotland (het)	Շոտլանդիա	[šotlándia]
Schot (de)	շոտլանդացի	[šotlandatsʰí]
Schotse (de)	շոտլանդուհի	[šotlanduhí]
Schots (bn)	շոտլանդական	[šotlandakán]

Vaticaanstad (de)	Վատիկան	[vatikan]
Liechtenstein (het)	Լիխտենշտայն	[lixtenštájn]
Luxemburg (het)	Լյուքսեմբուրգ	[ljukʰsəmbúrg]
Monaco (het)	Մոնակո	[monáko]

235. Centraal- en Oost-Europa

Albanië (het)	Ալբանիա	[albán.a]
Albanees (de)	ալբանացի	[albanatsʰí]
Albanese (de)	ալբանուհի	[albanuhí]
Albanees (bn)	ալբանական	[albanakán]

Bulgarije (het)	Բուլղարիա	[bulɡária]
Bulgaar (de)	բուլղարացի	[bulɡaratsʰí]
Bulgaarse (de)	բուլղարուհի	[bulɡaruhí]
Bulgaars (bn)	բուլղարական	[bulɡarakán]

Hongarije (het)	Վենգրիա	[véngriə]
Hongaar (de)	վենգրացի	[vengratsʰí]
Hongaarse (de)	վենգրուհի	[vengruhí]
Hongaars (bn)	վենգրական	[vengrɛkán]

Letland (het)	Լատվիա	[látvia]
Let (de)	լատվիացի	[latviatsʰí]
Letse (de)	լատվուհի	[latvuhí]
Lets (bn)	լատվիական	[latviakán]

Litouwen (het)	Լիտվա	[litvá]
Litouwer (de)	լիտվացի	[litvatsʰí]
Litouwse (de)	լիտվուհի	[litvuhí]
Litouws (bn)	լիտվական	[litvakán]

Polen (het)	Լեհաստան	[lehastɛ́n]
Pool (de)	լեհ	[leh]
Poolse (de)	լեհուհի	[lehuhí]
Pools (bn)	լեհական	[lehakán]

Roemenië (het)	Ռումինիա	[rumíniɛ]
Roemeen (de)	ռումինացի	[ruminatsʰí]
Roemeense (de)	ռումինուհի	[ruminuhí]
Roemeens (bn)	ռումինական	[ruminakán]

Servië (het)	Սերբիա	[sérbia]
Serviër (de)	սերբ	[serb]
Servische (de)	սերբուհի	[serbuhí]
Servisch (bn)	սերբական	[serbakɛ́n]
Slowakije (het)	Սլովակիա	[slovákiə]
Slowaak (de)	սլովակ	[slovák]

| Slowaakse (de) | սլովակյա | [slováčka] |
| Slowaakse (bn) | սլովական | [slovakán] |

Kroatië (het)	Խորվատիա	[χorvátia]
Kroaat (de)	խորվատ	[χorvát]
Kroatische (de)	խորվատուհի	[χorvatuhí]
Kroatisch (bn)	խորվատական	[χorvatakán]

Tsjechië (het)	Չեխիա	[čéχia]
Tsjech (de)	չեխ	[čeχ]
Tsjechische (de)	չեխուհի	[čeχuhí]
Tsjechisch (bn)	չեխական	[čeχakán]

Estland (het)	Էստոնիա	[ēstónia]
Est (de)	էստոնացի	[ēstonatsʰí]
Estse (de)	էստոնուհի	[ēstonuhí]
Ests (bn)	էստոնական	[ēstonakán]

Bosnië en Herzegovina (het)	Բոսնիա և Հերցեգովինա	[bósnia év hertsʰegovína]
Macedonië (het)	Մակեդոնիա	[makedónia]
Slovenië (het)	Սլովենիա	[slovénia]
Montenegro (het)	Չեռնոգորիա	[černogória]

236. Voormalige USSR landen

Azerbeidzjan (het)	Ադրբեջան	[adrbeʤán]
Azerbeidzjaan (de)	ադրբեջանացի	[adrbeʤanatsʰí]
Azerbeidjaanse (de)	ադրբեջանուհի	[adrbeʤanuhí]
Azerbeidjaans (bn)	ադրբեջանական	[adrbeʤanakán]

Armenië (het)	Հայաստան	[hajastán]
Armeen (de)	հայ	[haj]
Armeense (de)	հայուհի	[hajuhí]
Armeens (bn)	հայկական	[hajkakán]

Wit-Rusland (het)	Բելառուս	[belarús]
Wit-Rus (de)	բելոռուս	[belorús]
Wit-Russische (de)	բելոռուսկա	[belorúska]
Wit-Russisch (bn)	բելոռուսական	[belorusakán]

Georgië (het)	Վրաստան	[vrastán]
Georgiër (de)	վրացի	[vratsʰí]
Georgische (de)	վրացուհի	[vratsʰuhí]
Georgisch (bn)	վրացական	[vratsʰakán]

Kazakstan (het)	Ղազախստան	[ġazaχstán]
Kazak (de)	ղազախ	[ġazáχ]
Kazakse (de)	ղազախուհի	[ġazaχuhí]
Kazakse (bn)	ղազախական	[ġazaχakán]

Kirgizië (het)	Ղրղզստան	[ġrġzstan]
Kirgiziër (de)	ղրղզ	[ġrġz]
Kirgizische (de)	ղրղզուհի	[ġrġzuhí]
Kirgizische (bn)	ղրղզական	[ġrġzakán]

Moldavië (het)	Մոլդովա	[moldóva]
Moldaviër (de)	մոլդովացի	[moldovatsʰí]
Moldavische (de)	մոլդովուհի	[moldovuhí]
Moldavisch (bn)	մոլդովական	[moldovakán]

Rusland (het)	Ռուսաստան	[rusastán]
Rus (de)	ռուս	[rus]
Russin (de)	ռուս կին	[rus kin]
Russisch (bn)	ռուսական	[rusakán]

Tadzjikistan (het)	Տաջիկստան	[tadʒikstán]
Tadzjiek (de)	տաջիկ	[tadʒík]
Tadzjiekse (de)	տաջիկուհի	[tadʒikuhí]
Tadzjieks (bn)	տաջիկական	[tadʒikakán]

Turkmenistan (het)	Թուրքմենստան	[tʰurkʰmenstán]
Turkmeen (de)	թուրքմեն	[tʰurkʰmén]
Turkmeense (de)	թուրքմենուհի	[tʰurkʰmenuhí]
Turkmeens (bn)	թուրքմենական	[tʰurkʰmenakán]

Oezbekistan (het)	Ուզբեկստան	[uzbekstán]
Oezbeek (de)	ուզբեկ	[uzbék]
Oezbeekse (de)	ուզբեկուհի	[uzbekuhí]
Oezbeeks (bn)	ուզբեկական	[uzbekakán]

Oekraïne (het)	Ուկրաինա	[ukraína]
Oekraïner (de)	ուկրաինացի	[ukrainatsʰí]
Oekraïense (de)	ուկրաինուհի	[ukrainuhí]
Oekraïens (bn)	ուկրաինական	[ukrainakán]

237. Azië

| Azië (het) | Ասիա | [ásia] |
| Aziatisch (bn) | ասիական | [asiakán] |

Vietnam (het)	Վիետնամ	[vjetnám]
Vietnamees (de)	վիետնամացի	[vjetnamatsʰí]
Vietnamese (de)	վիետնամուհի	[vjetnamuhí]
Vietnamees (bn)	վիետնամական	[vjetnamakán]

India (het)	Հնդկաստան	[hndkastan]
Indiër (de)	հնդիկ	[hndík]
Indische (de)	հնդկուհի	[hndkuhí]
Indisch (bn)	հնդկական	[hndkakán]

Israël (het)	Իսրայել	[israjél]
Israëliër (de)	իսրայելացի	[irajelatsʰí]
Israëlische (de)	իսրայելուհի	[israjeluhí]
Israëlisch (bn)	իսրայելական	[israjelakán]

Jood (etniciteit)	հրեա	[hreá]
Jodin (de)	հրեուհի	[hreuhí]
Joods (bn)	հրեական	[hreakán]
China (het)	Չինաստան	[činastán]

Chinees (de)	Չինաց	[činatsʰí]
Chinese (de)	Չինուհի	[činuhí]
Chinees (bn)	Չինական	[činakán]

Koreaan (de)	Կորեաց	[koreatsʰí]
Koreaanse (de)	Կորեուհի	[koreuhí]
Koreaans (bn)	Կորեական	[koreakán]

Libanon (het)	Լիբանան	[libanán]
Libanees (de)	լիբանանց	[libanantsʰí]
Libanese (de)	լիբանանուհի	[libananuhí]
Libanees (bn)	լիբանանյան	[libananján]

Mongolië (het)	Մոնղոլիա	[monǵólia]
Mongool (de)	մոնղոլ	[monǵól]
Mongoolse (de)	մոնղոլուհի	[monǵoluhí]
Mongools (bn)	մոնղոլական	[monǵolakán]

Maleisië (het)	Մալայզիա	[malájzia]
Maleisiër (de)	մալայզիացի	[malajziatsʰí]
Maleisische (de)	մալայզուհի	[malajzuhí]
Maleisisch (bn)	մալայզիական	[malajziakán]

Pakistan (het)	Պակիստան	[pakistán]
Pakistaan (de)	պակիստանց	[pakistantsʰí]
Pakistaanse (de)	պակիստանուհի	[pakistanuhí]
Pakistaans (bn)	պակիստանական	[pakistanakán]

Saoedi-Arabië (het)	Սաուդյան Արաբիա	[saudján arábia]
Arabier (de)	արաբ	[aráb]
Arabische (de)	արաբուհի	[arabuhí]
Arabisch (bn)	արաբական	[arabakán]

Thailand (het)	Թաիլանդ	[tʰailánd]
Thai (de)	թաիլանդացի	[tʰailandatsʰí]
Thaise (de)	թաիլանդուհի	[tʰailanduhí]
Thai (bn)	թաիլանդական	[tʰailandakán]

Taiwan (het)	Թայվան	[tʰajván]
Taiwanees (de)	թայվանաց	[tʰajvanatsʰí]
Taiwanese (de)	թայվանուհի	[tʰajvanuhí]
Taiwanees (bn)	թայվանական	[tʰajvanakán]

Turkije (het)	Թուրքիա	[tʰúrkʰia]
Turk (de)	թուրք	[tʰurkʰ]
Turkse (de)	թրքուհի	[tʰrkʰuhí]
Turks (bn)	թուրքական	[tʰurkʰakán]

Japan (het)	Ճապոնիա	[čapónia]
Japanner (de)	ճապոնաց	[čaponatsʰí]
Japanse (de)	ճապոնուհի	[čaponuhí]
Japans (bn)	ճապոնական	[čaponakán]

Afghanistan (het)	Աֆղանստան	[afǵanstán]
Bangladesh (het)	Բանգլադեշ	[bangladéš]
Indonesië (het)	Ինդոնեզի	[indonézia]

Jordanië (het)	Հորդանան	[hordɛnán]
Irak (het)	Իրաք	[irákʰ]
Iran (het)	Պարսկաստան	[parskastán]
Cambodja (het)	Կամպուչիա	[kampʉčía]
Koeweit (het)	Քուվեյթ	[kʰuvé‿tʰ]

Laos (het)	Լաոս	[laós]
Myanmar (het)	Մյանմար	[mjanmár]
Nepal (het)	Նեպալ	[nepál]
Verenigde Arabische Emiraten	Միավորված Արաբական Էմիրություններ	[miavorváts arabakɛn ēmirutʰjunnér]

Syrië (het)	Սիրիա	[síria]
Palestijnse autonomie (de)	Պաղեստինյան ինքնավարություն	[paɡes‿inján inkʰnavarutʰjún]
Zuid-Korea (het)	Հարավային Կորեա	[haravɛjín koréa]
Noord-Korea (het)	Հյուսիսային Կորեա	[hjusisɛjín koréa]

238. Noord-Amerika

Verenigde Staten van Amerika	Ամերիկայի Միացյալ Նահանգներ	[amerikají miatsʰjál nahangnér]
Amerikaan (de)	ամերիկացի	[amerikatsʰí]
Amerikaanse (de)	ամերիկուհի	[amerikuhí]
Amerikaans (bn)	ամերիկական	[amerikakán]

Canada (het)	Կանադա	[kanáda‿]
Canadees (de)	կանադացի	[kanadatsʰí]
Canadese (de)	կանադուհի	[kanaduhí]
Canadees (bn)	կանադական	[kanadakán]

Mexico (het)	Մեքսիկա	[mékʰsika]
Mexicaan (de)	մեքսիկացի	[mekʰsikatsʰí]
Mexicaanse (de)	մեքսիկուհի	[mekʰsikuhí]
Mexicaans (bn)	մեքսիկական	[mekʰsikakán]

239. Midden- en Zuid-Amerika

Argentinië (het)	Արգենտինա	[argentína]
Argentijn (de)	արգենտինացի	[argentinatsʰí]
Argentijnse (de)	արգենտինուհի	[argentinʉhí]
Argentijns (bn)	արգենտինական	[argentinɛkán]

Brazilië (het)	Բրազիլիա	[ɔrazília]
Braziliaan (de)	բրազիլիացի	[braziliatsʰí]
Braziliaanse (de)	բրազիլիուհի	[braziluhí]
Braziliaans (bn)	բրազիլիական	[braziliakán]

Colombia (het)	Կոլումբիա	[kolúmbia]
Colombiaan (de)	կոլումբացի	[kolumbatsʰí]
Colombiaanse (de)	կոլումբացի կին	[kolumbatsʰí kin]
Colombiaans (bn)	կոլումբիական	[kolumbiakán]

Cuba (het)	Կուբա	[kúba]
Cubaan (de)	կուբացի	[kubatsʰí]
Cubaanse (de)	կուբացի կին	[kubatsʰí kin]
Cubaans (bn)	կուբական	[kubakán]

Chili (het)	Չիլի	[číli]
Chileen (de)	չիլիացի	[čiliatsʰí]
Chileense (de)	չիլիացի կին	[čiliatsʰí kin]
Chileens (bn)	չիլիական	[čiliakán]

Bolivia (het)	Բոլիվիա	[bolívia]
Venezuela (het)	Վենեսուելա	[venesuéla]
Paraguay (het)	Պարագվայ	[paragváj]
Peru (het)	Պերու	[perú]

Suriname (het)	Սուրինամ	[surinám]
Uruguay (het)	Ուրուգվայ	[urugváj]
Ecuador (het)	Էկվադոր	[ēkvadór]

Bahama's (mv.)	Բահամյան կղզիներ	[bahamján kġzinér]
Haïti (het)	Հաիթի	[haitʰí]
Dominicaanse Republiek (de)	Դոմինիկյան հանրապետություն	[dominikján hanrapetutʰjún]
Panama (het)	Պանամա	[panáma]
Jamaica (het)	Ջամայկա	[jamájka]

240. Afrika

Egypte (het)	Եգիպտոս	[egiptós]
Egyptenaar (de)	եգիպտացի	[egiptatsʰí]
Egyptische (de)	եգիպտուհի	[egiptuhí]
Egyptisch (bn)	եգիպտական	[egiptakán]

Marokko (het)	Մարոկկո	[marókko]
Marokkaan (de)	մարոկկացի	[marokatsʰí]
Marokkaanse (de)	մարոկուհի	[marokuhí]
Marokkaans (bn)	մարոկկական	[marokakán]

Tunesië (het)	Թունիս	[tʰunís]
Tunesiër (de)	թունիսցի	[tʰunistsʰí]
Tunesische (de)	թունիսուհի	[tʰunisuhí]
Tunesisch (bn)	թունիսական	[tʰunisakán]

Ghana (het)	Գանա	[gána]
Zanzibar (het)	Զանզիբար	[zanzibár]
Kenia (het)	Քենիա	[kʰénia]
Libië (het)	Լիբիա	[líbia]
Madagaskar (het)	Մադագասկար	[madagaskár]

Namibië (het)	Նամիբիա	[namíbia]
Senegal (het)	Սենեգալ	[senegál]
Tanzania (het)	Տանզանիա	[tanzánia]
Zuid-Afrika (het)	Հարավ-Աֆրիկյան հանրապետություն	[haráv afrikján hanrapetutʰjún]

Afrikaan (de)	աֆրիկացի	[afrikatsʰí]
Afrikaanse (de)	աֆրիկուհի	[afrikuhí]
Afrikaans (bn)	աֆրիկական	[afrikɛkán]

241. Australië. Oceanië

Australië (het)	Ավստրալիա	[avstralia]
Australiër (de)	ավստրալիացի	[avstraliatsʰí]
Australische (de)	ավստրալուհի	[avstraluhí]
Australisch (bn)	ավստրալիական	[avstraliakán]

Nieuw-Zeeland (het)	Նոր Զելանդիա	[nor zelándia]
Nieuw-Zeelander (de)	նորզելանդացի	[norze andatsʰí]
Nieuw-Zeelandse (de)	նորզելանդուհի	[norze anduhí]
Nieuw-Zeelands (bn)	նորզելանդական	[norze andakán]

| Tasmanië (het) | Տասմանիա | [tasmánia] |
| Frans-Polynesië | Ֆրանսիական Պոլինեզիա | [fransiakán polinézia] |

242. Steden

Amsterdam	Ամստերդամ	[amste·dám]
Ankara	Անկարա	[ankaré]
Athene	Աթենք	[atʰénkʰ]
Bagdad	Բաղդադ	[baġdád]
Bangkok	Բանգկոկ	[bangkók]

Barcelona	Բարսելոնա	[barselona]
Beiroet	Բեյրութ	[bejrútʰ]
Berlijn	Բեռլին	[berlín]
Boedapest	Բուդապեշտ	[budapešt]
Boekarest	Բուխարեստ	[buχarést]

Bombay, Mumbai	Բոմբեյ	[bombé]
Bonn	Բոնն	[bonn]
Bordeaux	Բորդո	[bordó]
Bratislava	Բրատիսլավա	[bratisláva]
Brussel	Բրյուսել	[brjusél]

Caïro	Կահիրե	[kahiré]
Calcutta	Կալկաթա	[kalkátʰɛ]
Chicago	Չիկագո	[čikágo]
Dar Es Salaam	Դար Էս Սալամ	[dár ēs ṣalám]
Delhi	Դելի	[déli]

Den Haag	Հաագա	[hahága·]
Dubai	Դուբայ	[dubáj]
Dublin	Դուբլին	[dúblin]
Düsseldorf	Դյուսելդորֆ	[djuseldórf]
Florence	Ֆլորենցիա	[floréntsʰa]
Frankfort	Ֆրանկֆուրտ	[fránkfurt]
Genève	Ժնև	[ʒnev]

215

Hamburg	Համբուրգ	[hámburg]
Hanoi	Հանոյ	[hanój]
Havana	Հավանա	[havána]

Helsinki	Հելսինկի	[hélsinki]
Hiroshima	Հիրոսիմա	[hirosíma]
Hongkong	Հոնկոնգ	[honkóng]
Istanbul	Ստամբուլ	[stʰambúl]
Jeruzalem	Երուսաղեմ	[erusaġém]
Kiev	Կիև	[kíev]

Kopenhagen	Կոպենհագեն	[kopenhágen]
Kuala Lumpur	Կուալա Լումպուր	[kualá lumpúr]
Lissabon	Լիսաբոն	[lisabón]
Londen	Լոնդոն	[londón]
Los Angeles	Լոս Անջելոս	[los anʒelós]

Lyon	Լիոն	[lión]
Madrid	Մադրիդ	[madríd]
Marseille	Մարսել	[marsél]
Mexico-Stad	Մեխիկո	[méχiko]
Miami	Մայամի	[majámi]

Montreal	Մոնրեալ	[monreál]
Moskou	Մոսկվա	[moskvá]
München	Մյունխեն	[mjúnχen]
Nairobi	Նայրոբի	[najróbi]
Napels	Նեապոլ	[neápol]

New York	Նյու-Յորք	[nju jórkʰ]
Nice	Նիցցա	[nítsʰa]
Oslo	Օսլո	[óslo]
Ottawa	Օտտավա	[ottáva]
Parijs	Փարիզ	[pʰaríz]

Peking	Պեկին	[pekín]
Praag	Պրահա	[prahá]
Rio de Janeiro	Ռիո դե Ժանեյրո	[rio de ʒanéjro]
Rome	Հռոմ	[hrom]

| Seoel | Սեուլ | [seúl] |
| Singapore | Սինգապուր | [singapúr] |

Sint-Petersburg	Սանկտ Պետերբուրգ	[sánkt peterbúrg]
Sjanghai	Շանհայ	[šanháj]
Stockholm	Ստոքհոլմ	[stokʰhólm]
Sydney	Սիդնեյ	[sidnéj]

| Taipei | Տայպեյ | [tajpéj] |
| Tokio | Տոկիո | [tókio] |

Toronto	Տորոնտո	[torónto]
Venetië	Վենետիկ	[venétsia]
Warschau	Վարշավա	[varšáva]
Washington	Վաշինգտոն	[vašingtón]
Wenen	Վիեննա	[viénna]

243. Politiek. Overheid. Deel 1

politiek (de)	քաղաքականություն	[kʰaġakakanutʰjún]
politiek (bn)	քաղաքական	[kʰaġakʰakán]
politicus (de)	քաղաքական գործիչ	[kʰaġakʰakán gortsíʒ]

staat (land)	պետություն	[petutʰún]
burger (de)	քաղաքացի	[kʰaġakatsʰí]
staatsburgerschap (het)	քաղաքացիություն	[kʰaġakatsʰiutʰjún]

| nationaal wapen (het) | ազգային զինանշան | [azgajín zinanšán] |
| volkslied (het) | պետական օրհներգ | [petakán orhnérg] |

regering (de)	դեկավարություն	[ġekavarutʰjún]
staatshoofd (het)	երկրի դեկավար	[erkrí ġəkavár]
parlement (het)	խորհրդարան	[χorhrdərán]
partij (de)	կուսակցություն	[kusaktsʰutʰjún]

| kapitalisme (het) | կապիտալիզմ | [kapital zm] |
| kapitalistisch (bn) | կապիտալիստական | [kapitalistakán] |

| socialisme (het) | սոցիալիզմ | [sotsʰialízm] |
| socialistisch (bn) | սոցիալիստական | [sotsʰial stakán] |

communisme (het)	կոմունիզմ	[komunízm]
communistisch (bn)	կոմունիստական	[komunistakán]
communist (de)	կոմունիստ	[komuníst]

democratie (de)	ժողովրդավարություն	[ʒoġovrdavarutʰjún]
democraat (de)	դեմոկրատ	[demokrát]
democratisch (bn)	ժողովրդավարական	[ʒoġovrcavarakán]
democratische partij (de)	ժողովրդավարական կուսակցություն	[ʒoġovrcavarakán kusaktsʰutʰjún]

| liberaal (de) | լիբերալ | [liberál] |
| liberaal (bn) | լիբերալ | [liberál] |

| conservator (de) | պահպանողական | [pahpanoġakán] |
| conservatief (bn) | պահպանողական | [pahpancġakán] |

republiek (de)	հանրապետություն	[hanrape‐utʰjún]
republikein (de)	հանրապետական	[hanrapetakán]
Republikeinse Partij (de)	հանրապետական կուսակցություն	[hanrapetakán kusaktsʰutʰjún]

verkiezing (de)	ընտրություններ	[əntrutʰjunnér]
kiezen (ww)	ընտրել	[əntrél]
kiezer (de)	ընտրող	[əntróġ]
verkiezingscampagne (de)	ընտրարշավ	[əntraršáv]
stemming (de)	քվեարկություն	[kʰvearkutʰjún]
stemmen (ww)	քվեարկել	[kʰvearkél]
stemrecht (het)	քվեարկության իրավունք	[kvearkutʰ án iravúnkʰ]
kandidaat (de)	թեկնածու	[tʰeknatsú]
zich kandideren	թեկնածություն դնել քվեարկության	[tʰeknatsuʰjunə dnél kʰvearkutʰján]

campagne (de)	արշավ	[aršáv]
oppositie- (abn)	ընդդիմական	[ənddimakán]
oppositie (de)	ընդդիմություն	[ənddimutʰjún]

bezoek (het)	այց	[ajtsʰ]
officieel bezoek (het)	պաշտոնական այց	[paštonakán ajtsʰ]
internationaal (bn)	միջազգային	[midʒazgajín]

| onderhandelingen (mv.) | բանակցություններ | [banaktsʰutʰjunnér] |
| onderhandelen (ww) | բանակցություններ վարել | [banaktsʰutʰjunnér varél] |

244. Politiek. Overheid. Deel 2

maatschappij (de)	հասարակություն	[hasarakutʰjún]
grondwet (de)	սահմանադրություն	[sahmanadrutʰjún]
macht (politieke ~)	իշխանություն	[išχanutʰjún]
corruptie (de)	կոռուպցիա	[korúptsʰia]

| wet (de) | օրենք | [orénkʰ] |
| wettelijk (bn) | օրինական | [orinakán] |

| rechtvaardigheid (de) | արդարություն | [ardarutʰjún] |
| rechtvaardig (bn) | արդար | [ardár] |

comité (het)	կոմիտե	[komité]
wetsvoorstel (het)	օրինագիծ	[orinagíts]
begroting (de)	բյուջե	[bjudʒé]
beleid (het)	քաղաքականություն	[kʰaǵakakanutʰjún]
hervorming (de)	բարեփոխում	[barepʰoχúm]
radicaal (bn)	արմատական	[armatakán]

macht (vermogen)	հզորություն	[hzorutʰjún]
machtig (bn)	հզոր	[hzor]
aanhanger (de)	կողմնակից	[koǵmnakítsʰ]
invloed (de)	ազդեցություն	[azdetsʰutʰjún]

regime (het)	ռեժիմ	[reʒím]
conflict (het)	ընդհարում	[əndharúm]
samenzwering (de)	դավադրություն	[davadrutʰjún]
provocatie (de)	պրովոկացիա	[provokátsʰia]

omverwerpen (ww)	տապալել	[tapalél]
omverwerping (de)	տապալում	[tapalúm]
revolutie (de)	հեղափոխություն	[heǵapʰoχutʰjún]

| staatsgreep (de) | հեղաշրջում | [heǵašrdʒúm] |
| militaire coup (de) | ռազմական հեղաշրջում | [razmakán heǵašrdʒúm] |

crisis (de)	ճգնաժամ	[čgnaʒám]
economische recessie (de)	տնտեսական անկում	[tntesakán ankúm]
betoger (de)	ցուցարար	[tsʰutsʰarár]
betoging (de)	ցույց	[tsʰujtsʰ]
krijgswet (de)	ռազմական դրություն	[razmakán drutʰjún]
militaire basis (de)	բազա	[báza]

| stabiliteit (de) | կայունություն | [kajunutʰjún] |
| stabiel (bn) | կայուն | [kajún] |

| uitbuiting (de) | շահագործում | [šahagortsúm] |
| uitbuiten (ww) | շահագործել | [šahagortsél] |

racisme (het)	ռասիզմ	[rasízm]
racist (de)	ռասիստ	[rasíst]
fascisme (het)	ֆաշիզմ	[fašízm]
fascist (de)	ֆաշիստ	[fašíst]

245. Landen. Diversen

vreemdeling (de)	օտարերկրացի	[otarjerᵏartsʰí]
buitenlands (bn)	օտարերկրյա	[otarerkːrjá]
in het buitenland (bw)	արտասահմանում	[artasahmanúm]

emigrant (de)	էմիգրանտ	[ēmigránt]
emigratie (de)	արտագաղթ	[artagágtʰ]
emigreren (ww)	արտագաղթել	[artagagtʰél]

Westen (het)	Արևմուտք	[arevmútkʰ]
Oosten (het)	Արևելք	[arevélkˑ]
Verre Oosten (het)	Հեռավոր Արևելք	[heravór arevélkʰ]

beschaving (de)	քաղաքակրթություն	[kʰaġakakanutʰjún]
mensheid (de)	մարդկություն	[mardkutʰjún]
wereld (de)	աշխարհ	[ašχárh]
vrede (de)	խաղաղություն	[χaġaġuːʰjún]
wereld- (abn)	համաշխարհային	[hamašχarhajín]

vaderland (het)	հայրենիք	[hajreníkʰ]
volk (het)	ժողովուրդ	[ʒoġovúrd]
bevolking (de)	բնակչություն	[bnakčutʲjún]
mensen (mv.)	մարդիկ	[mardík]
natie (de)	ազգ	[azg]
generatie (de)	սերունդ	[serúnd]

gebied (bijv. bezette ~en)	տարածք	[tarátskʰ]
regio, streek (de)	շրջան	[šrdʒan]
deelstaat (de)	նահանգ	[naháng]

traditie (de)	ավանդույթ	[avandújtʰ]
gewoonte (de)	սովորույթ	[sovorújtʰ]
ecologie (de)	բնապահպանություն	[bnapahpənutʰjún]

Indiaan (de)	հնդիկ	[hndík]
zigeuner (de)	գնչու	[gnču]
zigeunerin (de)	գնչուհի	[gnčuhí]
zigeuner- (abn)	գնչուական	[gnčuakán]

rijk (het)	կայսրություն	[kajsrutʰjúˑ]
kolonie (de)	գաղութ	[gaġútʰ]
slavernij (de)	ստրկություն	[strkutʰjúnˑ]

invasie (de)	արշավանք	[aršavánkʰ]
hongersnood (de)	սով	[sov]

246. Grote religieuze groepen. Bekentenissen

religie (de)	կրոն	[kron]
religieus (bn)	կրոնական	[kronakán]

geloof (het)	հավատք	[havátkʰ]
geloven (ww)	հավատալ	[havatál]
gelovige (de)	հավատացյալ	[havatatsʰjál]

atheïsme (het)	աթեիզմ	[atʰeízm]
atheïst (de)	աթեիստ	[atʰeíst]

christendom (het)	քրիստոնեություն	[kʰristoneutʰjún]
christen (de)	քրիստոնյա	[kʰristonjá]
christelijk (bn)	քրիստոնեական	[kʰristoneakán]

katholicisme (het)	Կաթոլիկություն	[katʰolikutʰjún]
katholiek (de)	կաթոլիկ	[katʰolík]
katholiek (bn)	կաթոլիկական	[katʰolikakán]

protestantisme (het)	Բողոքականություն	[boğokʰakanutʰjún]
Protestante Kerk (de)	Բողոքական եկեղեցի	[boğokʰakán ekeğetsʰí]
protestant (de)	բողոքական	[boğokʰakán]

orthodoxie (de)	Ուղղափառություն	[uğğapʰarutʰjún]
Orthodoxe Kerk (de)	Ուղղափառ եկեղեցի	[uğğapʰár ekeğetsʰí]
orthodox	ուղղափառ	[uğğapʰár]

presbyterianisme (het)	Պրեսբիտերականություն	[presbiterakanutʰjún]
Presbyteriaanse Kerk (de)	Պրեսբիտերական եկեղեցի	[presbiterakán ekeğetsʰí]
presbyteriaan (de)	պրեսբիտեր	[presbitér]

lutheranisme (het)	Լյութերական եկեղեցի	[ljutʰerakán ekeğetsʰí]
lutheraan (de)	լյութերական	[ljutʰerakán]

baptisme (het)	Բապտիզմ	[baptízm]
baptist (de)	բապտիստ	[baptíst]

Anglicaanse Kerk (de)	Անգլիական եկեղեցի	[angliakán ekeğetsʰí]
anglicaan (de)	անգլիկանացի	[angliakanatsʰí]

mormonisme (het)	Մորմոնական կրոն	[mormonakán krón]
mormoon (de)	մորմոն	[mormón]

Jodendom (het)	Հուդայականություն	[hudajakanutʰjún]
jood (aanhanger van het Jodendom)	հուդայական	[hudajakán]

boeddhisme (het)	Բուդդայականություն	[buddajakanutʰjún]
boeddhist (de)	բուդդայական	[buddajakán]
hindoeïsme (het)	Հինդուիզմ	[hinduhízm]

hindoe (de)	հինդուիստ	[hinduhíst]
islam (de)	Մահմեդականություն	[mahmedakanutʰjún]
islamiet (de)	մուսուլման	[musᴜlmán]
islamitisch (bn)	մուսուլմանական	[musᴜlmanakán]

| sjiisme (het) | Շիա | [šía] |
| sjiiet (de) | շիա | [šía] |

| soennisme (het) | Սուննի | [súnni] |
| soenniet (de) | սուննիտ | [súnnit] |

247. Religies. Priesters

| priester (de) | հոգևորական | [hogevorakán] |
| paus (de) | Հռոմի պապ | [hromí páp] |

monnik (de)	վանական	[vanakán]
non (de)	միանձնուհի	[miancznuhí]
pastoor (de)	պաստոր	[pástoɾ]

abt (de)	աբբատ	[abbát]
vicaris (de)	քահանա	[kʰahaná]
bisschop (de)	եպիսկոպոս	[episkɔpós]
kardinaal (de)	կարդինալ	[kardinál]

predikant (de)	քարոզիչ	[kʰarozíč]
preek (de)	քարոզ	[kʰaróz]
kerkgangers (mv.)	ծխականներ	[tsχakaˑnér]

| gelovige (de) | հավատացյալ | [havatatsʰjál] |
| atheïst (de) | աթեիստ | [atʰeíst] |

248. Geloof. Christendom. Islam

| Adam | Ադամ | [adám] |
| Eva | Եվա | [éva] |

God (de)	Աստված	[astváts]
Heer (de)	Տեր	[ter]
Almachtige (de)	Ամենազոր	[amenazór]

zonde (de)	մեղք	[meġkʰ]
zondigen (ww)	մեղք գործել	[meġkʰ gortsél]
zondaar (de)	մեղսագործ	[meġsagórts]
zondares (de)	մեղսագործ	[meġsagórts]

| hel (de) | դժոխք | [dʒoχkʰ] |
| paradijs (het) | դրախտ | [draχt] |

Jezus	Հիսուս	[hisús]
Jezus Christus	Հիսուս Քրիստոս	[hisús kʰristós]
Heilige Geest (de)	Սուրբ Հոգի	[surb hoɟí]

Verlosser (de)	Փրկիչ	[pʰrkič]
Maagd Maria (de)	Աստվածածին	[astvatsatsín]

duivel (de)	Սատանա	[sataná]
duivels (bn)	սատանայական	[satanajakán]
Satan	Սատանա	[sataná]
satanisch (bn)	սատանայական	[satanajakán]

engel (de)	հրեշտակ	[hrešták]
beschermengel (de)	պահապան հրեշտակ	[pahapán hrešták]
engelachtig (bn)	հրեշտակային	[hreštakajín]

apostel (de)	առաքյալ	[arakʰjál]
aartsengel (de)	հրեշտակապետ	[hreštakapét]
antichrist (de)	հակաքրիստոս	[hakakʰristós]

Kerk (de)	եկեղեցի	[ekeġetsʰí]
bijbel (de)	աստվածաշունչ	[astvatsašúnč]
bijbels (bn)	աստվածաշնչական	[astvatsašnčakán]

Oude Testament (het)	Հին Կտակարան	[hin ktakarán]
Nieuwe Testament (het)	Նոր Կտակարան	[nor ktakarán]
evangelie (het)	Ավետարան	[avetarán]
Heilige Schrift (de)	Սուրբ Գիրք	[surb girkʰ]
Hemel, Hemelrijk (de)	Երկնային թագավորություն	[erknajín tʰagavorutʰjún]

gebod (het)	պատվիրան	[patvirán]
profeet (de)	մարգարե	[margaré]
profetie (de)	մարգարեություն	[margareutʰjún]

Allah	Ալլահ	[alláh]
Mohammed	Մուհամեդ	[muhaméd]
Koran (de)	Ղուրան	[ġurán]

moskee (de)	մզկիթ	[mzkitʰ]
moellah (de)	մոլլա	[mollá]
gebed (het)	աղոթք	[aġótʰkʰ]
bidden (ww)	աղոթել	[aġotʰél]

pelgrimstocht (de)	ուխտագնացություն	[uxtagnatsʰutʰjún]
pelgrim (de)	ուխտագնաց	[uxtagnátsʰ]
Mekka	Մեքքա	[mékʰkʰa]

kerk (de)	եկեղեցի	[ekeġetsʰí]
tempel (de)	տաճար	[tačár]
kathedraal (de)	տաճար	[tačár]
gotisch (bn)	գոթական	[gotʰakán]
synagoge (de)	սինագոգ	[sinagóg]
moskee (de)	մզկիթ	[mzkitʰ]

kapel (de)	մատուռ	[matúr]
abdij (de)	աբբայություն	[abbajutʰjún]
nonnenklooster (het)	վանք	[vankʰ]
mannenklooster (het)	վանք	[vankʰ]
klok (de)	զանգ	[zang]
klokkentoren (de)	զանգակատուն	[zangakatún]

luiden (klokken)	զանգել	[zangel]
kruis (het)	խաչ	[χač]
koepel (de)	գմբեթ	[gmbetʰ]
icoon (de)	սրբապատկեր	[srbapatkér]

ziel (de)	հոգի	[hogí]
lot, noodlot (het)	ճակատագիր	[čakatagír]
kwaad (het)	չարիք	[čaríkʰ]
goed (het)	բարություն	[barutʰ ún]

vampier (de)	սատակ	[saták]
heks (de)	կախարդ	[kaχárd]
demoon (de)	դև	[dev]
geest (de)	հոգի	[hogí]

verzoeningsleer (de)	քավություն	[kʰavutʰjún]
vrijkopen (ww)	քավել	[kʰavél]

mis (de)	արարողություն	[araroġutʰjún]
de mis opdragen	մատուցել	[matutsʰél]
biecht (de)	խոստովանություն	[χostovanutʰjún]
biechten (ww)	խոստովանել	[χostovanél]

heilige (de)	սուրբ	[surb]
heilig (bn)	սուրբ	[surb]
wijwater (het)	սուրբ ջուր	[surb dʒ ɹr]

ritueel (het)	արարողություն	[araroġ tʰjún]
ritueel (bn)	արարողական	[araroġ əkán]
offerande (de)	զոհաբերություն	[zohabe utʰjún]

bijgeloof (het)	սնապաշտություն	[snapaštʰjún]
bijgelovig (bn)	սնապաշտ	[snapášt]
hiernamaals (het)	հանդերձյալ կյանք	[handerczjál kjankʰ]
eeuwige leven (het)	հավերժ կյանք	[havérʒ kjánkʰ]

223

DIVERSEN

249. Diverse nuttige woorden

achtergrond (de)	ֆոն	[fon]
balans (de)	հավասարակշռություն	[havasarakšrutʰjún]
basis (de)	հիմք	[himkʰ]
begin (het)	սկիզբ	[skizb]
beurt (wie is aan de ~?)	հերթականություն	[hertʰakanutʰjún]
categorie (de)	տեսակ	[tesák]
comfortabel (~ bed, enz.)	հարմար	[hamár]
compensatie (de)	փոխհատուցում	[pʰoχhatutsʰúm]
deel (gedeelte)	մաս	[mas]
deeltje (het)	մասնիկ	[masník]
ding (object, voorwerp)	իր	[ir]
dringend (bn, urgent)	շտապ	[štap]
dringend (bw, met spoed)	շտապ	[štap]
effect (het)	արդյունք	[ardjúnkʰ]
eigenschap (kwaliteit)	հատկություն	[hatkutʰjún]
einde (het)	վերջ	[verdʒ]
element (het)	տարր	[tarr]
feit (het)	փաստ	[pʰast]
fout (de)	սխալմունք	[sχalmúnkʰ]
geheim (het)	գաղտնիք	[gaġtníkʰ]
graad (mate)	աստիճան	[astičán]
groei (ontwikkeling)	աճ	[ač]
hindernis (de)	արգելք	[argélkʰ]
hinderpaal (de)	խոչընդոտ	[χočəndót]
hulp (de)	օգնություն	[ognutʰjún]
ideaal (het)	իդեալ	[ideál]
inspanning (de)	ջանք	[dʒankʰ]
keuze (een grote ~)	ընտրություն	[əntrutʰjún]
labyrint (het)	լաբիրինթոս	[labirintʰós]
manier (de)	միջոց	[midʒóts]
moment (het)	պահ	[pah]
nut (bruikbaarheid)	օգուտ	[ogút]
onderscheid (het)	տարբերություն	[tarberutʰjún]
ontwikkeling (de)	զարգացում	[zargatsʰúm]
oplossing (de)	լուծում	[lutsúm]
origineel (het)	բնorինակ	[bnorinák]
pauze (de)	դադար	[dadár]
positie (de)	դիրք	[dirkʰ]
principe (het)	սկզբունք	[skzbúnkʰ]

probleem (het)	խնդիր	[xndir]
proces (het)	ընթացք	[ənthátsʰkʰ]
reactie (de)	ռեակցիա	[reáktsʰia]

reden (om ~ van)	պատճառ	[patčáˈ]
risico (het)	ռիսկ	[risk]
samenvallen (het)	համընկնում	[haməˈknúm]
serie (de)	շարք	[šarkʰ]

situatie (de)	իրադրություն	[iradrutʰjún]
soort (bijv. ~ sport)	ձև	[dzev]
standaard (bn)	ստանդարտային	[standartajín]
standaard (de)	ստանդարտ	[standárt]
stijl (de)	ոճ	[voč]

stop (korte onderbreking)	ընդմիջում	[əndmidʒúm]
systeem (het)	համակարգ	[hamakárg]
tabel (bijv. ~ van Mendelejev)	աղյուսակ	[aǧjusák]
tempo (langzaam ~)	տեմպ	[temp]
term (medische ~en)	տերմին	[termín]

type (soort)	տիպ	[tip]
variant (de)	տարբերակ	[tarberák]
veelvuldig (bn)	խիտ	[xit]
vergelijking (de)	համեմատություն	[hamemˈatutʰjún]
voorbeeld (het goede ~)	օրինակ	[orinák]

voortgang (de)	առաջադիմություն	[aradʒadimutʰjún]
voorwerp (ding)	առարկա	[ararká]
vorm (uiterlijke ~)	տեսք	[teskʰ]
waarheid (de)	ճշմարտություն	[čšmartɛtʰjún]
zone (de)	հատված	[hatváts]

250. Beperkende bijwoorden. Bijvoeglijke naamwoorden. Deel 1

accuraat (uurwerk, enz.)	ճշտակատար	[čštakatár]
achter- (abn)	հետին	[hetín]
additioneel (bn)	լրացուցիչ	[lratsʰutsʰʰič]

arm (bijv. ~e landen)	աղքատ	[aǧkʰát]
begrijpelijk (bn)	ըմբռնելի	[əmbrnel]
belangrijk (bn)	կարևոր	[karevór]
belangrijkst (bn)	կարևորագույն	[karevoragújn]

beleefd (bn)	հարգալից	[hargalítsˈ]
beperkt (bn)	սահմանափակ	[sahmanɛpʰák]
betekenisvol (bn)	նշանավոր	[nšanavór]
bijziend (bn)	կարճատես	[karčatés]
binnen- (abn)	ներքին	[nerkʰín]

bitter (bn)	դառը	[dárə]
blind (bn)	կույր	[kujr]
breed (een ~e straat)	լայն	[lajn]
breekbaar (porselein, glas)	փխրուն	[pʰxrun]

225

buiten- (abn)	արտաքին	[artakʰín]
buitenlands (bn)	օտարերկրյա	[otarerkrjá]
burgerlijk (bn)	քաղաքացիական	[kʰaġakatsʰiakán]
centraal (bn)	կենտրոնական	[kentronakán]
dankbaar (bn)	երախտապարտ	[eraχtapárt]
dicht (~e mist)	թանձր	[tʰandzr]

dicht (bijv. ~e mist)	թանձր	[tʰandzr]
dicht (in de ruimte)	մոտ	[mot]
dicht (bn)	մոտիկ	[motík]
dichtstbijzijnd (bn)	մոտակա	[motaká]

diepvries (~product)	սառեցված	[saretsʰváts]
dik (bijv. muur)	հաստ	[hast]
dof (~ licht)	խավար	[χavár]
dom (dwaas)	հիմար	[himár]

donker (bijv. ~e kamer)	մութ	[mutʰ]
dood (bn)	մեռած	[meráts]
doorzichtig (bn)	թափանցիկ	[tʰapʰantsʰík]
droevig (~ blik)	տխուր	[tχur]
droog (bn)	չոր	[čor]

dun (persoon)	նիհար	[nihár]
duur (bn)	թանկ	[tʰank]
eender (bn)	միանման	[mianmán]
eenvoudig (bn)	հեշտ	[hešt]
eenvoudig (bn)	հասարակ	[hasarák]

eeuwenoude (~ beschaving)	հնամյա	[hnamjá]
enorm (bn)	հսկա	[hska]
geboorte- (stad, land)	հայրենի	[hajrení]
gebruind (bn)	արևառ	[arevár]

gelijkend (bn)	նման	[nman]
gelukkig (bn)	երջանիկ	[erdʒaník]
gesloten (bn)	փակ	[pʰak]
getaand (bn)	թուխ	[tʰuχ]

gevaarlijk (bn)	վտանգավոր	[vtangavór]
gewoon (bn)	հասարակ	[hasarák]
gezamenlijk (~ besluit)	համատեղ	[hamatéġ]
glad (~ oppervlak)	հարթ	[hartʰ]
glad (~ oppervlak)	հարթ	[hartʰ]

goed (bn)	լավ	[lav]
goedkoop (bn)	էժան	[ēʒán]
gratis (bn)	անվճար	[anvčár]
groot (bn)	մեծ	[mets]

hard (niet zacht)	կոշտ	[košt]
heel (volledig)	ամբողջական	[amboġdʒakán]
heet (bn)	տաք	[takʰ]
hongerig (bn)	քաղցած	[kʰaġtsʰáts]
hoofd- (abn)	գլխավոր	[glχavór]
hoogste (bn)	բարձրագույն	[bardzragújn]

huidig (courant)	ներկայիս	[nerkajís]
jong (bn)	երիտասարդ	[eritasárd]

juist, correct (bn)	ճիշտ	[čišt]
kalm (bn)	հանգիստ	[hang'st]
kinder- (abn)	մանկական	[mankakán]
klein (bn)	փոքր	[pʰokʰ-]
koel (~ weer)	զով	[zov]

kort (kortstondig)	կարճատև	[karčatév]
kort (niet lang)	կարճ	[karč]
koud (~ water, weer)	սառը	[sárə]
kunstmatig (bn)	արհեստական	[arhestakán]

laatst (bn)	վերջին	[verdʒin]
lang (een ~ verhaal)	երկար	[erkár]
langdurig (bn)	տևական	[tevakán]
lastig (~ probleem)	բարդ	[bard]

leeg (glas, kamer)	դատարկ	[datárk]
lekker (bn)	համեղ	[hamég]
licht (kleur)	լուսավոր	[lusavór]
licht (niet veel weegt)	թեթև	[tʰetʰév]

linker (bn)	ձախ	[dzax]
luid (bijv. ~e stem)	բարձր	[bardzr]
mager (bn)	վտիտ	[vtit]
mat (bijv. ~ verf)	փայլատ	[pʰajlát]
moe (bn)	հոգնած	[hognás]

moeilijk (~ besluit)	բարդ	[bard]
mogelijk (bn)	հնարավոր	[hnaravór]
mooi (bn)	գեղեցիկ	[geġetsʼík]
mysterieus (bn)	հանելուկային	[hanelukajín]

naburig (bn)	հարևան	[hareván]
nalatig (bn)	անփույթ	[anpʰújtʼ]
nat (~te kleding)	թրջված	[tʰrdʒvas]
nerveus (bn)	նյարդային	[njardaj n]
niet groot (bn)	ոչ մեծ	[voč mets]

niet moeilijk (bn)	դյուրին	[djurín]
nieuw (bn)	նոր	[nor]
nodig (bn)	պիտանի	[pitaní]
normaal (bn)	նորմալ	[normál]

251. Beperkende bijwoorden. Bijvoeglijke naamwoorden. Deel 2

onbegrijpelijk (bn)	անհասկանալի	[anhaskanalí]
onbelangrijk (bn)	աննշան	[annšán]
onbeweeglijk (bn)	անշարժ	[anšárʒ]
onbewolkt (bn)	անամպ	[anámp]
ondergronds (geheim)	ընդհատակյա	[əndhatɛkjá]
ondiep (bn)	ծանծաղ	[tsantsáġ]

onduidelijk (bn)	ныщшрq	[voč parz]
onervaren (bn)	անփորձ	[anpʰórdz]
onmogelijk (bn)	անհնարելի	[antanelí]
onontbeerlijk (bn)	անհրաժեշտ	[anhraʒéšt]

onophoudelijk (bn)	անընդհատ	[anəndhát]
ontkennend (bn)	բացասական	[batsʰasakán]
open (bn)	բաց	[batsʰ]
openbaar (bn)	հասարակական	[hasarakakán]
origineel (ongewoon)	յուրորինակ	[jurorinák]

oud (~ huis)	ծեր	[tser]
overdreven (bn)	գեր	[ger]
passend (bn)	պիտանի	[pitaní]
permanent (bn)	մշտական	[mštakán]
persoonlijk (bn)	անձնական	[andznakán]

plat (bijv. ~ scherm)	տափակ	[tapʰák]
prachtig (~ paleis, enz.)	հիասքանչ	[hiaskʰánč]
precies (bn)	ճշգրիտ	[čšgrit]
prettig (bn)	հաճելի	[hačelí]
privé (bn)	անձնական	[andznakán]

punctueel (bn)	ճշտապահ	[čštapáh]
rauw (niet gekookt)	հում	[hum]
recht (weg, straat)	ուղիղ	[uǵíǵ]
rechter (bn)	աջ	[adʒ]
rijp (fruit)	հասած	[hasáts]

riskant (bn)	ռիսկային	[riskajín]
ruim (een ~ huis)	ընդարձակ	[əndardzák]
rustig (bn)	հանգիստ	[hangíst]
scherp (bijv. ~ mes)	սուր	[sur]
schoon (niet vies)	մաքուր	[makʰúr]

slecht (bn)	վատ	[vat]
slim (verstandig)	խելացի	[xelatsʰí]
smal (~le weg)	նեղ	[neǵ]
snel (vlug)	արագ	[arág]
somber (bn)	մռայլ	[mrajl]
speciaal (bn)	հատուկ	[hatúk]

sterk (bn)	ուժեղ	[uʒéǵ]
stevig (bn)	ամուր	[amúr]
straatarm (bn)	աղքատ	[aǵkʰát]
teder (liefderijk)	քնքուշ	[kʰnkʰuš]

tegenovergesteld (bn)	հակառակ	[hakarák]
tevreden (bn)	գոհ	[goh]
tevreden (klant, enz.)	բավարարված	[bavararváts]
treurig (bn)	տխուր	[txur]
tweedehands (bn)	օգտագործված	[ogtagortsváts]

uitstekend (bn)	հիանալի	[hianalí]
uitstekend (bn)	գերազանց	[gerazántsʰ]
uniek (bn)	յուրահատուկ	[jurahatúk]

| veilig (niet gevaarlijk) | անվտանգ | [anvtáng] |
| ver (in de ruimte) | հեռու | [herú] |

verenigbaar (bn)	համատեղելի	[hamategelí]
vermoeiend (bn)	հոգնեցուցիչ	[hognetsʰutsʰíč]
verplicht (bn)	պարտադիր	[partadír]
vers (~ brood)	թարմ	[tʰarm]

verst (meest afgelegen)	հեռավոր	[heravór]
vettig (voedsel)	յուղալի	[juġalí]
vijandig (bn)	թշնամական	[tʰšnamakán]
vloeibaar (bn)	ջրալի	[dʒráli]
vochtig (bn)	խոնավ	[χonáv]
vol (helemaal gevuld)	լի	[li]

volgend (~ jaar)	հաջորդ	[hadʒórd]
vorig (bn)	անցյալ	[antsʰjá]
voornaamste (bn)	հիմնական	[himnakán]
vorig (~ jaar)	անցյալ	[antsʰjá]

vriendelijk (aardig)	սիրալիր	[siralír]
vriendelijk (goedhartig)	բարի	[barí]
vrij (bn)	ազատ	[azát]
vrolijk (bn)	ուրախ	[uráχ]
vruchtbaar (~ land)	բերքառատ	[berkʰarát]

vuil (niet schoon)	կեղտոտ	[keġtót]
waarschijnlijk (bn)	հավանական	[havanakán]
warm (bn)	տաք	[takʰ]
wettelijk (bn)	օրինական	[orinakán]
zacht (bijv. ~ kussen)	փափուկ	[pʰapúk]

zacht (bn)	ցածր	[tsʰatsr]
zeldzaam (bn)	հազվագյուտ	[hazvagjút]
ziek (bn)	հիվանդ	[hivánd]
zoet (~ water)	քաղցրահամ	[kʰaġtsʰrahám]
zoet (bn)	քաղցր	[kʰaġtsʰr]

zonnig (~e dag)	արևոտ	[arevót]
zorgzaam (bn)	հոգատար	[hogatár]
zout (de soep is ~)	աղի	[aġí]
zuur (smaak)	թթու	[tʰtʰu]
zwaar (~ voorwerp)	ծանր	[tsanr]

DE 500 BELANGRIJKSTE WERKWOORDEN

252. Werkwoorden A-C

aaien (bijv. een konijn ~)	շոյել	[šojél]
aanbevelen (ww)	երաշխավորել	[erašxavorél]
aandringen (ww)	պնդել	[pndel]
aankomen (ov. de treinen)	ժամանել	[ʒamanél]

aanleggen (bijv. bij de pier)	կառանել	[karanél]
aanraken (met de hand)	դիպչել	[dipčél]
aansteken (kampvuur, enz.)	վառել	[varél]
aanstellen (in functie plaatsen)	նշանակել	[nšanakél]

aanvallen (mil.)	հարձակվել	[hardzakvél]
aanvoelen (gevaar ~)	զգալ	[zgal]
aanvoeren (leiden)	գլխավորել	[glxavorél]
aanwijzen (de weg ~)	ցույց տալ	[tsʰújtsʰ tal]

aanzetten (computer, enz.)	միացնել	[miatsʰnél]
ademen (ww)	շնչել	[šnčél]
adverteren (ww)	գովազդել	[govazdél]
adviseren (ww)	խորհուրդ տալ	[xorhúrd tal]

afdalen (on.ww.)	իջնել	[idʒnél]
afgunstig zijn (ww)	նախանձել	[naxandzél]
afhakken (ww)	հատել	[hatél]
afhangen van ...	կախված լինել	[kaxváts linél]

afluisteren (ww)	թաքուն լսել	[tʰakʰún lsél]
afnemen (verwijderen)	հանել	[hanél]
afrukken (ww)	պոկել	[pokél]
afslaan (naar rechts ~)	թեքվել	[tʰekʰvél]

afsnijden (ww)	կտրել	[ktrel]
afzeggen (ww)	չեղարկել	[čeġarkél]
amputeren (ww)	անդամահատել	[andamahatél]
amuseren (ww)	զվարճացնել	[zvarčatsʰnél]

antwoorden (ww)	պատասխանել	[patasxanél]
applaudisseren (ww)	ծափահարել	[tsapʰaharél]
aspireren (iets willen worden)	ձգտել	[dzgtel]
assisteren (ww)	ընթերակայել	[əntʰerakajél]

bang zijn (ww)	վախենալ	[vaxenál]
barsten (plafond, enz.)	ճաքել	[čakʰél]
bedienen (in restaurant)	սպասարկել	[spasarkél]
bedreigen (bijv. met een pistool)	սպառնալ	[sparnál]

bedriegen (ww)	խաբել	[xabél]
beduiden (betekenen)	նշանակել	[nšanakél]
bedwingen (ww)	էտ պահել	[et pahél]
beëindigen (ww)	ավարտել	[avartel]

begeleiden (vergezellen)	ուղեկցել	[uģektsʰél]
begieten (water geven)	ջրել	[dʒrel]
beginnen (ww)	սկսել	[sksel]
begrijpen (ww)	հասկանալ	[haskanál]
behandelen (patiënt, ziekte)	բուժել	[buʒél]

beheren (managen)	ղեկավարել	[ģekavarél]
beïnvloeden (ww)	ազդել	[azdél]
bekennen (misdadiger)	խոստովանել	[xostovanél]
beledigen (met scheldwoorden)	վիրավորել	[viravcrél]

beledigen (ww)	վիրավորել	[viravcrél]
beloven (ww)	խոստանալ	[xostanál]
beperken (de uitgaven ~)	սահմանափակել	[sahmanapʰakél]
bereiken (doel ~, enz.)	հասնել	[hasnél]

bereiken (plaats van bestemming ~)	հասնել	[hasnél]
beschermen (bijv. de natuur ~)	հսկել	[hskel]
beschuldigen (ww)	մեղադրել	[meģadrél]
beslissen (~ iets te doen)	որոշել	[vorošel]

besmet worden (met …)	վարակվել ինչ-որ հիվանդությամբ	[varakvél inč vor hivandʒtʰjámb]
besmetten (ziekte overbrengen)	վարակել	[varakel]
bespreken (spreken over)	քննարկել	[kʰnnarkél]
bestaan (een ~ voeren)	ապրել	[aprél]

bestellen (eten ~)	պատվիրել	[patvirel]
bestraffen (een stout kind ~)	պատժել	[patʒél]
betalen (ww)	վճարել	[včarél]
betekenen (beduiden)	նշանակել	[nšanakél]

betreuren (ww)	ափսոսալ	[apʰsosál]
bevallen (prettig vinden)	դուր գալ	[dur gal]
bevelen (mil.)	հրամայել	[hramajél]
bevredigen (ww)	բավարարել	[bavararél]

bevrijden (stad, enz.)	ազատագրել	[azataցrél]
bewaren (oude brieven, enz.)	պահել	[pahél]
bewaren (vrede, leven)	պահպանել	[pahpanél]
bewijzen (ww)	ապացուցել	[apatsʰutsʰél]

bewonderen (ww)	հիանալ	[hianál]
bezitten (ww)	ունենալ	[unená]
bezorgd zijn (ww)	անհանգստանալ	[anhanɉstanál]
bezorgd zijn (ww)	անհանգստանալ	[anhanɉstanál]
bidden (praten met God)	աղոթել	[aģotʰé]

231

bijvoegen (ww)	ավելացնել	[avelatsʰnél]
binden (ww)	կապել	[kapél]
binnengaan (een kamer ~)	մտնել	[mtnel]

blazen (ww)	փչել	[pʰčel]
blozen (zich schamen)	կարմրել	[karmrél]
blussen (brand ~)	հանգցնել	[hangtsʰnél]
boos maken (ww)	բարկացնել	[barkatsʰnél]

boos zijn (ww)	բարկանալ	[barkanál]
breken	պատրվել	[patrvél]
(on.ww., van een touw)		
breken (speelgoed, enz.)	կոտրել	[kotrél]
brengen (iets ergens ~)	բերել	[berél]

charmeren (ww)	հմայել	[hmajél]
citeren (ww)	մեջբերել	[medʒberél]
compenseren (ww)	փոխհատուցել	[pʰoχhatutsʰél]
compliceren (ww)	բարդացնել	[bardatsʰnél]

componeren (muziek ~)	ստեղծել	[steġtsél]
compromitteren (ww)	վարկաբեկել	[varkabekél]
concurreren (ww)	մրցակցել	[mrtsʰaktsʰél]
controleren (ww)	վերահսկել	[verahskél]

coöpereren (samenwerken)	համագործակցել	[hamagortsaktsʰél]
coördineren (ww)	համակարգել	[hamakargél]
corrigeren (fouten ~)	ուղղել	[uġġél]
creëren (ww)	ստեղծել	[steġtsél]

253. Werkwoorden D-K

danken (ww)	շնորհակալություն հայտնել	[šnorhakalutʰjún hajtnél]
de was doen	լվացք անել	[lvátsʰkʰ anél]
de weg wijzen	ուղղել	[uġġél]
deelnemen (ww)	մասնակցել	[masnaktsʰél]
delen (wisk.)	բաժանել	[baʒanél]

denken (ww)	մտածել	[mtatsél]
doden (ww)	սպանել	[spanél]
doen (ww)	անել	[anél]
dresseren (ww)	վարժեցնել	[varʒetsʰnél]

drinken (ww)	ըմպել	[əmpél]
drogen (klederen, haar)	չորացնել	[čoratsʰnél]
dromen (in de slaap)	երազներ տեսնել	[eraznér tesnél]
dromen (over vakantie ~)	երազել	[erazél]
duiken (ww)	սուզվել	[suzvél]

durven (ww)	համարձակվել	[hamardzakvél]
duwen (ww)	հրել	[hrel]
een auto besturen	մեքենա վարել	[mekʰená varél]
een bad geven	լողացնել	[loġatsʰnél]
een bad nemen	լվացվել	[lvatsʰvél]

een conclusie trekken	եզրակացություն անել	[ezrakats'ut'jún anél]
foto's maken	լուսանկարել	[lusarkarél]
eisen (met klem vragen)	պահանջել	[pahandzél]
erkennen (schuld)	ճանաչել	[čanačél]
erven (ww)	ժառանգել	[ʒarangél]

eten (ww)	ուտել	[utél]
excuseren (vergeven)	ներել	[nerél]
existeren (bestaan)	գոյություն ունենալ	[gojut'jún unenál]
feliciteren (ww)	շնորհավորել	[šnorhavorél]
gaan (te voet)	գնալ	[gnal]

gaan slapen	պառկել քնելու	[parkél k'nelú]
gaan zitten (ww)	նստել	[nstel]
gaan zwemmen	լողանալ	[loġanál]
garanderen (garantie geven)	նգեշնչել	[vogešnčél]

gebruiken (bijv. een potlood ~)	օգտվել	[ogtvél]
gebruiken (woord, uitdrukking)	օգտագործել	[ogtagortsél]
geconserveerd zijn (ww)	պահպանվել	[pahpanvél]
gedateerd zijn (ww)	թվագրված լինել	[t'vagrváts linél]
gehoorzamen (ww)	ենթարկվել	[ent'arkvél]

gelijken (op elkaar lijken)	նման լինել	[nmán linél]
geloven (vinden)	հավատալ	[havatál]
genoeg zijn (ww)	հերիքել	[herik'él]
gieten (in een beker ~)	լցնել	[ltsʰne]

glimlachen (ww)	ժպտալ	[ʒptal]
glimmen (glanzen)	շողալ	[šoġál]
gluren (ww)	պատահաբար տեսնել	[patahabár tesnél]
goed raden (ww)	գուշակել	[gušakél]
gooien (een steen, enz.)	գցել	[gtsʰel]

grappen maken (ww)	կատակել	[katakél]
graven (tunnel, enz.)	փորել	[p'oré]
haasten (iemand ~)	շտապեցնել	[štapetsʰnél]
hebben (ww)	ունենալ	[unenal]
helpen (hulp geven)	օգնել	[ognél]

herhalen (opnieuw zeggen)	կրկնել	[krkne]
herinneren (ww)	հիշել	[hišél]
herinneren aan ... (afspraak, opdracht)	հիշեցնել	[hišetsʰnél]
herkennen (identificeren)	ճանաչել	[čanačél]
herstellen (repareren)	նորոգել	[norogél]

het haar kammen	սանրվել	[sanrvél]
hopen (ww)	հուսալ	[husál]
horen (waarnemen met het oor)	լսել	[lsel]
houden van (muziek, enz.)	սիրել	[sirél]
huilen (wenen)	լացել	[latsʰél]
huiveren (ww)	ցնցվել	[tsʰntsʰvél]

233

huren (een boot ~)	վարձել	[vardzél]
huren (huis, kamer)	վարձել	[vardzél]
huren (personeel)	վարձել	[vardzél]
imiteren (ww)	նմանակել	[nmanakél]

importeren (ww)	ներմուծել	[nermutsél]
inenten (vaccineren)	պատվաստում անել	[patvastúm anél]
informeren (informatie geven)	տեղեկացնել	[teġekatsʰnél]
informeren naar ... (navraag doen)	տեղեկանալ	[teġekanál]
inlassen (invoegen)	մտցնել	[mttsʰnel]

inpakken (in papier)	փաթաթել	[pʰatʰatʰél]
inspireren (ww)	ոգեշնչել	[vogešnčél]
instemmen (akkoord gaan)	համաձայնվել	[hamadzajnvél]
interesseren (ww)	հետաքրքրել	[hetakʰrkʰrél]

irriteren (ww)	զղայնացնել	[dʒġajnatsʰnél]
isoleren (ww)	մեկուսացնել	[mekusatsʰnél]
jagen (ww)	որս անել	[vors anél]
kalmeren (kalm maken)	հանգստացնել	[hangstatsʰnél]

kennen (kennis hebben van iemand)	ճանաչել	[čanačél]
kennismaken (met ...)	ծանոթանալ	[tsanotʰanál]
kiezen (ww)	ընտրել	[ǝntrél]
kijken (ww)	նայել	[naél]

klaarmaken (een plan ~)	պատրաստել	[patrastél]
klaarmaken (het eten ~)	պատրաստել	[patrastél]
klagen (ww)	բողոքել	[boġokʰél]
kloppen (aan een deur)	թակել	[tʰakél]

kopen (ww)	գնել	[gnel]
kopieën maken	բազմացնել	[bazmatsʰnél]
kosten (ww)	արժենալ	[arʒenál]
kunnen (ww)	կարողանալ	[karoġanál]
kweken (planten ~)	աճեցնել	[ačetsʰnél]

254. Werkwoorden L-R

lachen (ww)	ծիծաղել	[tsitsaġél]
laden (geweer, kanon)	լցնել	[ltsʰnel]
laden (vrachtwagen)	բարձել	[bardzél]
laten vallen (ww)	վայր գցել	[vájr gtsʰel]

lenen (geld ~)	պարտք անել	[pártkʰ anél]
leren (lesgeven)	սովորեցնել	[sovoretsʰnél]
leven (bijv. in Frankrijk ~)	ապրել	[aprél]
lezen (een boek ~)	կարդալ	[kardál]

lid worden (ww)	միանալ	[mianál]
liefhebben (ww)	սիրել	[sirél]
liegen (ww)	խաբել	[χabél]

234

liggen (op de tafel ~)	դրվել լինել	[drváts linél]
liggen (persoon)	պառկել	[parkél]
lijden (pijn voelen)	տառապել	[tarapél]
losbinden (ww)	արձակել	[ardzakél]
luisteren (ww)	լսել	[lsel]
lunchen (ww)	ճաշել	[čašél]
markeren (op de kaart, enz.)	նշել	[nšel]
melden (nieuws ~)	հայտնել	[hajtné]
memoriseren (ww)	հիշել	[hišél]
mengen (ww)	խառնել	[χarnél]
mikken op (ww)	նշան բռնել	[nšán trnel]
minachten (ww)	արհամարհել	[arhamarhél]
moeten (ww)	պարտք լինել	[pártkʰ inél]
morsen (koffie, enz.)	թափել	[tʰapʰél]
naderen (dichterbij komen)	մոտենալ	[motenál]
neerlaten (ww)	իջեցնել	[idʒetsʰnél]
nemen (ww)	վերցնել	[vertsʰnél]
nodig zijn (ww)	պետք լինել	[pétkʰ linél]
noemen (ww)	անվանել	[anvanel]
noteren (opschrijven)	նշագրել	[nšagrél]
omhelzen (ww)	գրկել	[zrkel]
omkeren (steen, voorwerp)	շուռ տալ	[šur tal]
onderhandelen (ww)	բանակցություններ վարել	[banaktsʰutʰjunnér varél]
ondernemen (ww)	նախաձեռնել	[naχadzernél]
onderschatten (ww)	թերագնահատել	[tʰeragrahatél]
onderscheiden (een ereteken geven)	պարգևատրել	[pargevatrél]
onderstrepen (ww)	ընդգծել	[əndgtsél]
ondertekenen (ww)	ստորագրել	[storagrél]
onderwijzen (ww)	հրահանգել	[hrahangél]
onderzoeken (alle feiten, enz.)	քննարկել	[kʰnnarkél]
bezorgd maken	անհանգստացնել	[anhangstatsʰnél]
onmisbaar zijn (ww)	պահանջվել	[pahandʒvél]
ontbijten (ww)	նախաճաշել	[naχačašél]
ontdekken (bijv. nieuw land)	հայտնագործել	[hajtnagortsél]
ontkennen (ww)	ժխտել	[ʒχtel]
ontlopen (gevaar, taak)	խուսափել	[χusapʰël]
ontnemen (ww)	գրկել	[zrkel]
ontwerpen (machine, enz.)	նախագծել	[naχagtsél]
oorlog voeren (ww)	պատերազմել	[paterazmél]
op orde brengen	կարգի բերել	[kargí berél]
opbergen (in de kast, enz.)	վերցնել	[vertsʰnel]
opduiken (ov. een duikboot)	դուրս գալ շրի երես	[durs gal dʒri erés]
openen (ww)	բացել	[batsʰél]
ophangen (bijv. gordijnen ~)	կախել	[kaχél]

ophouden (ww)	դադարեցնել	[dadaretsʰnél]
oplossen (een probleem ~)	լուծել	[lutsél]
opmerken (zien)	նկատել	[nkatél]

opmerken (zien)	տեսնել	[tesnél]
opscheppen (ww)	պարծենալ	[partsenál]
opschrijven (op een lijst)	ներգրել	[nergrél]
opschrijven (ww)	գրառել	[grarél]

opstaan (uit je bed)	վեր կենալ	[ver kenál]
opstarten (project, enz.)	գործի գցել	[gortsí gtsʰél]
opstijgen (vliegtuig)	թռնել	[tʰrnel]
optreden (resoluut ~)	գործել	[gortsél]

organiseren (concert, feest)	կազմակերպել	[kazmakerpél]
overdoen (ww)	ձևափոխել	[dzevapʰoχél]
overheersen (dominant zijn)	գերակշռել	[gerakšrél]
overschatten (ww)	վերագնահատել	[veragnahatél]

overtuigd worden (ww)	համոզվել	[hamozvél]
overtuigen (ww)	համոզել	[hamozél]
passen (jurk, broek)	սազել	[sazél]
passeren	անցնել	[antsʰnél]
(~ mooie dorpjes, enz.)		

peinzen (lang nadenken)	մտածմունքի մեջ ընկնել	[mtatsmunkʰí médʒ ənknél]
penetreren (ww)	ներթափանցել	[nertʰapʰantsʰél]
plaatsen (ww)	դնել	[dnel]
plaatsen (zetten)	տեղավորել	[teġavorél]

plannen (ww)	պլանավորել	[planavorél]
plezier hebben (ww)	զվարճանալ	[zvarčanál]
plukken (bloemen ~)	պոկել	[pokél]
prefereren (verkiezen)	նախընտրել	[naχəntrél]

proberen (trachten)	փորձել	[pʰordzél]
proberen (trachten)	փորձել	[pʰordzél]
protesteren (ww)	բողոքարկել	[boġokʰarkél]
provoceren (uitdagen)	հրահրել	[hrahrél]

raadplegen (dokter, enz.)	խորհրդակցել ... հետ	[χorhrdaktsʰél ... het]
rapporteren (ww)	զեկուցել	[zekutsʰél]
redden (ww)	փրկել	[pʰrkel]
regelen (conflict)	կարգավորել	[kargavorél]

reinigen (schoonmaken)	մաքրել	[makʰrél]
rekenen op ...	հույս դնել ... վրա	[hujs dnel ... vra]
rennen (ww)	վազել	[vazél]
reserveren	ամրագրել	[amragrél]
(een hotelkamer ~)		

rijden (per auto, enz.)	ընթանալ	[əntʰanál]
rillen (ov. de kou)	դողալ	[doġál]
riskeren (ww)	ռիսկի գնալ	[riskí gnál]
roepen (met je stem)	կանչել	[kančél]
roepen (om hulp)	կանչել	[kančél]

ruiken (bepaalde geur verspreiden)	բուրել	[burél]
ruiken (rozen)	հոտ քաշել	[hot kʰašél]
rusten (verpozen)	հանգստանալ	[hangstanál]

255. Verbs S-V

samenstellen, maken (een lijst ~)	կազմել	[kazmél]
schieten (ww)	կրակել	[krakél]
schoonmaken (bijv. schoenen ~)	սրբել	[srbel]
schoonmaken (ww)	մաքրել	[makʰrél]

schrammen (ww)	ճանկռել	[čankrél]
schreeuwen (ww)	բղավել	[bġavél]
schrijven (ww)	գրել	[grel]
schudden (ww)	թափ տալ	[tʰápʰ tɛl]

selecteren (ww)	խլել	[xlel]
simplificeren (ww)	հեշտացնել	[heštatsʰnél]
slaan (een hond ~)	հարվածել	[harvatsél]
sluiten (ww)	փակել	[pʰakél]

smeken (bijv. om hulp ~)	աղաչել	[aġačél]
souperen (ww)	ընթրել	[əntʰrél]
spelen (bijv. filmacteur)	խաղալ	[xaġál]
spelen (kinderen, enz.)	խաղալ	[xaġál]

spreken met …	խոսել … հետ	[xosél … het]
spuwen (ww)	թքել	[tʰkʰel]
stelen (ww)	գողանալ	[goġanál]
stemmen (verkiezing)	քվեարկել	[kʰvearkél]
steunen (een goed doel, enz.)	հաստատել	[hamadzjnél]

stoppen (pauzeren)	կանգ առնել	[káng aṙnél]
storen (lastigvallen)	անհանգստացնել	[anhangstatsʰnél]
strijden (tegen een vijand)	պայքարել	[pajkʰarel]
strijden (ww)	մարտնչել	[martnčél]

strijken (met een strijkbout)	արդուկել	[ardukél]
studeren (bijv. wiskunde ~)	ուսումնասիրել	[usumnɛsirél]
sturen (zenden)	ուղարկել	[uġarkél]
tellen (bijv. geld ~)	հաշվել	[hašvél]

terugkeren (ww)	վերադառնալ	[veradaṙál]
terugsturen (ww)	ետ ուղարկել	[et uġarkél]
toebehoren aan …	պատկանել	[patkanél]
toegeven (zwichten)	զիջել	[zidʒél]

| toenemen (on. ww) | մեծանալ | [metsatsnál] |
| toespreken (zich tot iemand richten) | դիմել | [dimél] |

toestaan (goedkeuren)	թույլատրել	[tʰujlatrél]
toestaan (ww)	թույլատրել	[tʰujlatrél]

toewijden (boek, enz.)	նվիրել	[nvirél]
tonen (uitstallen, laten zien)	ցույց տալ	[tsʰújtsʰ tal]
trainen (ww)	մարզել	[marzél]
transformeren (ww)	ձևափոխել	[dzevapʰoχél]

trekken (touw)	քաշել	[kʰašél]
trouwen (ww)	ամուսնանալ	[amusnanál]
tussenbeide komen (ww)	խառնվել	[χarnvél]
twijfelen (onzeker zijn)	կասկածել	[kaskatsél]

uitdelen (pamfletten ~)	բաժանել	[baʒanél]
uitdoen (licht)	հանգցնել	[hangtsʰnél]
uitdrukken (opinie, gevoel)	արտահայտել	[artahajtél]
uitgaan (om te dineren, enz.)	դուրս գալ	[durs gal]
uitlachen (bespotten)	ծաղրել	[tsaǧrél]

uitnodigen (ww)	հրավիրել	[hravirél]
uitrusten (ww)	սարքավորել	[sarkʰavorél]
uitsluiten (wegsturen)	վտարել	[vtarél]
uitspreken (ww)	արտասանel	[artasanél]

uittorenen (boven ...)	բարձրանալ	[bardzranál]
uitvaren tegen (ww)	կշտամբել	[kštambél]
uitvinden (machine, enz.)	հայտնագործել	[hajtnagortsél]
uitwissen (ww)	ջնջել	[dʒndʒel]

vangen (ww)	բռնel	[brnel]
vastbinden aan ...	կապել	[kapél]
vechten (ww)	կռվել	[krvel]
veranderen (bijv. mening ~)	փոխել	[pʰoχél]

verbaasd zijn (ww)	զարմանալ	[zarmanál]
verbazen (verwonderen)	զարմացնել	[zarmatsʰnél]
verbergen (ww)	թաքցնել	[tʰakʰtsʰnél]
verbieden (ww)	արգելել	[argelél]

verblinden (andere chauffeurs)	կուրացնել	[kuratsʰnél]
verbouwereerd zijn (ww)	տարակուսel	[tarakusél]
verbranden (bijv. papieren ~)	հրկիզել	[hrkizél]
verdedigen (je land ~)	պաշտպանել	[paštpanél]

verdenken (ww)	կասկածel	[kaskatsél]
verdienen (een complimentje, enz.)	արժանի լինel	[arʒaní linél]
verdragen (tandpijn, enz.)	կրel	[krel]
verdrinken (in het water omkomen)	խեղդվel	[χeǧdvél]

verdubbelen (ww)	կրկնապատկel	[krknapatkél]
verdwijnen (ww)	անհետանal	[anhetanál]
verenigen (ww)	միավորel	[miavorél]
vergelijken (ww)	համեմատel	[hamematél]

vergeten (achterlaten)	թողնել	[tʰoǵnél]
vergeten (ww)	մոռանալ	[morarál]
vergeven (ww)	ներել	[nerél]
vergroten (groter maken)	մեծացնել	[metsatsʰnél]
verklaren (uitleggen)	բացատրել	[batsʰatrél]

verklaren (volhouden)	պնդել	[pndel ̄
verklikken (ww)	մատնել	[matnél]
verkopen (per stuk ~)	վաճառել	[vačarél]
verlaten (echtgenoot, enz.)	թողնել	[tʰoǵnél]
verlichten (gebouw, straat)	լուսավորել	[lusavorél]

verlichten (gemakkelijker maken)	հեշտացնել	[heštatsʰnél]
verliefd worden (ww)	սիրահարվել	[sirahɛrvél]
verliezen (bagage, enz.)	կորցնել	[kortsʰnél]
vermelden (praten over)	հիշատակել	[hišatakél]

vermenigvuldigen (wisk.)	բազմապատկել	[bazmapatkél]
verminderen (ww)	փոքրացնել	[pʰokʰratsʰnél]
vermoeid raken (ww)	հոգնել	[hognél]
vermoeien (ww)	հոգնեցնել	[hognetsʰnél]

256. Verbs V-Z

vernietigen (documenten, enz.)	ոչնչացնել	[vočnčatsʰnél]
veronderstellen (ww)	ենթադրել	[entʰadrél]
verontwaardigd zijn (ww)	վրդովվել	[vrdovʝél]
veroordelen (in een rechtszaak)	դատապարտել	[datapartél]

veroorzaken … (oorzaak zijn van …)	պատճառ հանդիսանալ	[patčá ̄ handisanál]
verplaatsen (ww)	տեղափոխել	[teǵapʰoχél]
verpletteren (een insect, enz.)	ճխլել	[čχlel]
verplichten (ww)	պարտադրել	[partadrél]
verschijnen (bijv. boek)	լույս տեսնել	[lújs tɛsnél]

verschijnen (in zicht komen)	հայտնվել	[hajtnʵél]
verschillen (~ van iets anders)	տարբերվել	[tarbervél]
versieren (decoreren)	զարդարել	[zardarél]
verspreiden (pamfletten, enz.)	տարածել	[taratsél]

verspreiden (reuk, enz.)	տարածել	[taratsél]
versterken (positie ~)	ամրապնդել	[amraɔndél]
verstommen (ww)	լռել	[lrel]
vertalen (ww)	թարգմանել	[tʰargmanél]
vertellen (verhaal ~)	պատմել	[patmél]
vertrekken (bijv. naar Mexico ~)	մեկնել	[meknél]

vertrouwen (ww)	վստահել	[vstahél]
vervolgen (ww)	շարունակել	[šarunakél]
verwachten (ww)	սպասել	[spasél]

verwarmen (ww)	տաքացնել	[takʰatsʰnél]
verwarren (met elkaar ~)	շփոթել	[špʰotʰél]
verwelkomen (ww)	ողջունել	[voġdʒunél]
verwezenlijken (ww)	իրականացնել	[irakanatsʰnél]

verwijderen (een obstakel)	հեռացնել	[heratsʰnél]
verwijderen (een vlek ~)	հեռացնել	[heratsʰnél]
verwijten (ww)	նախատել	[naχatél]
verwisselen (ww)	փոխել	[pʰoχél]
verzoeken (ww)	խնդրել	[χndrel]

verzuimen (school, enz.)	բաց թողնել	[batsʰ tʰoġnél]
vies worden (ww)	կեղտոտվել	[keġtotvél]
vinden (denken)	կարծել	[kartsél]
vinden (ww)	գտնել	[gtnel]

vissen (ww)	ձուկ որսալ	[dzuk vorsál]
vleien (ww)	շողոքորթել	[šoġokʰortʰél]
vliegen (vogel, vliegtuig)	թռչել	[tʰrčel]
voederen	կերակրել	[kerakrél]
(een dier voer geven)		

volgen (ww)	հետևել	[hetevél]
voorstellen (introduceren)	ներկայացնել	[nerkajatsʰnél]
voorstellen (Mag ik jullie ~)	ծանոթացնել	[tsanotʰatsʰnél]
voorstellen (ww)	առաջարկել	[aradʒarkél]

voorzien (verwachten)	կանխատեսել	[kanχatesél]
vorderen (vooruitgaan)	առաջ գնալ	[arádʒ gnál]
vormen (samenstellen)	կրթել	[krtʰel]
vullen (glas, fles)	լցնել	[ltsʰnel]

waarnemen (ww)	հետևել	[hetevél]
waarschuwen (ww)	զգուշացնել	[zgušatsʰnél]
wachten (ww)	սպասել	[spasél]
wassen (ww)	լվանալ	[lvanál]

weerspreken (ww)	հակաճառել	[hakačarél]
wegdraaien (ww)	երեսը շուռ տալ	[erésə šúr tál]
wegdragen (ww)	տանել	[tanél]
wegen (gewicht hebben)	կշռել	[kšrel]

wegjagen (ww)	վռնդել	[vrndel]
weglaten (woord, zin)	բաց թողնել	[batsʰ tʰoġnél]
wegvaren	մեկնել	[meknél]
(uit de haven vertrekken)		
weigeren (iemand ~)	մերժել	[merʒél]

wekken (ww)	զարթնեցնել	[zartʰnatsʰnél]
wensen (ww)	ցանկանալ	[tsʰankanál]
werken (ww)	աշխատել	[ašχatél]
weten (ww)	իմանալ	[imanál]

willen (verlangen)	ուզենալ	[uzenál]
wisselen (omruilen, iets ~)	փոխանակել	[phoχanakél]
worden (bijv. oud ~)	դառնալ	[darnál]
worstelen (sport)	պայքարել	[pajkharél]
wreken (ww)	վրեժ լուծել	[vreʒ luťsél]
zaaien (zaad strooien)	ցանել	[tshanél]
zeggen (ww)	ասել	[asél]
zich baseerd op	հիմնվել	[himnvel]
zich bevrijden van … (afhelpen)	ազատվել	[azatél]
zich concentreren (ww)	կենտրոնանալ	[kentronanál]
zich ergeren (ww)	ջղայնանալ	[dʒǵajnanál]
zich gedragen (ww)	պահել	[pahél]
zich haasten (ww)	շտապել	[štapél]
zich herinneren (ww)	հիշել	[hišél]
zich herstellen (ww)	ապաքինվել	[apakhinvél]
zich indenken (ww)	պատկերացնել	[patkeratshnél]
zich interesseren voor …	հետաքրքրվել	[hetakhrkhrvél]
zich scheren (ww)	սափրվել	[saphrvél]
zich trainen (ww)	մարզվել	[marzvél]
zich verdedigen (ww)	պաշտպանվել	[paštpanvél]
zich vergissen (ww)	սխալվել	[sχalvél]
zich verontschuldigen	ներողություն խնդրել	[neroǵuthjún χndrél]
zich vervelen (ww)	ձանձրանալ	[dzandzranál]
zijn (ww)	լինել	[linél]
zinspelen (ww)	ակնարկել	[aknarkél]
zitten (ww)	նստել	[nstel]
zoeken (ww)	փնտրել	[phntrel]
zondigen (ww)	մեղք գործել	[meǵkh gortsél]
zuchten (ww)	հոգոց հանել	[hogótsh hanél]
zwaaien (met de hand)	թափահարել	[thaphaharél]
zwemmen (ww)	լողալ	[loǵál]
zwijgen (ww)	լռել	[lrel]